日本労働法学会誌106号

労働関係の変容と「雇用契約」
ジェンダーと労働法
ホワイトカラー労働とこれからの労働時間法制

日本労働法学会編
2005
法律文化社

目　次

《特別講演》
立法の現場に立って………………………………………大脇　雅子　3
　　──12年の参議院議員の経験──

《シンポジウムⅠ》　労働関係の変容と「雇用契約」
　　──イギリス労働法学の示唆するところ──
シンポジウムの趣旨と総括………………………………石橋　　洋　19
労働関係の変容とイギリス労働法理論・
　雇用契約論の展開………………………………………有田　謙司　26
イギリスにおける労働関係の変容と労働立法政策……古川　陽二　38
イギリスにおける労働法理論の新展開と日本法への示唆…唐津　　博　50
　　──労働法における「労働市場」アプローチの含意──

《シンポジウムⅡ》　ジェンダーと労働法
シンポジウムの趣旨と総括………………………………浅倉むつ子　61
ジェンダー視座による労働法理…………………………笹沼　朋子　68
　　──差別と自己決定の再定義──
少子化対策と労働法………………………………………菅野　淑子　83
　　──リプロダクティブ・ライツと家族概念からの検討──
ジェンダー法学の新たな可能性…………………………中里見　博　96
　　──笹沼，菅野報告に関するコメント──

《シンポジウムⅢ》　ホワイトカラー労働とこれからの労働時間法制
シンポジウムの趣旨と総括………………………………盛　　誠吾　107

i

ホワイトカラー労働と労働時間規制の適用除外 ……… 梶川　敦子　114
　　――アメリカのホワイトカラー・イグゼンプションの検討を中心に――
労働時間の立法的規制と自主的規制 …………………… 三柴　丈典　126
　　――仕事の質量規制の視点から――
労働時間政策と労働時間法制 …………………………… 水町勇一郎　140

《個別報告》
雇用における年齢差別の法理 …………………………… 柳澤　　武　157
　　――アメリカ法を中心に――
スペインの従業員代表制度 ……………………………… 大石　　玄　172
ドイツにおける企業再編と労働法 ……………………… 春田吉備彦　187
ドイツにおける労働者の個人情報保護 ………………… 緒方　桂子　206
　　――労働法における「個人情報の保護に関する法律」
　　　（平成15.5.30法57）の位置づけのために――

《回顧と展望》
消化性潰瘍の業務上・外認定 …………………………… 水野　圭子　225
　　――神戸東労基署長（ゴールドリングジャパン）事件・
　　　最三小判平16・9・7事件――
労働組合法改正（2004年）……………………………… 本久　洋一　233

日本学術会議報告 ………………………………………… 浅倉むつ子　245
日本労働法学会第109回大会記事 …………………………………………　247
日本労働法学会第110回大会案内 …………………………………………　252
日本労働法学会規約 …………………………………………………………　253
SUMMARY ……………………………………………………………………　257

《特別講演》
立法の現場に立って
―― 12年の参議院議員の経験 ――

大 脇 雅 子

《特別講演》

立法の現場に立って
―― 12年の参議院議員の経験 ――

大　脇　雅　子
（弁護士）

　本日は貴重な時間をいただきましてありがとうございます。私が国会議員になった動機を申し上げますと，私の12年の活動がわかっていただけると思います。

　一つの契機は名古屋にある東海ラジオ株式会社の女性差別問題でした。東海ラジオに採用された女性はすべて補助社員，正社員は男性のみ。女性の補助社員は給料・手当は男性の正社員の80％で一切昇格なしという労働条件のもとにありました。1985年に制定された雇用機会均等法に基づく調停制度を利用して，差別の是正を図ろうと調停を申し立てたのですが，その当時の雇用機会均等法には相手方である会社側の同意が調停開始の条件となっておりました。調停の申立てに対して，会社側は「不同意」というつれない一片の回答で調停による差別是正という解決への女性たちの期待は露と消えました。愛知婦人少年室（当時）に助言・指導をしてほしいと申し入れた時に室長は言いました。「これは法律を改正しなければ何ともなりません。国会へ行って直してきてください」。

　もう一つは，名古屋における新白砂電機株式会社の事件です。1978年，名古屋工場が閉鎖され，正社員は本社に配置転換されましたけれども，女性のパートタイム労働者には全員退職が勧告されました。勧告を受け入れなかった10人の女性たちが解雇され，解雇保全の仮処分，そして解雇無効の訴訟へと移りました。

　パートタイム労働者の女性たちは正社員から仕事を受け継ぎ，あるいは正社

員と並んで，同じ仕事，同一価値の仕事を担当しており，もし彼女たちが正社員なりせばいくらの賃金であったかと試算しました。その当時彼女たちの始業時間は正社員より30分遅く，終業時間は5分早いというだけの労働時間でした。賃金は賞与を除いて男子正社員の55.2％，賞与を入れますと45％，女子正社員と比べて月当りの給与は65から70％，賞与を入れますと約55％という状況のもとで，「通常労働者に対するパートタイム労働者の賃金差別事件」という日本初の訴訟に踏み切りました。

当時，日本にはパートタイム労働者に関する法律はありませんでした。わずかに1967年批准のILO100号条約，1981年に国連で制定されて，まだ日本では未批准のILO156号条約，そして165号勧告があるだけでした。ILO165号勧告には「常用労働者と労働条件はできる限り同等であるべきであり，適当な場合にはパートタイム労働者及び任期労働者の権利は比例により計算されるべきである」という条項がありました。

フランスのパートタイム労働に関する1982年3月26日のオルドナンス第82—271号があり，EUの理事会指令案がありました。私は訴訟を担当しながら，どうしても日本にもパートタイム労働者に関する均等処遇を規定する法律が必要であることを痛感しておりました。

三つ目は，700人の原告を抱えて，湾岸戦争において多国籍軍に対して93億ドルを財政支援した政府に対して，憲法に規定されている平和的生存権侵害による1人1万円の慰謝料請求をするという市民平和訴訟の弁護団長をしておりました。そんな中で，私は社会党の参議院比例区候補として選挙に出ないかと薦められておりました。社会文化法律センターの理事長の伊達秋雄先生に薦められて，決意したのです。「雇用機会均等法の同意条項を削除しよう。欠陥法のボルトを締めに行こう。パートタイム労働者の差別禁止と均等処遇の原則を規定する法律を作ろう」と。突然に立候補を決意して，翌日が出陣式という切迫した状況でした。しかし，知らぬこととは恐ろしいもので，国会は国の唯一の立法機関だと信じておりました私の12年間にわたる国会での悪戦苦闘が始まるわけです。

私は当時，田辺委員長と山花書記長に必ず労働委員会に配属するという約束

を取り付けておりました。立候補に関する約束はそれだけでございました。しかし当選してみますと，私は法務委員会と環境委員会に配属されているではありませんか。私は失望して「約束が違う」と文句を言いに行きましたら，労働組合出身の先輩の議員が「あなたは1年生なんだから文句を言わずに修業してください」とさとされました。私は，当時30年のキャリアを持つ弁護士で，すでに56歳でしたから，「時間がないではないか」と焦ったのです。

議員になったばかりのころ，衆議院では政府提案の環境基本法が審議されていましたが，基本法には環境アセスメントの条項はありませんでした。社会党の環境部長から「大脇さんは法律を作りたいと国会に来た珍しい人だと聞いた。環境基本法が参議院に回ってくるまでに，環境アセスメント法を作っていただきたい」と言われたのです。

1993年当時，通常国会では年間100本ほどの法律が審議されていたのですが，政府提案のいわゆる「閣法」と言われるものが87.1％を占めていました。議員立法はわずかに12.2％です。成立率は閣法がほぼ94.7％であるのに対して，衆議院の議員立法は23.1％，参議院はわずか6.3％でした。私は当時，弁護士としてごみ焼却場から出る SO_2 やダイオキシンの問題を巡って環境アセスメントについて工事差止めの仮処分を求めるいくつかの事件を担当しておりました。「ごみ焼却場ジプシー弁護団」とも呼ばれておりました。

私は張り切り，鉛筆をなめて熟想を重ね，理想に近いと自負する法案を作り，参議院の法制局に持ち込みました。環境担当の法制局の担当者は実に困った顔をしました。「まあ，家を造るには設計図が必要で，土量計算などは専門の設計士が行います。誠に失礼ではありますが，こうした法文を持ち込まれても，実は困るのです。まず，どのような哲学で制度を作りたいのかを伺いたい。条文化は私どもの仕事であります」。

何度か議論を重ねて，条文の文言のやり取りをして，法案要綱の作成まで行くには，かなりの時間を要します。まず立法を依頼されますと，法制局は，立法の動機・目的・立法事実の有無，政策合理性の有無を検討します。それらは「環境アセスメント法に関する問題点メモ」というメモにまとめられて議員の手元に回ってきます。その各論点に応答をしていくというかたちで，法案作成

特別講演

は進められます。それを何回もやり取りをします。それを「ソクラティス・メソッド」と言います。

政策大綱および問題点から，法律案骨子，法律案要綱とブラッシュアップされて，法律案のイメージが固まってきます。政策形成の中核部分が丸ごと命を現してくるのです。

国会審議に耐えうる法案であるために，法制局の次長・局長の審査を経なければ法律案として国会への提出は慣例としてできません。その時は法制局も議員もかなりの緊張を伴います。条文あるいは一言一句厳密な審査を受けるのです。日本法令索引データベースによりますと，日本にある約2031本の法律，政令はこの2倍ありますが，法案は立法体系上厳格な「整合性」を求められます。

法令のピラミッド，もちろん一般とか特殊とか原則とか例外とかありますから，でこぼこを含む整合性ですが，新しい立法は新たな整合性を形成することになります。そして法文の字句の概念も極めて厳格な統一性を要求されます。同じことが同じ表現で行われるということであります。私はそこで初めて知りました。立法とはまるで伝統工芸の世界である。解釈学を学び，法治の現実の生活で弁護士活動をしながら，立法という領域がかくも大きなかたちで存在することに衝撃を受けました。

さて紆余曲折の末，環境アセスメント法案が参議院へ正式に出されました。しかし，環境委員会審議のために法案が下りてこない。どうして審議できないのかと騒ぎ立てておりますと，それは議事運営委員会の議決がないからだ，法案を委員会へ下ろすと野党が議員立法の法案を「枕に寝てしまう」，閣法の審議がとどこおるからだ，つまり野党の議員立法は多くの場合，「つるし」たままにしておかれるのです。そのとき先輩から「私の水俣補償基本法案は8年つるされたままだ」といわれました。それでは私の6年の任期が切れてしまうではないかと焦りました。

環境基本法の委員会採決の済んだあとで，やっと「つるし」を下ろされた私の環境アセスメント法案は，趣旨説明をしただけでたちどころに廃案。3年後，環境アセスメント法案は，新たな「閣法」として提出されることになりました。野党の議員立法は，政府の法案の水先案内的効果を持つもの，またの名は「風

見鶏」とも呼ばれたりします。しかし確実に野党の議員立法は時代を先取りしているのです。その時環境庁の課長補佐に次のように言われました。「議員立法は業界の利益を擁護するものがほとんどで，権利の制限を含むものはできませんね」。野党の議員立法は官僚に馬鹿にされているなあと痛感しました。

1996年雇用機会均等法の改正が課題になりました。均等法改正のために，労働省が法案の作成に取り組む前に，先駆けて私は法案を作り，労働省の審議会での議論に影響を及ぼしたいと法案を作り始めました。

『労働法律旬報』に大脇試案の法案を掲載し，浅倉むつ子先生と対談をしました。ところが驚いたことに労働省の雇用均等課長が議員会館の部屋に来まして，「大脇先生のお作りになっている法案によると……」と言って，まだ完成していない私の法案の骨子をかばんの中から取り出すではありませんか。まだ公表していない法案がなぜ課長の手にあるのか。私は呆然としました。

法制局には法制局プロパーの職員と，官庁から出向してくる職員がいます。土井議長の時に衆議院議長の諮問機関が作られて，1996年「議員立法の活性化について」という提言がまとめられましたが，その提案によりますと，省庁からの衆・参法制局への出向はやめるべきだと書かれています。恐らく出向してきた労働省の職員の仕様ではなかったかと思います。正直言って議員の立法能力は強くありません。選挙に勝つということは何ものにも優先致し，委員会・本会議・勉強会や党の会合に多くの時間を割かれるため勉強の時間が少なくなります。

立法補助機関として衆・参法制局，国会図書館の立法調査局，各常任委員会の調査室，政党の政策審議会，議員の政策秘書がありますが，他国と比較して質量共に日本は劣っています。立法には専門家やNGOの人たちの力を借りますが制度化されていません。内閣法政局と省庁の立法能力ははるかに国会議員のそれを凌駕しています。

省庁の課長補佐級エキスパートが法制局審議官として内閣法制局に出向し，約5年間の修業ののち，各省庁に帰って立法作業に携わります。そして局長を先頭に，「法案をかついで」成立のために与党の機関，関連部会，政策審議会，総務会と根回しをし，議員に何度も説明して回り，族議員がそれを援護射撃し

ます。閣議を経て国会に法案が提出されると，今度は関連委員会の野党議員たちに，何度も何度も説明にまいります。「もう結構だ」と言っても部屋に押し入ってまいります。この作業を「すりこむ」と言います。議員へのインプットに費やされるエネルギーには自分の意見を持っていないととても太刀打ちできません。国会審議は多数という数の論理で押し切られて幕となることがほとんどです。

わが国では，必ず逐条審議を経なければならないとか欧米の議会制度のように議員立法の審議のルール化が行われておりませんので，与党にとっては非常に楽な国会質疑になります。法案担当の局長や課長は大きな法案を担当して成立させると，やがて審議官・局長・事務次官と昇進していく仕組みになっています。城山三郎の「官僚たちの夏」と言う小説がありますが，そこに「お荷物であった国会が終わり，官僚たちが立法にかける暑い夏がきた」と言うようなくだりがあり，私は立法の現場に立ってようやくにしてその謎が解けました。

ところが1993年8月に細川政権，1994年に村山内閣，それぞれ私ども社会党が連立政権の与党となり，1996年に橋本内閣では閣内協力として与党の側に立つことになりました。当時，私は選択性別性法案を民法改正案として作っていたのですが，法務省案と社会党の案とが政府と与党でバッテングすることは，「まずい」ということで，与党内部で調整することになり，民法改正与党プロジェクトが立ち上がることになりました。これは，民法改正で家族が崩壊するという自民党側の強い反対があり国会への提出は見送りとなりました。

雇用機会均等法の政府案は，募集・採用と昇進・昇格の努力義務が禁止規定になり，教育・福祉も対象が拡大し，雇用の全ステージでの差別が禁止され，私の念願の調停の同意条項も削除されました。セクシュアルハラスメント条項も入りました。その時雇用均等課長が「大脇試案のなかで主張されている間接差別はどうしても法案に入れるのは無理ですが，1つだけ入れるとすれば大脇先生のどうしても入れたいとお思いの最優先課題はどれでしょうか」と聞きに来たわけです。「ポジティブ・アクションです。」と答えましたら，やがて「奨励措置ですが入れます」と返事が来ました。

しかし争点は労働基準法の女性に対する深夜業禁止の撤廃と時間外労働の制

限の緩和についてです。女性労働者に対する保護規定廃止の反対の声が沸き上がっていました。当時男性の時間外労働は360時間が目安時間，女性に対する150時間の法的規制をはずすことは，女性にも男性並みの長時間労働を許すことになります。どうしたら男女共通のより規制の強い条項を入れ込むことができるかということが勝負です。私の，女性に対する保護を緩和し，男女共通のより高い基準の設定を目指す基準法改正の立場は，働く女性，自由法曹団の弁護士の方々から強い批判を浴び，糾弾されました。1997年10月社民党の改正案は「1年について男女とも150時間以上360時間以下の範囲内で，命令で定める時間を超えて時間外労働をさせてはならない」という改正案でした。

　一方，労基法36条の政府案の改正条項は，前項の基準，すなわち「労働大臣の定める労使協定の基準」に，「適合したものとなるよう留意しなければならない」とあり，二つの法案の隔たりには大きなものがありました。夜を徹して審議を重ねての交渉の結果，「適合したものとなるようにしなければならない」と改めることに決着しました。そして審議における確認答弁で「基準に適合しない労使協定を締結した使用者に対しては他の労働基準法違反の場合と同様，労働基準監督署命による是正勧告を行い，厳正に対処してまいりたい」としました。この確認答弁も実務や学説ではあまり斟酌されませんが，付帯決議とともに国会審議では，重要な位置を占めます。「野党の頭をなでるため」と皮肉られてもいますが，将来の政策の道筋を決めていく重大な効果を持っています。

　次に深夜業は男女共に生体リズムを壊すものとして，原則的規制が必要不可欠と考えて，必要な時には昼間労働への転換を認める労働安全衛生法の改正と深夜業の回数を制限する「深夜業規制法案」（4週8時間）を作りました。しかし労基法の条文に入れ込むことは自民党と労働省の強固な反対があり到底無理でした。私は育児介護休業法に，育児と介護に従事する男女労働者に深夜業と時間外労働免除請求権を導入する案を突き付けました。これを法制化しない限り，社会党は国会での政府の法案に賛成できないと。日経連はそれまで何の規制も持たない男性労働者に対し深夜業の免除請求権を認めることに強い難色を示しました。正月明けに，ようやく何とか「深夜業の免除請求権だけは入れますから」という返事が労働省から来ました。担当課長は日経連との交渉におい

特別講演

て「今は規制緩和の時代なのだから、法律の規制を作るのではなくて、一つ一つはずす法案を作って出世していったらどうですか」と、その日経連から皮肉られたと苦労話をしました。その苦労話を聞いて私は日経連の考え方に「そうか」と妙な感心をしました。国会では規制緩和委員会の力は非常に強いものがあります。しかし、女性に対する時間外労働に関しては、3年間は「激減緩和措置」として150時間を上限として規制を維持しました。附則に「3年をめどに家族的責任を有する労働者の時間外労働免除請求権を視野に入れた検討を行うこと」の条項を入れることに落ち着きました。最初は「附帯決議」ということでしたが、附帯決議では実行の期限があいまいなのでどうしても「附則」に入れてほしいと言ったわけです。しかし「150時間の内容を考慮しつつ」という文言を導入されたために、3年後の時間外労働免除請求権の法文化の際には最低時間の枠を広げてしまう結果となったのは残念でした。

さて、男女に対する深夜業の規制については「与党・深夜業等労働時間に関するプロジェクト」を1998年2月に設置させ、各業界から深夜業の実態報告を受け、労使の自治でガイドラインを作るだけで、立法化に反対という流れに抵抗し、何とか法的規制の方向性を出すためのくさびを打ち込みたいと思いました。休日労働の規制は大変で自民党と労働省の抵抗に強いものがありました。しかし1997年4月に民主党と社民党に分裂し、私たちが1998年6月橋本内閣の閣外協力を離脱すると、深夜業に関するプロジェクトは自然消滅してしまいました。

政権の内にあるか野党にあるかは、立法に関しては現実なしうることに大きな違いがあります。野党になると、官僚から情報も届かず、まるで壁の外、壁の中をうかがうこともできません。労働省の官僚が部屋の前を通っても黙って通り過ぎていきます。必要以外の資料や法案は請求しないと持ってきません。

そういう状況の中で、私のもう一つの志は、パートタイム労働者に対する差別の禁止と均等処遇の原則の立法化でした。議員になった1993年、閣法の「短時間労働者の雇用管理に関する法律」の審議がありました。現行の法律です。衆議院の労働委員会では社会・公明・民社・社民連4党共同法案を対案として、「短時間労働者の通常労働者との均等待遇及び就労条件の確保に関する法律案」

を提出して審議に臨みました。

　細川政権の生まれる政情不安のもと，参議院の審議を1日で上げることを条件に，労働省が修正に応ずるということになり，社会党は8項目の修正を勝ち取りました。その時修正案を作った私は，閣法原案になかったパートタイム労働者の通常労働者との労働条件の均等処遇の原則の法文化にこだわり続けました。しかし「均等」という修正の文言は入れられず，「均衡」の文言なら入れてもよいと最後に返事が来ました。法令を調査すると13の法律で「均衡」の文言は使われていました。「入れるべきか，入れざるべきか」，私はハムレットのように悩み，労働法の研究者や弁護士，現場の活動家の方々に意見を聞きました。本多淳亮先生や林弘子先生は「差別を固定化し助長するからよくない」，浅倉むつ子先生や中野麻美弁護士，パートの活動家は「ものさしは無いよりまし」ということでした。私たちは均衡の定義を，何とか均等処遇原則との連続性を持たせたかたちで修正案として規定したいと思いました。「均等を中心に置いた柔軟な概念，つまり多少幅を持った均等あるいは柔らかな均等」と答弁をしました。しかし，指針や通達の中身までつめられず，そののち指針では中身の例示等は放りっぱなしにされ，通達では，真意が曲げられてしまいました。均衡処遇のルールに関しては，2002年いわゆる「ものさし研」パートタイム労働研究会の最終報告の「パート労働の課題と対応の方向性」という議論まで持ち越されてしまったわけです。

　議員になった時に先輩より，「法案改正をしようと思ったら法案を作るだけでは実現しません。あらゆる機会を通じて質問し，与野党問わず訴えて議会での仲間を増やし，廊下を歩いていても『あっ，パート法が通る』と言われるまでにならなければ改正はできません」と言われました。12年を通じて101回の質疑をしました。「ものさし研」は，パートタイム労働者の均等処遇の法制化は見送るというものでした。だから有志で「パートタイム労働者等の均等待遇を実現するための議員連盟」をつくり，立法化への国会でのイニシアティヴをとっていこうとしました。野党の衆・参議員57名が集まりました。社民党は少数野党で，本来ならば民主党が議員連盟の会長を引き受けるのが常道でしたが，あまりに私が熱心なので会長に推されました。さまざまな組合や学識経験者か

ら実態や意見を聞き，法制局と法案を作り，政府や労働者，各政党に持ってまわりました。

　議員連盟の作った法案は，現行法を改正し「パートタイム労働者等と通常労働者の均等処遇を確保する法律案」として，「パートタイム労働者等」の定義を通常労働者以外の労働者として非正規労働者すべてを対象とするとした点です。擬似パート，有期労働者も含みます。しかし，民主党がイニシアティヴをとらない議連の体制と共産党が加わっている議連の法案は，民主党の労働部会と軋轢をうみ，民主党の了承が得られず法案の国会提出はできませんでした。「連合」の仲立ちで，議連や社民党はひとまず法案を棚上げにして，民主党がマニフェストにおいて公約し，衆議院法制局で作成中のパートタイム労働法の改正案に同調することになりました。私は，議員連盟の会長を辞任し，法案提出権をもたない社民党をでて無所属となり，国会内で民主党と会派を組み，「民主党パート法改正プロジェクト」に参加して法案の国会提出にむけて，私の残る半年の議員活動を集中することにしました。

　社民党という護憲の政党を離党することには，私の支持者の反対がありました。しかし，何とか均等処遇の法制化のために法案づくりをと期待する人たちは，離党やむなしに賛成しました。その頃，社民党の党規約がクレムリン型に改正されることも離党の動機の一つでした。2004年6月7日，民主党の現行パート法改正法案を衆議院に提出。何を差別とするかの，均等原則の判断基準としての「指針案」の作成も終えました。法律案として国会に出ると，穴あき法案といい，大蔵省造幣局で印刷された法律案が各院ごとの国会議員全員に配布されます。法律案は，政策や骨子や要綱案とは本質的に距離があるのです。たしかに有期労働者，派遣労働者をふくめたパート議連の法案は理想形にすぎているかもしれない，まず現行のパート法の改正が現実的で，改正への第一歩かと思います。ですから最後の挨拶でパート議連の法案は，「灯台の灯である」と私は申しました。何としても法制化を実現するため，まず具体的な形となった法案を作り，国会に提出したいと思ったのです。そして6月17日，通常国会は閉幕し，選挙に突入しました。私は引退して，弁護士に戻りました。

法案はいま衆議院厚生労働委員会に継続していますが，審議はされず，委員会でつるされたままです。民主党のなかで，法案の実現のために血路を開こうという人は何人いるのでしょうか。一般的に，自由党系の男性議員の法案への理解は難しく，いま，パート議連は，民主党の金田誠一議員が会長職を担い，「間接差別」を法制化すべく雇用機会均等法の改正の活動に意欲をしめしています。パートタイム労働者があいかわらず女性が多い状況下では，均等処遇実現のためには，こちらのほうが近道かもしれません。法案に水をあたえて育てられ，花がいつか咲くことを祈るしかありません。

　最近議員立法は活性化し，2004年通常国会（159）では，閣法127本60％に対して，議員立法衆法59本28％，参法23本11％，成立率は閣法94.5％，衆法28％，参法8.7％の比重を占めるにいたっています。しかし，成立率には基本的に変化がありません。たとえば，「被災者生活再建支援法」のように，阪神大震災を機に成立したものは，自然災害の時に生活再建支援金の保障がなされるものがあります。相互扶助の観点より民法の不可抗力の原則を破るもので，この法律の立法については，小田実さんを代表とする市民団体のひとたちが，超党派の議員を震災の倒壊場所，避難所や仮設住宅へ何度か案内し，国会に生の被災者の声を届け，法案をつくって議員を動かし，精力的な働きかけがあり，熱意に押されるかたちで，議員立法が成立しました。またDVを支援する人達が議員を動かし，男女共生社会に関する調査会において，各関連省庁を巻き込んで，「保護命令」というシステムがつくりあげられました。スウェーデンの児童買春を禁止するための国際会議に送られた代表団が，日本で遅れていた子ども買春の処罰法を議員と官庁の共同作業で立法するという例もありました。しかし，拉致被害者救済法案のように，閣法でやっていては，時間と手続がかかる法案を議員立法でつくったり，臓器移植法や優生保護法の改正案のように，省庁が宗教的価値観の対立の調整が難かしいものを，議員立法で行う場合もあります。また業界に関するもの，省内対立を反主流派が議員に協力，または頼み込んで議員立法でカウンターしていくものもあります。

　市民の立法要求の具現化は，憲法16条の請願権（「何人も損害の救済，公務員の

罷免，法律，命令又は規制の制定，廃止又は改正その他の事項に関し，平穏に請願する権利を有し，何人もかかる請願をしたためにいかなる差別待遇も受けない」〔国会法79〜82条。議員の紹介，委員会審議後採択，措置するを適当と認めたものを内閣に送付，処理の経過を毎年議会に報告〕）に基づくものであります。立法要求や改正要求として，請願の様式にのっとり，紹介議員の手で関連委員会に提出されます。苦労をかさね，膨大なエネルギーをついやして署名が集められますが，国会ではこうした請願は徹底的に軽視されています。請願の委員会審議は，国会の最終日に各委員会の調査室でまとめられ，理事会で協議され，採択と留保が決まります。最終日ですから，多くの請願はすでに法律が改正済みのためなんらの影響をもちません。具体的な立法要求は，全会一致の慣例により，与党，その後ろにある省庁の意向で保留となり，包括的な意見表明の請願で，毒にも薬にもならないもののみが採択されます。採択された請願に対しては，国会法81条により内閣に送付され，請願につき処理の経過を毎年衆参の議院に報告しなければならないとされているからです。請願権の空洞化について，あまりの取扱い方に，せめて法案審議に関連した請願は法案審議前に審議の遡上にのせるべきだと毎年理事会で意見を表明してきたのですが，多勢に無勢，実現していません。民主主義のルールとして，請願の取扱い規則の制定が必要です。

　また，イギリスでは，議員立法は必ず審議にかけられることになっています。日本もこうした取扱い方が必要ですし，アメリカのように，ひとりでも法案が提出できるようになったらどんなにかいいでしょう。さらに議員の立法能力をエンパワーするために，立法補助機関の充実とともに，市民が直接「法制局」を一定の要件を定めて利用できるようにすべきでしょう。官庁への立法や改正の陳情を仲介するたびに，情けないというか無力感というか，言いしれぬ寂寥感におそわれます。議員面会所へのデモの請願も時代の流れの中で力を失いながら，かたちになんの変化もありません。あまりの改正の難しい要求に私は労働組合の幹部に言ったことがあります。「60年安保のときのように，20万30万の人を国会周辺に集めてください。政権交代の危機とおもえば，与党に言うことを聞かせられるでしょうから。」「そんな事を言われても，北海道の組合に動員をかけたら，カネを送るからそちらで人員を調達してくれと言われた。」と

言われて，がっくりきたことがあります。閉鎖的な法制局のあり方を検討し，予算と人員の増加をはかるべきでしょう。国会議員と市民のダイナミックな立法ステージ，民意吸収のシステムは，どう構想されるべきでしょうか。政策は立法化されてこそ実行の裏付けを得るのです。市民立法調査局の構想があるのですが，当事者間の利益調整ができないことが難だと聞きました。公聴会や参考人の意見聴取もスケジュール化しています。

しかし，ようやく立法学や立法政策学の科目が大学の講義に入れられるようになってきました。学問的労作も出始めました。しかし，かくも閉鎖的な立法状況と市民側の立法リテラシーの欠如に対して，根本的な改革がまたれます。コスタリカでは，一定程度の市民の意志があつまれば，立法案が出せるような検討が始められていると聞きます。

さて，私が参議院議員を引退して 1 年が過ぎようとしています。12年間になしえたことは少なく，時代のなかで，私のかかわった法案も，すでに置きざりにされようとしているように見えます。政治の世界では，政党や派閥の帰属性で思想や行為がはかられ，造反や離党は否定的批判的な評価しかうけません。議員の発言をめぐっても，政治家はポストがあってなんぼの世界ですから，自分の意志で道を開こうとする個人の努力や行為は，ドンキホーテかピエロであったのかも知れないと思わないでもありません。

しかしいま，国会からはなれてみると，日本における民主主義の危機と空洞化が問われているとき，永田町はひとびとの暮らしに遠く，その距離ははかりしれないほどです。立法や立法政策の権限が官僚に握られ，立法の領域に民主主義や市民参加が制度として確立していない状況は，日本社会にとって，不幸としか言いようがありません。立法リテラシーの啓蒙開発は，法律にたずさわるものにとっては，喫緊の課題ではないでしょうか。研究の対象にとどまらず，立法の領域に市民とともに切り込んでいく積極的行為がもとめられています。

立法に市民の声を反映するための，唯一の専門家の参加の道として，いま開かれている審議会や研究会の委員の仕事はそれだけに重要です。しかし，事務局案が審議会案となっていく経過をみるとやはり限界があります。有効な政策

特別講演

を取りいれ，法文の文言を入れこんだとしても，それは官僚の立法補佐機関の一つと考えるべきではないでしょうか。

さて，市民の希望を実現する社会的技術としての立法学「立法政策と立法」の制度的変革と研究領域として活性化は，法の執行のフォローアップも射程距離とし，廃案，審議未了の議員立法も含めて，時代がもとめているものであり，その領域を，解釈学と等しい比重で確立することなしには，民主主義法学の道はないと，訴えて，講演を終わらせていただきます。貴重な機会を与えていただきまして，あつく御礼申しあげます。

（おおわき　まさこ）

《シンポジウムI》
労働関係の変容と「雇用契約」
―― イギリス労働法学の示唆するところ ――

シンポジウムの趣旨と総括	石橋　洋
労働関係の変容とイギリス労働法理論・雇用契約論の展開	有田　謙司
イギリスにおける労働関係の変容と労働立法政策	古川　陽二
イギリスにおける労働法理論の新展開と日本法への示唆 ――労働法における「労働市場」アプローチの含意――	唐津　博

《シンポジウムⅠ》

シンポジウムの趣旨と総括

石 橋　　洋
(熊本大学)

Ⅰ　企画の趣旨

　わが国では，社会経済状況が大きく変化するなかで1980年代の半ばから現在に至るまで新たな労働立法の制定または労働法の改正ラッシュが続いており，新たな労働法の時代が始まる様相をみせている。こうした新たな労働立法または労働法の改正ラッシュは，1994年に菅野教授と諏訪教授が共著で公表された「労働市場の変化と労働法の課題」(日本労働研究雑誌418号2頁)に示された市場アプローチ型の労働立法に関する構想が着々と実現されつつあるプロセスであったことは小嶌教授が既に指摘されるとおりである(日本労働研究雑誌513号42頁・2003年)。しかし，「市場経済の重要なサブシステムである法体系」としての労働法を構想された両教授の知見には敬意を表しつつも，その基本的コンセプトがどのように立法者意思として形成され，いかなる国家戦略の下での労働法の再編成であるのかについての説明は不透明であり，政権政党からもそうした説明のないままいつのまにか一つの方向性を持った労働法の再編成は進行している。

　その点，イギリスでは，1997年のブレア労働党政権発足直後に公表された白書である「Fairness at Work」や「Building the Knowledge Driven Economy」などにおいて，グローバル経済化の進展するなかでイギリス国民経済と企業の繁栄をもたらす「競争力の強化」と「効率性の改善」のための労働市場規制であることを明言しているのはわが国と対照的である。そして，イギリスにおける「競争力の強化」と「効率性の改善」のための労働市場規制が，

シンポジウム I ①

「旧来の国家の介入方式は，機能しないし，機能し得ない」という明確な意図の下に「職場におけるパートナーシップの育成と涵養」こそが重要であるとされている。労働党政権が労働市場規制のキイ・コンセプトとして打ち出したパートナーシップは，サッチャリズム下の規制緩和論から，労働者の権利保障と競争力強化・効率性の改善との調和を志向した政策的概念であることは疑いない。しかし，労働党政権は，前述した白書のなかで労働立法に関するどのようなグランドデザインを構想し，パートナーシップというキイ・コンセプトの下で労働者の公正な処遇と競争力強化・効率性の改善とのどのような調整を行おうとしているのか，その法規制の対象は何か，法的規制の手法はいかなるものであるのか，そして労働立法と司法政策の要となる雇用契約はいかなる意義と機能を果たすことが期待されているのか，をめぐるイギリスの議論状況を素材として報告を行い，イギリス労働法がわが国の労働法の再編成に示唆するものは何かを比較・検討しようというのが，今回のミニ・シンポの趣旨であった。

II　各報告の概要

　古川報告は，「使用者と被用者の対立の図式をパートナーシップの促進に置き換える」というニュー・レイバーの労働立法政策の基本的コンセプトは，カーン・フロイントが1972年に著した『労働と法』のなかで「労働法の主たる目的は，雇用関係に固有な……交渉力の不均衡を是正するための対抗力を承認すること」と述べた伝統的なイギリス労働法のコンセプトとは異質のものであるという観点から，「第三の道」と呼ばれるニュー・レイバーの労働立法政策がいかなる目的と論理，規制手法でもって労働関係を規制しようとしているのか，そしてそれに対する労働法理論の対応を分析・検討している。まず，ニュー・レイバーの労働立法政策の目的は何かであるが，第一は労働関係の最低限度の規制を通じての労働者の公正な取扱いに関する権利はそれ自体を目的とするのでなく，競争力の強化のための規制というところにあり，したがって第二はその規制目的を適正に実現するための労働者の権利に過ぎないことであり，第三に労働法の主役が集団から個人に移行し，労働組合や従業員集団に期待される

のは個人を基礎とするパートナーシップの形成に寄与するという役割にあるとする。

次にニュー・レイバーにおける労働立法の意義・役割がどこにあるのかであるが、第一は「新たな職場における文化をめぐる労使相互の理解を形成し、支え、見解の相違や紛争が発生した場合には、その解決を援助するための最終的な手段」としてパートナーシップの企業文化を形成するための下支え的な機能を与えられていることであり、第二は企業の効率性と競争力の強化にとって不可欠となる労働の柔軟化（雇用形態と働き方の柔軟性）を実現するための手段的権利として位置づけられることである。こうした位置づけは、労働者の信頼と協力を得るための最低限度の権利保障と、労働者の権利保障が労働の柔軟性を阻害しないという相反関係の調整を不可避とするが、そのための調整策が労働者の権利を「硬い権利」（hard law）としてでなく、労働者の制定法上の権利に対して労使の自主的な合意の優先を認める「デフォールト・ルール」（default rule）という規制手法の採用であるとする。この労使の合意の優先原則は制定法の適用除外を認めることになるとともに、労使による自主的な問題解決を促進する方策として機能することになる。

以上のニュー・レイバーの労働立法政策に対する労働法学の対応は、グローバル市場経済化での競争の激しさのなかでは、高度の技能と生活水準の向上をベースとする生産性の改善には、労使共通の利益があることを率直に認めるべきであるとするヘップルの見解があるとはいえ、必ずしも肯定的ではなく、事態は逆になっているとしている。

有田報告は、ニュー・レイバーの労働立法政策を労働法理論、特に雇用契約論の理論枠組みとしてどのように構成するか、そして雇用契約論のなかで示された理論枠組みが、わが国の労働契約論に示唆するものは何かを検討している。1970年前後までのイギリス労働法の理論枠組みは、カーン・フロイントのいう集団的レッセ・フェール論に集約される一方、カーン・フロイントは「雇用契約は労働法のコーナーストーン」とも述べており、集団的レッセ・フェール論における雇用契約の位置づけが問われることになるが、集団的レッセ・フェール論の下で雇用契約論が展開されることはなかった。ただ、1970年代半ばにフ

リードランドがコモン・ロー上の契約法理との関係で雇用契約の法的構造を労務提供と報酬との対価的交換関係の側面と雇用関係を維持するという労使双方の義務を内包した関係的側面との二層構造からなる指摘をし，労働法上の被用者概念に影響を及ぼすに至った点の重要性を指摘する。しかし，フリードランドの雇用契約論もその後の理論展開はみられなかったのであるが，新たな理論展開をみるのは四半世紀を経てグローバル経済化を背景とした労働関係の変容，特に労働の柔軟性と軌を一にすることになる。労働の柔軟化とは，イギリスでは古川報告でも述べられたように，働き方の柔軟化と雇用形態の柔軟化が重要となるとし，働き方の柔軟化は労働党政府が競争力の強化を目的として提唱した労使間のパートナーシップの形成を労働法の理論的枠組みのなかに組み入れるコリンズの雇用契約論につながり，また雇用形態の柔軟性はフリードランドのPersonal Employment Contract論につながることになる。まず，コリンズの雇用契約論は，伝統的な雇用契約を権力的雇用モデル，そしてパートナーシップを組み入れた雇用モデルを共生的雇用モデルとしてモデル化している。伝統的な雇用関係モデルは，命令と服従という権力的関係を雇用契約の本質としており，命令を超えた被用者の積極的協力を得ることはできず，事業の効率性を改善するために人的資本を活用することに適さないのに対して，共生的雇用モデルは，プリンシパルとエイジェントとの間の協力関係と利益の共有関係を雇用関係に応用したものであり，近年の判例法理で認められたTrust and Confidenceに示されるように，一方当事者の機会主義的な行動を排し，相互の協力関係を引き出すためにImplied Termを理論的媒介項として形成していくこと (default rule) が新たな雇用契約法理として求められているとする。次に，フリードランドのPersonal Employment Contract論で提唱された雇用契約論は，雇用契約の当事者として被用者のみならず，これまでは雇用契約の当事者とは考えられなかった自営業者 (self-employed, independent contractor) などの半従属労働者をも包摂した新たな雇用契約概念であり，被用者の雇用契約との距離の隔たりに応じた半従属労働者の雇用契約の公正の確保が理論的課題として提起されているとしている。

　上記の2報告に対する唐津コメントは，イギリスでは労働法的規制に対する

労働市場アプローチと権利論アプローチとの新たな展開の可能性を秘めていることを指摘した上で，シンポジウムのための論点として，①労働法的規制を労働市場の法的規制と解するならば，イギリスで論じられている競争力強化，労働市場の効率性の確保は，規範学としての労働法論においてどのように認識し，評価されるべきであるか，②国家戦略として示された企業の競争力の強化，労働市場の柔軟性と効率性，パートナーシップというキイ・コンセプトを労働法学として体系化する意義と問題性，③労使自治の伝統は労働法的規制にどのような意義を持つのか，④ニュー・レイバーの政策的概念を使用しての雇用契約論の理論的な展開可能性をどのように考えるのか，の4つが指摘された。

Ⅲ　シンポジウムでの議論の概要

シンポジウムでは，まず岩永会員（京都大学）から，イギリス労働法において労働立法における被用者（employee）は，伝統的には労務供給契約のなかでも自営業者を含まない長期・継続的な関係にある雇用契約上の被用者とされてきたにもかかわらず，保守党政権下の規制緩和を通じて長期・継続的な雇用形態をとらない非典型労働が増大しており，そうした非典型労働は必ずしも従来の労働者概念に当てはまらないことから，新たに労働者（worker）という概念を必要とする状況になっている，との補足報告をしていただいた後に質疑に移った。時間が限られていたため，質疑は報告の基本的枠組みや趣旨に関するものとなった。

報告全体に関わる質問として，ニュー・レイバーの労働立法政策のキイ・コンセプトとされているパートナーシップが，労働立法や雇用契約において個々人のみならず労働者集団をも包摂するものとして使われているのかとの質問が荒木会員から出され，個々の労働者を基本としつつも，労働組合には規制機能ではなく従業員代表機能が期待されているとの返答がなされた。

古川報告には，競争力の強化の錦の御旗の下で「公正と効率性の両立」をいうニュー・レイバーの労働立法政策は，一見するとニュー・レイバー前の保守党政権下で行われた労働立法政策と大きく異なるようにみえるが，競争力の強

化を本質とする政策という意味では本質的に変わりはないのではないか，という質問が林和彦会員によって出された。たしかに，ニュー・レイバーと保守党政権の労働立法政策が競争力の強化を第一義としているという意味では両者に本質的な違いはないといえるが，しかしそれを実現するための手法という点，すなわち「公正」というあいまいさや危うさを内包するタームではあるのだけれども，それを政策のなかに組み込んでいったというところに大きな違いがあるのではないか，との返答がなされた。

有田報告には，石田眞会員から，①フリードランドが1970年代の半ばに分析した雇用契約における二層構造と最近の見解との異同は何か，②コリンズは雇用契約論における権力的要素をどのように考え，そして雇用契約から権力的要素を取り除いてしまったというようにいえるのか，③労働法の適用対象としての労働者と雇用契約論との関係，の3点についての質問が出された。①については，関係的契約の側面についての変化が起きていること，②については，必ずしも雇用契約から権力的要素を取り除くというのではなく，知識集約型産業のような産業においてそれが求められていること，③については，コモン・ロー上の雇用契約に基礎をおきながら，労働立法をも視野に入れてこれを拡張するのがフリードランドのPersonal Employment Contract論である，との返答がなされた。

唐津コメントに関連して，毛塚会員から，イギリス労働法における権利論アプローチとは何であり，何であったのかという質問が出されたのに対して，政府の労働立法政策のなかで使用されたキイ・コンセプトを政策的概念としてでなく，法的概念として理論構成していく立場が見られるのだが，これをどのように評価するかが今後のイギリス労働法の新たな展開を考える上で重要であるというのが報告の趣旨であったとの説明がなされた。

Ⅳ　まとめ

「労働関係の変容と『雇用契約』——イギリス法の示唆するもの」というミニ・シンポでは，つまるところ，労働市場の労働法的規制とは何であり，何で

あったのか,そしてそれがどのように変わろうとしているのか,に関するイギリスの議論状況を検討することとなった。その成果として明らかになったことは,①イギリスでは,競争力の強化という明確な政策的意図の下に労働立法の改革が行われており,労働者の権利保障も競争力の強化に資する範囲でのミニマムのものであること,また組合も規制機能ではなく代表機能を期待されていること,②労働の柔軟化をめぐって新たな労働者像と雇用契約論の再構成が試みられていること,③働き方の柔軟性に関わる労働立法においても雇用契約においても default rule が規制手法として重要性を増しつつあること,であった。しかし,こうしたイギリスの状況がわが国に示唆するものが何であるのかについて十分な指摘をなしえなかったことに加えて,社会的包摂（social inclusion）の位置づけ,EU 法との関係,そして労働党政権下における社会的実験とイギリス労働法の行方などをめぐる問題などの未解決の事柄が今後の課題として残されることとなった。

〔付　記〕　本稿は,平成17年度科学研究費補助金（基盤研究(C)）・課題番号17530049の成果の一部である。

（いしばし　ひろし）

労働関係の変容とイギリス労働法理論・雇用契約論の展開

有 田 謙 司

（専修大学）

I はじめに

　1980年代以降の労働関係の変容と労働立法政策の展開を契機として，イギリス労働法学においては，労働法規制の目的・理念，対象，手法をめぐる労働法理論の展開をみるに至っている。その中でも，1997年以降のニュー・レイバーと呼ばれるブレア労働党政権が，競争力（competitiveness）の確保を目的として労使間におけるパートナーシップ（partnership）の形成を促進するために労働法規制が必要と考える「第三の道（the Third Way）」の労働法政策を展開する中で，それを労働法の理論枠組みとして組み立てる労働法理論が注目される。
　そのようなイギリスにおける労働法理論の展開の中における雇用契約（contract of employment）論の位置づけという観点から雇用契約論を捉え，そうした労働法理論および雇用契約論の展開にみられる特徴的な議論の中から，わが国の労働契約論に対して示唆するところを示したい。

II 従来の労働法理論と雇用契約論

1 労働法理論

　まず，従来のイギリス労働法学にみられた労働法理論を概観し，そこにみられる雇用契約論について確認しておきたい。コリンズによれば，従来のイギリス労働法学における労働法分析の理論的枠組みとしては，4つのものがあり，それらは，①労使の自律的規制という社会システムの社会学的分析，②マクロ

経済政策論，③政治的および社会的権利論，④配分的正義に関するソーシャル・ポリシー論とされる[1]。

カーン・フロイントが提唱した，第1の労使の自律的規制という社会システムの社会学的分析は，「集団的自由放任主義（collective laissez-faire）」論とも呼ばれる[2]。それによれば，労働法は「応答的法（reflexive law）」として，労使の自律的規制システムが作動していないところで，「補助的法（auxiliary law）」を通じて労使の自律的規制のプロセスを助力するためのものとされる[3]。この理論枠組みは，第2次大戦後から1960年代までのイギリス労使関係の現実には非常に妥当し得たものの，①1971年労使関係法（Industrial Relations Act 1971）制定以降の立法の増大の中で，とりわけ，1978年雇用保護（統合）法（Employment Protection (consolidation) Act 1978）に規定された広範囲にわたる立法措置を法的不介入主義に適合させることができなくなったこと，②団体交渉が機能しないところで適用される補助的立法による最低限の権利（floor of rights）のセーフティ・ネットが，雇用保護（統合）法や差別禁止立法の中で，集団的規制を排除した包括的で網羅的な権利のステートメントとなっているように思われたこと，③1980年代に集団的規制システムを掘り崩すことを目的として制定された一連の立法が，この労働法理論の枠組みの中での理解できる政策として適合させられ得ないことから，これら諸立法は労使関係システムの実際と機能についての集団的自由放任主義論とは異なる解釈に基づくものである，という議論が生じることとなった。

そこで，第2のマクロ経済政策論という理論枠組みが提起された。1982年に，デイヴィースとフリードランドは，前述の労働諸立法が反インフレ戦略をもったものと位置づけ，マクロ経済政策的な視点の重要性を指摘した[4]。その後1990年代になって議論が展開され，生産コストを単位あたりで下げるというマクロ

---

1) 以下の記述は，H. Collins, 'Productive Disintegration of Labour Law' (1997) 26 ILJ 295 によっている。なお，②と③のアプローチから労働法を分析するものとして，A. C. Davies, Perspectives on Labour Law (2004) がある。
2) O. Kahn-Freund, 'Labour Law' in M. Ginsberg ed., Law and Opinion in England in 20th Century (1959), p. 224.
3) O. Kahn-Freund, Labour and the Law 2nd ed., (1977), p. 46.

経済政策上の目標との関係で労働法規制の妥当性を議論する理論枠組みが，労働法学の中で影響力を有するものとなった[5]。

次に，第3の政治的および社会的権利論は，第1の集団的自由放任主義論の集団主義的な労使関係システムの解釈が個人の権利への考慮を欠くことへの批判という側面を有する。1990年代に入ってこの理論枠組みを提唱するユーイングは，機会の平等，社会的正義，職場民主主義，市民的自由の保護を目的とする労働者個人の諸権利の制定を提案する[6]。これら諸権利は，団体交渉を促進することにおける手段的な価値によってではなく，尊重と配慮への平等な権利（equal right to concern and respect）という自由主義的な理念に基礎づけられる。この理論枠組みは，労働法の議論の中に職場に適切な個人の諸権利を展開させる道筋を用意するものである。

第4の配分的正義に関するソーシャル・ポリシー論は，社会における富と権力の配分を定めることにおいて労働法が果たす役割に焦点を当てる。この点，集団的自由放任主義論では，労働組合による団体交渉がその役割を果たすべきで，分断化された低賃金労働市場の可能性は認められず，もしそれがあるとすれば，それは労働組合を結成し加入して団体交渉を労働者が行わなかったためとされる[7]。しかし，コリンズによれば，雇用は現代社会において富とより間接的には権力を配分する主要な制度であるから，それが十全に機能できるようにするために雇用関係はどのように規制されるべきかという問題は，市場の配分機能にどのように影響を及ぼすべきか，というより広い考察によって左右されるものとなり，さらに，社会的正義や国家の正当性という基本問題に広がる[8]。

---

4) P. Davies and M. Freedland, 'Labour Law and the Public Interest-Collective Bargaining and Economic Policy' in Lord Wedderburn of Charlton and W. T. Murphy eds., Labour Law and the Community : Perspectives for the 1980s (1982), p. 13.
5) S. Deakin and F. Wilkinson, 'Labour law and economic theory : A reappraisal' in H. Collins et al., eds., Legal Regulation of the Employment Relation (2000), pp. 29-62.
6) K. D. Ewing, 'Rights at the Workplace : An Agenda for Labour Law' in A. McColgan ed., The Future of Labour Law (1996), p. 1.
7) H. Collins, supra note 1, p. 306.
8) H. Collins, Employment Law (2003), p. 14.

2 雇用契約論

では，以上のようなこれまでのイギリス労働法学の理論動向の中で，雇用契約についてはどのように議論されてきたのだろうか。

イギリス労働法学において大きな影響力を有していた集団的自由放任主義論を提唱したカーン・フロイントは，雇用契約が労働法の「コーナーストーン(cornerstone)」である，と述べた。その意味するところは，雇用契約は労使関係システムによって創出された権利と義務にとっての法的枠組みとして重要である，ということであった。これについてコリンズは，それは雇用条件の集団的決定という現実を記述したものであったが，かなり分かり難い仕方のものであったと評しているが，ともかく，集団的自由放任主義論においては，雇用契約論の展開をみることはなかった。

労働立法の増大が始まった1970年代半ばに，フリードランドが，コモン・ロー上の一般契約法理との関係で，雇用契約を法的に強制し雇用契約から生じる紛争を裁決するための装置という規制機能，および雇用関係法を基礎づけそれを機能させるための法理論の体系を提供するという手段的な機能という観点から，雇用契約の法を分析した。この分析を通じて，フリードランドは，雇用契約の構造が，労務の提供と報酬の交換という部分と雇用関係を維持するという相互の義務を含んだ関係の部分とから成る二層構造となっているとの雇用契約の構造論を展開した。この雇用契約に関する構造分析は，被用者概念の判断基準の考え方に影響を及ぼしたように思われるが，その後これに続いて雇用契約論の展開をみることにはならなかった。後述のように（Ⅳ-2），フリードラン

---

9) O. Kahn-Freund, 'The Legal Framework' in A. Flanders and H. A. Clegg eds., The System of Industrial Relations in Great Britain (1954), p. 45.
10) M. R. Freedland, The Contract of Employment (1976), p. 3.
11) H. Collins, supra note 1, pp. 298-299.
12) M. R. Freedland, supra note 10.
13) 判例法理における，被用者性の判断基準として使われている，義務の相互性（mutuality of obligation）という基準は，この2層構造を踏まえたものと思われる。S. Deakin and G. Morris, Labour Law 3rd ed. (2001), pp. 161-162. なお，この基準については，労働政策研究・研修機構『「労働者」の法的概念：7ヶ国の比較法的考察』(2005年) 57-59頁（キャサリン・バーナード担当）を参照。

ド自身が，次に述べる労働関係の変容をみる中で，新たな理論展開をなすのはその四半世紀後のことである。

Ⅲ 労働関係の変容と新たな労働法理論

1 労働関係の変容

1980年代以降，新自由主義的なマクロ経済政策と経済のグローバル化による競争の激化，組合組織率の低下およびそれに伴う協約規制力の低下を背景として，労働関係の個別化（individualisation），柔軟化（flexibilization）が進んだ。企業は市場における激しい競争の中にあって市場からの要求に敏感に応じることができるよう柔軟化を推し進めていったが，それは，1979年から1997年までの保守党政権による規制緩和政策の推進が大きく寄与したものでもあった。

この柔軟化には，①労働力の需要と供給をより柔軟にしようとする，超過勤務，交代制の導入，パートタイム労働・臨時労働者の雇用といった「量的フレキシビリティ」，②技術革新または需要の変化に適合するように作業方法を改善する，職務拡大，職種間移動などの「機能的フレキシビリティ」，③賃金を労働市場の需要に応じて変動させることによって，前述の①および②の柔軟性の拡大を図る「賃金のフレキシビリティ」，④雇用契約を商事契約に切り替え，下請けに出す，下請化，自営業者の使用などの「外注化」という4つの形態がある，とされる[14]。しかし，ここでは，第1に，上記分類の①，②，③を含む働かせ方という意味での労働の柔軟化と，第2に，上記分類の①と④を含む雇用形態の柔軟化という2つに大別することで十分だろう。

第1の労働の柔軟化として，労働者は，より協力的で，より対応力を持った，より柔軟な働き方を求められるようになったが，それは，実質的な賃金の低下と労働の強化とをもたらした。この柔軟化はフレキシビリティ条項（flexibility clause）と呼ばれる雇用契約条項によって可能になるが[15]，それは，非常に広範な契約外の裁量権を使用者に与える条項であることから，雇用契約が不完全な

---

14) 守屋貴司『現代英国企業と労使関係』（1997年）76-77頁，萬井隆令ほか編『規制緩和と労働者・労働法制』（2001年）33-34頁（伍賀一道担当）を参照。

がら果たしてきた使用者の経営権（managerial prerogative）を制約する機能という点からみれば，雇用の否契約化（de-contractualization of employment）という事態をもたらした，とされる[16]。

　第2の雇用形態の柔軟化としては，企業が競争力を確保するため労働コストの削減を図るべく行った請負的労働（sub-contracting），派遣労働，臨時労働などの利用拡大によって，非標準的労働（non-standard work）が増大した。このことは，標準的労働の形態である雇用契約に基づき働く被用者（employee）に基本的にはその適用が限定されている雇用関係法規の適用から漏れる働き方をする者の増大という問題を引き起こすことになった。

2　新たな労働法理論

　こうした労働関係の変容とそれを推進してきた保守党政府の労働法政策をみる中で，1997年に政権についた労働党政府が，競争力の確保を目的として労使間におけるパートナーシップの形成を促進するために労働法規制が必要と考える「第三の道」の労働法政策を示した。それを新たな労働法理論として組み立てて展開するコリンズの見解が注目される[17]。

　コリンズの労働法理論は，「労働は商品ではない」の原則，すなわち労働者の人間としての尊厳の確保と市場の効率性とのバランス論ということができるだろう。コリンズは，ニュー・レイバー政府の「第三の道」の労働法政策が目的とする競争力の強化が人々に富をもたらし生活を改善するものとなることから，その価値を認め，その実現のために労使間のパートナーシップの形成を促進する法規制のあり方を追求する。そして，そのパートナーシップの中には労働者の協力（co-operation）の確保が重要な要素として含まれるものとされ，後述するように（Ⅳ-1），労働法規制は，こうした被用者の協力の確保のため，

---

15)　W. Brown et al., The Individualisation of Employment Contracts in Britain (DTI, Employment Research Series No. 4, 1998), pp. 40-48.

16)　S. Deakin and F. Wilkinson, The Law of Labour Market (2005), pp. 332-333.

17)　H. Collins, supra note 8, pp. 1-26; H. Collins, 'Regulating the Employment Relation for Competitiveness' (2001) 30 ILJ 17. 同論文については，石橋洋「知識経済社会への移行と雇用契約法理」労働法律旬報1576号（2004年）16-19頁を参照。

使用者が被用者のより良い協力と引き替えに被用者を公正に（fairly）扱うことについての信用できるような約束をなすことを可能とするルールと制度を構築するために必要とされる。[18]このように，コリンズの労働法理論においては，競争力の確保が労働法の目的のひとつの柱とされる。

また，コリンズは，次のような社会的排除をなくし社会的包摂（social inclusion）を図ることも労働法の目的とする。市場によって仕事を得られない者は，より良く生活して行くための所得を獲得する機会を得られないだけではなく，職場での人間関係を形成する機会，共同体の中での社会的地位を獲得する機会や，共同体に参加することを含む有意味な活動に従事する機会といった非物質的な利益を得る機会からも排除され，社会的排除を受けることになる。労働法規制，例えば，差別禁止，解雇規制，ファミリー・フレンドリーの措置や労働者のエンプロイアビリティを高めることを使用者に求めるといったことは，この市場社会における社会的排除の問題の解決に寄与することにおいてもその正当性を見出される。

さらに，コリンズは，シチズンシップ（citizenship）の保障も労働法の目的のひとつとする。ここでいうシチズンシップには，いわゆる自由権的なもののみならず，社会権も含まれ，この社会権には，いわゆる労働基本権のみならず，安全衛生に対する権利，公正な取扱いに対する権利，公正な賃金に対する権利等の様々なものが含まれるものとされる。

以上に概観したコリンズの労働法理論は，前述の労働法の理論枠組みに関するアプローチを複合的になした多元的労働法理論であり，労働法規制が競争力確保の目的を有し，それに寄与しうるとするところに大きな特徴がある。

---

18) C. Kilpatrick, 'Has New Labour Reconfigured Employment Legislation ?' (2003) 32 ILJ 135 は，ニュー・レイバー政府による現実の立法は，公正と効率性との両立が図られたものとは必ずしもなっていないと批判する。

Ⅳ　新たな雇用契約論の展開

1　コリンズの新たな雇用契約論

　では，前述のような労働法理論の中で，コリンズは，いかなる雇用契約論を提示しているのだろうか。コリンズは，まず，雇用契約モデルに，次の2つのもの，すなわち，①伝統的な権力関係（authority relation）雇用契約モデルと，②新たな共生的（symbiotic）雇用契約モデルとがあることを示す[19]。

　第1の伝統的な権力関係雇用契約モデルは，雇用契約の master and servant 的な法的分析であり，使用者に対する服従に基礎を置く期間の定めのない雇用契約である。コリンズによれば，労働関係の変容の背景にある大きな社会経済状況の変化の中，労使間のパートナーシップにより競争力強化が図られるべきところ，伝統的な権力関係雇用モデルは，第1に，命令に従うことを超えた被用者による積極的な協力を促進し得ないし，第2に，使用者の事業（business）を改善するために人的資本（human capital）を使うことへの労働者のインセンティブをほとんど提供しないために，パートナーシップにとって不可欠の被用者の協力を促すことにおいて全く対応できない。そこでコリンズは，パートナーシップの形成促進の観点から，雇用契約は第2の新たな共生的雇用契約モデルによるべき，と主張する。

　共生的契約とは，契約の当事者が同時的に principal と agent（厳密な法的概念としてのものではない）となっている契約関係で，一方の当事者（agent）が相手方（principal）の指示に従い相手方の利益のために行動し，相手方（principal）が（コストを差し引いた後の）残余の利益を得る，という契約モデルで，フランチャイズ契約もその中に入る[20]。共生的雇用契約モデルは，この共生的契約モデルを被用者と使用者との間の雇用契約関係に当てはめたものである。

　コリンズは，近年の判例の中に，イギリス司法がこの共生的雇用契約モデル

---

19)　H. Collins, "Is There a Third Way in Labour Law?" in J. Conaghan et al. eds., Labour Law in an Era of Globalization (2002), pp. 459-460.
20)　H. Collins, Regulating Contract (1999), pp. 239-243.

に依拠しつつあることを示す兆候を見出す。雇用契約上の implied term として相互の信頼関係維持義務（mutual duty of trust and confidence）が存することを認めた貴族院判決において[21]，同義務が，それまでの判例におけるように使用者の恣意的な裁量権の行使を防止するために用いられるのとは異なり，使用者に被用者の評判やエンプロイアビリティを損なうような仕方で事業を行わないことを求め，使用者の事業の行い方における被用者の経済的利益を保護するために用いられているところから，同判決は，共生的雇用契約モデルに暗黙裡に基づくもので，イギリス司法が準 principal としての被用者に対して使用者に誠実さを求める考え方へと直感的に向かっていることを示している，とコリンズは評価する[22]。

このモデルにおいては，被用者は使用者の agent として仕事を行い，使用者は，被用者の agent として行われるべき仕事を創出し，エンプロイアビリティを高めるよう行動するものとされるが，労使が共通の利益を共有していることは前提とされてはいない。労使は，それぞれ自己の利益を最大化するために，相互に協力するのである。そこでコリンズは，take it or leave it の受入れ，機会主義，従属性，生活時間への労働時間の浸食といった標準的雇用契約の特徴を考慮に入れる必要があること，そのため契約自由の原則のもとで使用者が機会主義的な行動をとるおそれがあることから，被用者の協力を確保するために，使用者が被用者のより良い協力と引き替えに被用者を公正に扱うことについての信用できる約束をなすことを可能とするルールと制度の必要を指摘する[23]。それは，一方当事者の機会主義的な行動が，共生的契約の効率的な機能を阻害するからである。そのため，フレキシビリティと公正とのバランスという調整原理に基づく default rules，強行的規制等の多様な規制手法が必要になる[24]。例えば，相互の信頼関係維持義務や被用者の技能やエンプロイアビリティを高めるための教育訓練を行う義務といった implied terms による default

---

21) Malik v BCCI [1997] IRLR 462.
22) H. Collins, supra note 19, p. 462. 同義務については，有田謙司「イギリス雇用契約法における信頼関係維持義務の展開と雇用契約観」山口経済学雑誌46巻3号（1998年）183頁以下を参照。
23) H. Collins, supra note 8, p. 115.

rules の設定である。

2　フリードランドの personal employment contract 論

　以上にみてきたコリンズの雇用契約論は，新たな雇用契約モデルを提示して，パートナーシップの中身をなす協力を雇用契約の中に位置づけ直し，雇用契約における協力関係の形成に資する規制法理とフレキシビリティの確保による競争力確保政策との両立可能性を示したところに大きな意義がある。そしてそれは，労働関係の変容における先に述べた第1の労働の柔軟化の問題に応えるものといえるが，今日における労働の柔軟化のもうひとつの側面である第2の雇用形態の柔軟化の問題に関しては，明確なものを出してはいない。

　この点で注目されるのは，フリードランドの personal employment contract という新たな「雇用」契約論である。フリードランドは，先に述べた労働関係の変容の中における雇用形態の柔軟化をみる中で，自身の雇用契約の構造分析を新たに展開させる必要を認識し，personal employment contract 論を提起する。[25]

　フリードランドは，雇用関係に関する契約法の規制機能は，雇用契約だけよりは，半従属労働者の契約 (semi-dependent worker's contract) をも含む，「独立した事業または専門職業上の営業におけるものではなく，通常本人によって行われる雇用または仕事の契約」と定義される，personal employment contract として把握することにおいて，より良く理解できるとする。フリードランドは，このような一貫性をもった契約を基礎概念として雇用関係法をリステイトすることを展望している。[26]

　この personal employment contract は，雇用契約と半従属労働者の契約と

---

[24] default rules とは，契約当事者による自律的規制を補充するものとして，私法 (private law) が特定の契約類型を規律するために標準的な契約内容を提供する一連のルールのことで，コンピューターのデフォルト値の設定のようなものとされている。T. D. Rakoff, 'The Implied Terms of Contracts: Of "Default Rules" and "Situation-Sense"' in J. Beatson and D. Friedmann eds., Good Faith and Fault in Contract Law (1995), pp. 191-192; H. Collins, supra note 20, p. 64, 大村敦志『民法概論』(2001年) 145頁を参照。

[25] M. R. Freedland, Personal Employment Contract (2003), pp. 3-6.

[26] Ibid., pp. 26-33, 522.

からなるものであるが、「特定の時点で、もの、行為、義務、約束を相互に交換する」「交換取引（exchange transaction）」の部分と「一定期間にわたり人と人との間あるいは人と法人との間に存在する関係の、契約の形式における法的表現」である「関係的契約（relational contract）」の部分からなる二層構造と把握される[27]。そして、関係的契約の部分を特に規律するものとして、personal employment contract の解釈をなすに当たっての5つの指導原理（guiding principles）、①相互性（mutuality and reciprocity）、②注意と協力（care and co-operation）、③信頼（trust and confidence）、④誠実と経済活動の自由（loyalty and freedom of economic activity）、⑤公正な管理と履行（fair management and performance）が、措定される[28]。ここで、その内容につきいちいち言及する余裕はないので、それらが、personal employment contract における契約上の公正さを示すものとされていること、implied terms として契約を規律するものであること、半従属労働者の契約の部分については雇用契約からの遠さに応じて一定の修正のうえ適用されることだけを指摘しておく[29]。

V おわりに
――イギリスにおける新たな労働法理論・雇用契約論が示唆するところ――

以上にみてきたコリンズおよびフリードランドを中心とするイギリスにおける新たな労働法理論と雇用契約論の展開から、何をくみ取ることができるだろうか。

コリンズの労働法理論と雇用契約論は、マクロ経済政策的な目的との調整原理（パートナーシップ、協力、公正）という視点を含むものであり、この点はわが国の議論にも大いに参考になるものと思われる。わが国においても、今日、労働契約法の制定が議論されるに及び、そうした視点での議論の必要性はいよいよ大きくなったように思われる。コリンズの労働法理論と雇用契約論は、マ

---

27) Ibid., pp. 86-92.
28) Ibid., pp. 113-195.
29) Ibid., p. 195.

クロ経済政策的な目的との調整原理についてのひとつのモデルを提供するものとえよう。

　また，フリードランドの personal employment contract 論は，労働関係の柔軟化が進む中，雇用形態の柔軟化の問題に対して，立法規制によるだけではなく，契約法理による対応の可能性と方向性を追求するもので，示唆に富むように思われる。

　〔付　記〕　本稿は，平成17年度科学研究費補助金（基盤研究(C)）・課題番号17530049の交付を受けた研究成果の一部である。

（ありた　けんじ）

イギリスにおける労働関係の変容と労働立法政策

古 川 陽 二

(大東文化大学)

I はじめに

　イギリスの労働法学者カーン・フロイントは，1972年に著した『労働と法』の中で，「労働法の主たる目的は，雇用関係に固有な……交渉力の不均衡を是正するために対抗力を承認すること」(Kahn-Freund, 1972 : 6) にあると述べていた。それから四半世紀余りが経過した今，フロイントの指摘が妥当したイギリス労働法の枠組みは，様変わりしてしまった。97年に誕生した T. ブレア率いる労働党政権 (以下，「ニュー・レイバー」と略記) は，「強力な市場」を実現していくために，「使用者と被用者の対立の図式をパートナシップの促進に置き換える」(Cm 3968, 1998 : Foreword) 労働立法政策を展開しているからである。ブレアはまた，「効率性と公正は完全に両立が可能である」(para 2. 12) とも述べている。
　では，ニュー・レイバーによって形成されつつある新しい労働法とは，一体，いかなるものなのであろうか。本稿は，「現代イギリス労働法のグランド・デザインと規制対象・方法を解明する」というミニ・シンポの課題の一端を果たすべく，ニュー・レイバーの労働立法による雇用関係に対する規制の論理と手法を明らかにすることを目的としている。なお，本稿では紙幅に著しい制約が課せられているため，ニュー・レイバーの労働立法政策の詳細については，『季刊労働法』211号 (2005年12月刊) に掲載予定の別稿を併せて参照していただければ幸いである。

II 労働関係と労働法の変容

1 労働法の変容

「集団的自由放任主義」（カーン・フロイント，1971：253）と呼ばれるイギリス労働法の伝統的枠組みは，労働組合の自由を承認し，組合と使用者（使用者団体）との間の自律的な交渉機構に法が介入することを極力回避し，労使紛争の自主的解決と企業間競争の規制を実現しようとするものであった。ところが，この伝統的な枠組みは，60年代半ば以降，次第に動揺の度を強めていく。そのことを象徴するのが，法による労使関係の規制を企図した1971年労使関係法の制定と，「社会契約」に基づく賃金抑制—インフレ回避策の見返り（Davies & Freedland, 1982：13-19）として雇用上の個別的権利を保障した70年代後半の労働党政権下の立法政策であった。しかし，これらの戦略はいずれも失敗に終わり，サッチャー保守党政権は，社会的に生み出された労働市場や労働関係に対するあらゆる種類の構造的規制の除去をめざした労働立法政策を展開していくこととなる（古川，1999：36-40）。

2 労働関係の変容——「柔軟な」雇用モデルの進展に伴う労働条件決定システムの変容——

イギリスでは，80年代以降，国際競争の激化，テクノロジーの発達，商品需要の変動などの環境変化の中で，企業においては生産性向上・労務コスト削減のための試みの一環として，「柔軟な」雇用モデルが展開されてきた。こうした変化の背後には，従業員を人的資源とみなし，支配に代わるコミュニケーションによる管理への移行という経営哲学の革新が横たわっている（稲上，1990：2-3章；石田ほか，1998：3-5章，8章）。

労働関係の変容に伴って生じたのは，イギリスの労使関係を特徴付けてきた全国規模の団体交渉システムの衰退であり，団体交渉の「企業内化」や労働関係の「個別化」といった現象の出現である。それとともに，労働組合の組織率は，79年の53％から96年の31.3％へと激減する。労働協約の適用下にある被用者の割合も，96年には36.4％へと低下してしまう（DTI Trade Union Membership 2004, 2005：3-4, 10)。こうした事態を受けて TUC は，93年大会で，雇用における公正の確保に軸足を据えるべきことを確認するとともに，労働関係の変容に大きな影響を及ぼした日本的労務管理についても，肯定的な評価に転ずることになる。そして，96年以降は，「パートナシップ」の確立をスローガンとして掲げ，仕事における公正な処遇の制度化要求を前面に打ち出すに至るのである（小笠原, 1999：24-28)。

Ⅲ　ニュー・レイバーの労働立法のレトリック

1　ニュー・レイバーの労働立法の概要

　ニュー・レイバーの労働立法政策を強く規定しているのは，「EU という外からのインパクト」であり，「個人の権利に力点を置いたアプローチ」の方法である。しかし，ヨーロッパ社会モデルのいくつかの側面は「競争力と両立しない」(Cm 3968, 1998：Forward) というスタンスが，EU 指令に対する消極的な対応を採らせていることには注意が必要である。

　紙幅の関係上，以下ではニュー・レイバーの労働立法改革の項目のみを掲げることにする。

　(a)　個別的労働関係法の分野　　全国一律の最低賃金・労働時間を定める労働時間規則および全国最低賃金法の制定（2004年10月からは出来高給も規制）／不公正解雇の救済申立資格期間の短縮／有期雇用契約に関する不公正解雇の救済申立権放棄条項の締結禁止／不公正解雇の補償金の上限額の増額／民営化のプロセスの中で生み出された「二層の労働者」(two-tier worker) と呼ばれる労働条件格差問題の是正／苦情・懲戒手続における同席権の保障／「家族に優しい政策」の推進（出産休暇，父親休暇，養子縁組休暇，育児休暇，被扶養者のためのタイム・オフ，柔軟な労働を申請する権利の保障など）／性・人種・障害者・宗教・信条を理由とする差別の禁止／有期雇用者・パートタイマーに対する不利益取扱いの禁止／内部告発の権利を保障する公共の利益開示法の制定／適用対象の拡大（一部の立法においては，「被用者」(employee) に替えて「労働者」(worker) 概念を採用)／労働方法の改善プログラム等に対する財政支援（「労働におけるパート

ナシップ基金」の創設）

　(b)　個別労使紛争処理制度の分野　　個別労使紛争処理制度の改革（労使による自主的な紛争解決の促進）

　(c)　集団的労働関係法の分野　　GCHQ職員の団結自由の回復／チェック・オフに対する制限の緩和／公認スト参加者に対する不公正解雇からの保護／団体交渉のための組合承認制度の復活／従業員代表制度の創設／労働市場の変化に対応する労働組合の組織改革プログラムへの財政援助（「組合近代化基金」の創設）

　(d)　雇用政策立法の分野：「労働のための福祉」(welfare to work)　　「ニュー・ディール」（対象者の特性に応じたテーラー・メイドのサービスと給付）

2　ニュー・レイバーの労働立法政策のレトリック

(1)　ニュー・レイバーの労働立法政策と「パートナシップ」

　ブレアは，白書『労働における公正』の冒頭において，①白書の提案が「労使の対立という図式をパートナシップの促進に置き換える」プログラムの一部であること，②「強力なパートナシップの発展」は「労働における公正を改善する最良の方法」であること，③立法改革は「個人の権利を基礎」として行われること，④提案される法の変更は「労働における（労使の）関係に関する文化の変更」を促すことにあると説明している (Cm 3698, 1998 : Forward)。ブレアは，グローバルな競争環境の下では，「公正，エンプロイアビリティ，競争力を結合した政策を展開する必要」があり，「効率性と公正という2つの主要な目標」を実現することが不可欠となるとも述べているが，これら一連の主張で注目されるのは，「効率と公正は完全に両立する。政府は，経済成長と企業の生産にとって欠かせない機動力と，人々が賃金の良い，満足の行く仕事を見つける手段の双方を兼ね備えた現代的で柔軟かつ効率的な労働市場をもつことができる」とされている点であろう (Cm 3698, 1998 : Forward)。そこには，労働における公正の実現と競争力の強化にとって不可欠なパートナシップは，第一次的には個人を基礎にして構築されるべきであり，そのために必要となる権利保障も個人を念頭において行われることが宣言されているからである。

(2) ニュー・レイバーの経済・労働市場政策と労働における「公正な」権利

98年12月の競争力白書『われわれの競争的将来』は，①イギリスのめざす経済が「知識に導かれた経済」にあること，②「ビジネスに不当な犠牲を強いる新たな規制の導入を行わない」こと，③「柔軟で革新的かつ起業家精神に富んだ経済と両立しない既存の規制の必要性については見直し」が必要であることを説いていた（Cm 4176, 1998 : paras. 1.12 & 1.14）。そして，2001年の白書『企業，技術そして革新』では，「知識に導かれた経済は労働の様式を変化させつつあ」り，「政府の役割は，公正な合意に基づいてこうした新しい条件に適応することに便宜を与えることにある。……最低限度の規制基準は，職場におけるパートナシップを促進し，社会的包摂を高め，被用者に信頼を与える。使用者もまた利益を得る。評価の高い企業は不公正競争から保護される。労働者は，仕事と私生活とのバランスを取ることが許されると，モチベーションが一層高まる」（Cm 5052, 2001 : para. 5.21）とされている。

これらの説明からまず明らかになるのは，労働における最低限度の規制，すなわち労働者の「公正な」取扱いに関する権利は，それ自体の保障が目的ではなく，企業の効率や競争力の強化に不可欠な労働の柔軟性を実現する手段として位置づけられているということである（Collins, 2002 : 455）。第2に，労働者の「公正な」取扱いに関する権利は，その導入時には規制の目的とそのために採られる手法との間でのバランスが重視され，導入後には当該規制が目的を実現しているかどうかが審査されるということである。そして第3に，労働組合や従業員集団に期待されるのは，個人を基礎とするパートナシップの形成に寄与するという役割が与えられるということである。

(3) 「社会的包摂」（social inclusion）概念の内容と射程

ブレアの信奉するA. ギデンズは，新自由主義の徹底した能力主義が社会に深刻な結果の不平等をもたらしたとしてこれを非難し，平等・不平等を所得格差という量的尺度に還元してしまうのではなく，平等は「包摂」（inclusion），不平等は「排除」（exclusion）として定義し直すべきであると主張している。ブレアもまた，自ら著したパンフレットの中で，「私は，新しい政治の主要な価値観として，機会の均等に脚光をあてたい」，「機会の真の平等を阻む障害に

は果敢に挑まなければならない」（ブレア, 2000：11-12）と述べている。

　ギデンズのいう「包摂」とは，「シチズンシップ」の尊重，すなわち社会のすべての人々は日常生活において保有する市民としての権利・義務，政治的な権利・義務が尊重されるということであり，機会を与えること，「公共領域」に参加する権利を保障することである（ギデンズ, 1999：172-174）。すべての人に教育・訓練，医療，保育等のサービスを受ける権利が保障される。このようにして，ドロップ・アウトによる「排除」をできるだけ防止することによって貧困を撲滅しようというのが，ニュー・レイバーの立場なのである。

　かくしてニュー・レイバーは，従来の福祉国家的意味における「結果の平等」の達成という目標を，社会的排除の撲滅のための条件整備という目標に置き換えた。そして，社会的排除の撲滅のために，①「エンプロイアビリティを改善するための政策」としての「ニュー・ディール」が，②「働く意欲を高めるための政策」として，「貧困の罠」を打開するための「就労家族タックス・クレジット」等の税制に関する政策と社会保障政策とを結合した政策が，さらには，③チャイルド・ケア戦略等を含んだ「家族に優しい政策」が，展開されることになる。このようにニュー・レイバーの「売り物」の1つとされる「家族に優しい政策」は，約半数の妊産婦が何らかの雇用上の差別を被っているという問題（EOC, 2005：Ch. 2）を未だ解決できてはいないものの，少なくとも理論上は広範な射程をもった「社会的包摂」概念に基礎付けられた政策の一端を担うものとして構想されているのである（Collins, 2002：451-454）。

3　雇用関係の規制手段としてのニュー・レイバーの労働立法の意義・役割
(1)　「パートナシップ」の形成と法の役割

　パートナシップの形成のために法の果たす役割は，「新しい了解を形成し，支え，相違や紛争が生じた場合には，その解決を援助するための最終的な手段」（Cm 3698, 1998：Forward）という控え目なものとならざるをえない。そのことを端的に表現しているのが，「労使（またはその代表）が協働して労働の方法を改善することを促進・援助する」ための「労働におけるパートナシップ基金」や，変化しつつある労働市場における労使のニーズや意識，行動の変化を

反映するよう,「組合の組織上の有効性や効率性を転換させる」ことを企図した「組合近代化基金」の創設である。

集団的労働関係法の分野における立法改革の目玉とされる組合承認制度も, ニュー・レイバーのパートナシップ戦略の一環をなすものである。組合承認制度は, 使用者が労働組合を団体交渉の相手方として承認しない場合, 一定の条件を満たした自主的労働組合を強制承認させる仕組みのことであるが, この手続においては, 使用者による「任意承認」が基本とされ, それが不可能な場合には, 被用者の過半数が組合員であるときは「自動的承認」が, そうでないときは投票者の過半数を超える投票で40％以上の労働者の支持を得た場合に「強制承認」が行われることになる。「賃金, 労働時間及び休暇」に限定される法定団交事項も, 労使の合意によって拡張可能とされている。このように柔軟ではあるが手間のかかる手続は,「最終的な手段」である強制承認に至るまでの間に, 労使の自発的合意に基づくテーラー・メイドの団体交渉制度の創設を誘導するものということができる。

ところで, この組合承認手続を管轄する中央仲裁委員会（CAC）の責務について定めた1999年雇用関係法は,「CACは職場における公正かつ効率的な慣行及び制度を促進するという目的を考慮しなければならない」とするだけで,「団体交渉の促進」については触れるところがない。そして, 強制承認に関する規定の直後には,「訓練」という見出しの下,「使用者は, 交渉単位内の労働者の訓練について承認組合と協議し, 情報を提供しなければならない」という規定が置かれている。こうした奇妙な条文構成は, ニュー・レイバーが労働組合の「規制的機能」よりもむしろ, 情報提供や協議との関係で必要となる「代表的機能」や「サービス機能」に着目していることを窺わせるものといえよう (Collins, 2002：462；Ewing, 2005：10-11)。

(2) 労働者の「公正な」取扱いに関する権利と「柔軟性」の確保

ニュー・レイバーの労働立法政策においては, 労働者の信頼・協力を得るためには十分な権利を保障しなければならないという要請と, 権利保障が労働の柔軟性を妨げるものであってはならないという要請の間での微妙な「調整」が不可避となる。こうした課題を実現するために採用されたのが, 労使の自発的

合意を優先させる「デフォルト・ルール」(default rule) という手法である (Collins, 2002：463)。

(a) 自発的合意による制定法上の権利や手続の修正・変更　労働時間規則は，週48時間の労働時間制限については個別労働者との「書面による合意」によるオプト・アウトを，そして深夜労働時間制限や24時間当たり11時間の休憩，休日等については労働協約または「労使協定」によるオプト・アウトを許容している。これに対して，有給休暇については，休暇の取得時期に関する法定の要件を個別合意によって変更することを許容している。労働者の健康・安全の確保と業務の正常な運営（企業利益の確保）という2つの要請が鋭く対立する領域おいて，こうした異なる方法のオプト・アウトや個別合意による変更という手法が採用されていることは，労働時間や休日，休暇といった種々の権利の背後にある制度目的を達成するためには，「ハード・ロー」(hard law) よりも「ソフト・ロー」(soft law) の方が「有益な結果をもたらす」と考えられていることを示唆するものとして興味深い（Collins, 2002：467)。

(b) 「デフォルト・ルール」を通じた内部手続の促進　デフォルト・ルールという手法には，合意に基づく制度・手続の形成を促し，労使が自主的に問題の解決にあたることを促進させるという機能がある。こうした手法は，「最終的な手段として，問題を公にせざるを得ない者を保護」(Cm 3698, 1998：para. 3.3) することを目的とした1998年公共の利益開示法の仕組みや，「内部手続の活用を促す」(para. 3.4) ことを意図した1998年雇用権利（紛争解決）法による仲裁手続の導入にその例を見ることができる。不公正解雇における補償金の増額も，その目的は「使用者が適切な自主的紛争解決制度を導入することを促す」ための「刺激」を与えることにあり，公正な内部手続による問題解決は「安上がりである」という理由に基づいている (para. 3.5)。雇用審判所への申立ての際の制裁・苦情処理手続の前置や，最低限の手続を踏まない使用者（被用者）への補償金裁定額の増額（減額）も，同様の視点から説明することができる。また，従業員代表の関して定める規則も，労使の合意に基づいて導入される制度を法定の制度に優先させることが認められている。

シンポジウムⅠ③

Ⅳ　ニュー・レイバーの労働立法政策と労働法学の対応

1　概　　観

　イギリスでは，70年代の制定法による個別労働者の権利保障がインフレ抑制策の見返りであったとするP. ディビスとM. フリードランドの分析結果を契機として，マクロ経済と労働法規制との関係に関する分析に労働法学の関心が集まることとなる。そうした問題関心から労働法の将来について論じたB. ヘップルは，グローバルな市場経済，急激な技術革新，激化する競争の下では，「高度な技能と生活水準の向上に基礎を置く生産性の改善には共通の利益がある」ことを率直に承認した上で，カーン・フロイントのいう労働法の3つの機能——「補完的機能」，「規制的機能」，「制限的機能」——を現代化するとともに，社会的排除の撲滅に向けた「積極的な福祉」を内容とする「統合的機能」を付加すべきことを提案していた (Hepple, 1995: 320-321)。また，マクロ経済と労働法規制との関係を継続的に検討しているS. ディーキンも，近時の論稿において，社会権には「市場にアクセスする実質的な条件を個人に提供」し，そのことによって「個人の自由が促進され，市場を通じた経済資源の可動性が生まれ，社会の利益を高める」という機能があるとの見解を提示するに至っている (Deakin, 2004: 58)。

　これに対して，労働法の目的が「社会正義」と「民主主義」の実現にある (Ewing, 1995: 103-132) と主張するK. ユーイングは，イギリスでは数少ない「市民的自由・社会権的アプローチ」と称される立場から，「平等」，「社会的正義」，「職場における民主主義」，「市民的自由の保障」，そして「労働における公正」という5つの原則に領導される諸権利から成る労働法をニュー・レイバーの労働立法に対置させている (Ewing, 1996: 1-19; Ewing & Hendy, 2003: 1)。

2　コリンズの「第三の道の労働法」

　イギリスの労働法学は，サッチャー保守党政権時代の「悪夢」とその後のニュー・レイバーの労働立法政策にみられる「曖昧さ」，「危うさ」を経験する中

で，上述のように一定の理論的進化を遂げるに至っているが，近時はさらに，ニュー・レイバーが提示したレトリックを取り入れながら，それとは対照的な労働法の将来像を展望しようとする見解が登場し，脚光を集めている。

その代表的な論者である H. コリンズは，イギリス労働法学会（Industrial Law Society）創設25周年にあたる97年に公表した論稿の中で，「マクロ経済政策」，「政治的・社会的権利」，「社会正義」などの視点を取り込んだ複眼的なアプローチへの転換の必要性を強調していた（Collins, 1997 : 301-309）。そして，その後は，ニュー・レイバーの労働立法による雇用関係の規制手法の分析を試みた「第三の道の労働法」（Third Way Labour Law）と題する一連の論稿を経て2003年に刊行された体系書『雇用法』（Collins, 2003）の中で，「社会的排除」，「競争力」，そして社会権を含む「シチズンシップ」という３つの指導概念の下に，具体的な権利のカタログを提示するに至っている。そこに示されているのは，「ヨーロッパは１つ」（Clark, 2003 : 332）という将来展望であり，フランス法やドイツ法を範とする「欧州社会モデル」とは明らかに異なる個人主義的な契約関係を基礎とするイギリス法においても，共通の最低基準を生み出している欧州レベルの対話と手続に従うことが今のイギリスには必要であるという立場なのである（Collins, 2003 : 251-253）。

V　むすびにかえて

以下では，これまでの検討から浮かび上がってくるいくつかの論点について，簡単にコメントすることで本稿のむすびとしたい。

まず第１は，理論と現実との間には明らかなギャップが存在するとはいえ，ニュー・レイバーの労働立法政策が「第三の道」の理論という明確な国家像に基づく壮大な実験の一翼を担うものとして展開され，ブレアも自らの言葉を通じてその意図するところを丁寧に語りかけているという点である。その時々に公表される政府の政策文書にしても，立法改革の目的やそのために採用される手法を明瞭に説明していた。立法形成過程におけるこうした透明性や説明責任の重要性は，イギリスの労働立法を対象とする研究を行う際に常に感じられる

ところであり，この点に対する配慮を著しく欠落させているわが国の状況を見るにつけ，イギリスと日本との間に横たわる落差を痛感せずにはいられない。

第2は，労働法学として，「競争力の強化」という課題にどのように向き合っていったらよいのかということについてである。この問題に対するニュー・レイバーの対応は，効率性と公正の両立という視点からアプローチしようとするものであった。そうしたことが本当に実現可能なのかどうか大いに疑わしいが，雇用上の権利あるいは労働法を「市場経済システムの枠組みを整え，その日常的な運営を支えるサブシステムの1つ」（菅野・諏訪，1994：2）と位置づける立場から労働法の改革が進められつつあるわが国の状況と対比するならば，たとえば「社会的包摂」という新しい平等概念に包含される「シチズンシップ」の尊重等にみられるように，雇用上の権利が単なる経済のレベルとどまらない価値を担うものとして構想されようとしている点は，注目してよいように思われる。

第3は，近時のイギリスで多用されるようになった立法における「デフォルト・ルール」についてである。上述したとおり，「ソフト・ロー」としての「デフォルト・ルール」が活用されるに至った背景には，「ハード・ロー」を回避しつつ，使用者の自主的な努力を通じて被用者（労働者）の信頼を獲得することで，フレキシビリティを確保しようというニュー・レイバーの戦略が潜んでいる。しかし，そのような意味の労使自治の形成はいかにしたら可能なのか，そもそも「デフォルト・ルール」という手法は「公正」を確保するに十分なものなのかといった難問がそこには横たわっているように思われる。折りしもわが国では，ソフト・ローの機能に関する研究が始まったところであり，こうしたイギリス法の動向は，1つの検討の素材を提供するものということができよう。

《引用文献一覧》　＊著者アルファベット順
- トニー・ブレア，2000,「『第三の道』——新しい世紀の新しい政治」生活研ブックス7
- L. Clarks, 2003, "Book Review-Employment Law", 32 ILJ 332.
- H. Collins, 1997, 'The Productive Disintegration of Labour Law', 26 ILJ 295.
- H. Collins, 2002, 'A Third Way in Labour Law ?' in J. Conaghan *et.al.* (eds.), *Labour Law in an Era of Globalization*, OUP.

- H. Collins, 2003, *Employment Law*, OUP.
- P. Davies & M. Freedland, 1982, 'Labour Law and the Public Interest : Collective Bargaining and Economic Policy' in Lord Wedderburn of Charlton *et.al.*, *Labour Law and the Community : Perspectives for the 1980's*, IALS.
- S. Deakin, 2004, *Renewing Labour Market Institutions*, ILO.
- Department of Trade and Industry, 2005, 'Trade Union Membership 2004', National Statistics.
- Department of Trade and Industry, 1998, *White Paper on Fairness at Work*, Cm 3698, DTI.
- Department of Trade and Industry, 1998, *White Paper on Our Competitive Future : Building the Knowledge Driven Economy*, Cm 4176, DTI.
- Department of Trade and Industry, 2001, *White Paper on Enterprises, Skills and Innovation : Opportunities for All in a world of Change*, Cm 5052, DTI.
- EOC, 2005, *Greater Expectation : Final Report of the EOC's Investigations into Discrimination against New and Expectant Mothers in the Workplace*, EOC.
- K. D. Ewing, 1995, 'Democratic Socialism and Labour Law', 24 ILJ 103.
- K. D. Ewing, 1996, 'Rights at the Workplace : An Agenda for labour Law' in A. McColgan (ed.), *The Future of Labour Law*, Pinter.
- K. D. Ewing & J. Hendy (ed.), 2003, *Charter of Workers' Rights*, IER.
- K. D. Ewing, 2005, 'The Function of Trade Unions', 34 ILJ 1.
- 古川陽二, 1999,「イギリスにおける労働法の規制緩和と弾力化」労働法93号
- アンソニー・ギデンズ（佐和隆光訳）, 1999,『第三の道：効率と公正の新たな同盟』（日本経済新聞社）
- B. Hepple, 1995, 'The Future of Labour Law', 24 ILJ 303.
- 石田和夫ほか編, 1998,『企業労働の日英比較』（大月書店）
- 稲上毅, 1990,『現代英国労働事情』（東京大学出版会）
- カーン・フロイント, 1971,「労働法」M. ギンズバーグ（戸田尚・西村克彦訳）『法と世論──20世紀のイギリスにおける──』所収（勁草書房）
- O. Kahn-Freund, 1972, *Labour and the Law*, 1972, Stevens.
- 小笠原浩一, 1999,「イギリス労働組合会議（TUC）のパートナシップ戦略」大原社会科学研究所雑誌490号
- 菅野和夫・諏訪康雄, 1994,「労働市場の変化と労働法の課題」労研418号

〔付　記〕　本稿は，平成17年度科学研究費補助金（基盤研究(C)）の支給に係る研究課題「イギリス労働法の新展開に関する理論的・比較法的研究」の研究成果の一端であることを付記しておく。

（ふるかわ　ようじ）

イギリスにおける労働法理論の新展開と日本法への示唆
——労働法における「労働市場」アプローチの含意——

唐 津 博

(南山大学)

I コメントの視点——古川・有田両報告についてのコメント

いわゆる経済のグローバル化による国際競争の激化は企業の経営環境に多大な影響を及ぼし、企業は人事雇用管理の転換（集団管理から個別管理へ〈労働条件の集団的決定から個別的決定へ〉、年功的処遇から成果・業績主義的処遇へ）を余儀なくされ、それと共に、労働者に求められる働き方は多様化し（就業形態の多様化〈長期雇用ではない様々なタイプの非正規雇用の増大〉、就業意識の変化〈非正規雇用へのニーズ増大、職業生活と家庭生活のバランスの要請〉）、さらに女性の雇用労働への進出、少子高齢化の急速な進行という社会情勢のもとで、近年、労働立法（法の制定、改正）は急展開をみせている。最近の10年に、主要なものだけでも、育児・介護休業法制定・改正、そして雇用機会均等法、労働基準法、労働者派遣法、パート労働法、雇用保険法、雇用対策法等、重要な法改正が相次いでおり、さらに、現在、これまでにない新たなタイプの立法である労働契約法の制定に向けた作業が進行中である。

立法的規制が一定の社会的、経済的条件さらには政治的条件のもとに展開されるものである以上、社会経済情勢の変化によって法規制の修正が必要となる、そのことには疑問の余地はなかろう。しかし、近年の労働立法の急展開は、単に個々の労働法規の修正が重ねられているというのではなく、労働法の理論体系そのものを見直す新たな理論枠組みに基づくものである[1]、との指摘がなされている。1994年の菅野・諏訪両教授の共著論文のいわゆる労働市場サポート・システム論[2]が、それである。いわく、労働法は「市場経済システムの枠組みを

整え，その日常的な運営を支えるサブシステムの一つとしての法制度の一部であり，広い意味での労働市場システムを法的な規整の対象」として，「労働市場での労働者の取引行為（交渉）をより円滑に機能させるために諸種の支援制度を用意する法体系」（サポート・システム）である，このように説かれたのである。この見解は，「市場経済システム」と「労働市場」（外部労働市場と内部労働市場）を，労働法規制の理論化に組み入れ，「労働者の取引行為（交渉）」を規制対象として，「労働市場における取引の円滑化に向けた枠組みの設定」としての労働法制の整備を提唱するものであった。

　わが国では，従来，労働法体系を，憲法規範を頂点とする「規範の体系」として理解し，個々の労働法規を規範的に価値付け，評価する規範的労働法論が一般的であったように思われる。労働法の目的，理論を規範的に構成する規範的アプローチ，もしくは労働者の権利保障（例えば団結権論）を機軸とする権利アプローチが採られてきたと言えよう（規範もしくは権利の体系としての労働法[3]）。これに対して，菅野・諏訪両教授の労働市場サポート・システム論は，労働法体系を労働市場システムの円滑な機能のために必要な実体的・手続き的なルールを設定するものと解して，労働市場システムとの関係で個々の労働法規が果たす役割，機能に着目したもので，労働法の目的，理論を機能的に評価，構成する機能的アプローチ，あるいは労働市場アプローチを採るものということができる（労働市場システムの法ルールとしての労働法[4]）。

　これに対して，イギリスでは，1980年代から，第二次世界大戦後のイギリスで労働法学を興した O. Kahn-Freund に始まり，Lord Wedderburn に代表さ

1）脇田教授は，「1990年代後半以降の労働法学界の論議の大きな特徴は，規制緩和立法の理論的根拠として『労働市場法論』が登場したことであ」り，後掲（注2）の論文を含む，菅野・諏訪両教授の論稿が「労働法体系の全面的再編を企図するきわめて重大な提言である」労働市場法論に理論的根拠を与えてきたと考えられる，と述べられ（脇田滋「雇用・労働分野における規制緩和推進論とその検討」萬井隆令・脇田滋・伍賀一道編『規制緩和と労働者・労働法制』（旬報社，2001年）149頁以下），小嶌教授は，近年の労働立法改正は後掲（注2））の菅野・諏訪論文が描いたシナリオに沿って進められてきた，と評されている（小嶌典明・特集：労働研究の流れを変えた本・論文，日本労働研究雑誌513号（2003年）42頁以下）。

2）菅野和夫・諏訪康雄「労働市場の変化と労働法の課題――新たなサポート・システムを求めて」日本労働研究雑誌418号（1994年）2頁以下。

れる．労働法の目的を自律的団体交渉システムを中心にすえて労働者の従属性 subordination に係る諸問題を解決することに求める伝統的な立場とは異なり，労働法をマクロ経済的視点から把握して，これを労働市場の規制のための手段 a tool for regulating labour market として理解する議論が台頭してきた。すなわち，P. Davies と M. Freedland は，1960年代後半以降の労働立法の展開を分析して，労働法の主たる争点は，労使関係の調和や従属労働関係の是正といった相互に独自性のある問題というよりむしろ，インフレーションとの戦いに収斂される諸問題であり，団体交渉や労使紛争に関する法は，立法者の頭のなかでは賃金上昇の抑制という問題と結び付けられ，労働法は，マクロ経済的な目標を達成するための立法，社会政策の範疇に包摂されることになる，と論じ，H. Collins は，O. Kahn-Freund や Lord Wedderburn の伝統的アプローチ traditional approach と対比させて，これを労働市場アプローチ labour market approach と呼んだのであった。5) そして，現在の代表的な労働法テキストの一つである S. Deakin と G. S. Morris の Labour Law の冒頭に，労働法は，より

---

3) 第二次世界大戦後の新憲法の下に整備された労働立法は，基本的人権として保障された「労働基本権」（「労働権」と団結権・団体交渉権・団体行動権のいわゆる「労働三権」）の具体的展開として理解され，労働法理論はこの基本権人権論に即して体系化されてきた。近年，大きな理論的影響を及ぼしている西谷教授の自己決定論による労働法の体系的理論化（西谷敏『規制が支える自己決定――労働法的規制システムの再構築――』（法律文化社，2004年）はその集大成である。）や毛塚教授のワークルール・アプローチ（毛塚勝利「ワークルールからみた現行労働法制の問題点と検討の課題」連合総研・新労働法制に関する調査研究報告書（2002年，5頁以下））は，戦後，主導的であった労働組合を中心に据える「集団主義的労働法学」のパラダイム転換を図るものであるが（この点は，労働市場サポート・システム論も同様であり，毛塚教授は，これらを「集団主義的労働法学」と対比的に，「個人主義的労働法学」と呼ぶ，毛塚勝利『労働法講義アシスト』（八千代出版，1997年）21頁），いずれも労働法の規範性を重視している点において，規範的アプローチを採るものと位置づけることができる。

4) なお，これまでに「労働市場」を視野にいれた議論がなかったわけではない。例えば，石井教授は，労働法を「資本制経済秩序のもとにおける労働者そのものの生活関係に関する法規の全体」と定義して，「生産手段と労働力との結合が使用者と労働者との自由意思により，労働市場を通じて，そして法律的には個別的な労働契約を通して実現されるという基本方式を採用する」ものであること，ここでは，「労働市場」の存在が予定されており，「労働の商品性」が議論の対象となることを説かれていた（石井照久『新版労働法（第3版）』（弘文堂，1973年）4頁以下）。しかし，「労働市場」の規制のあり方，その機能に着目して労働法を理論化する試みは，菅野・諏訪論文をもって嚆矢とする。

広い観点から捉えた場合，労働市場 labour market に関わるすべての組織もしくは制度（すなわち企業，労働組合，使用者団体および規制主体としての，また使用者としての国家）の存続と活動に関する規範的枠組み normative framework である[6]，と説かれているように，イギリスでは，労働法の「労働市場」規制機能に着目して，労働法理論を構成，展開する動きが有力となってきている[7]。

わが国の近年の労働立法の展開が菅野・諏訪両教授の労働市場サポート・システム論が描きだしている労働法理論，労働法政策論に依拠したものであるか否かはともかくとして，「労働市場」を起点として労働法理論を展開する労働市場アプローチには，どのような理論的可能性があるのか，法規制としての労

---

5) H. Collins, "Labour law as a vocation" (1989) 105 Law Quarterly Review 468. Collins は，伝統的アプローチには従属労働関係の分析に不十分さがあり，労働市場アプローチには規範的視点が弱いと指摘し，後者については，この規範的視点なくしては労働法は，その批判的鋭利さを失い，単にエコノミストの労働市場規制の効率性評価の議論に融解してしまうことになるだけである，と述べている（at p.482）。なお，この Collins の論文で言及されている Davies と Freedland の見解は，1982年論文と1983年の Kahn-Freund の著作 Labour and the Law の第3版序文であるが，P. Davies and M. Freedland, Labour Law: Text and Materials, (2nd ed., 1984) at p.11 でも，労働市場機能への着目を説いている。

6) S. Deakin and G. S. Morris, Labour Law, (Bufferworths, 3rd ed., 2001) at p.1.

7) 例えば，1999年7月6日から8日までの3日間，ロンドン大学高等法学研究所 Institute of Advanced Legal Studies, University of London で開催された W G Hart Legal Workshop 1999 では「雇用関係の法的規制」Legal Regulation of the Employment Relation をテーマとして，労働法だけでなく，社会保障法，税法，会社法等の法分野を含めた49人のレポートと質疑が行われたが，事前の研究所HPの Call for Papers (Academic Directors は，H. Collins, P. Davies, R. Rideout) は，次のように述べていた。すなわち，「ワーク・ショップの目的は，労働法の任務 task が，ある特定の契約関係（雇用契約）と，それが用いられている制度的枠組み（例えば，労働組合，団体交渉，経営上の秩序，政府関係部門その他の機関）とを規制することであると理解する観点から，労働法の諸問題を検討することである。この観点は，多くの点で大部分の現代の労働法研究のアプローチとは異なっている。それは，雇用法 employment law の基礎が私法である契約法や不法行為法に在るという考え方を採らず，その代わりに労働法の公共的，規制的性質を強調するものである。また，労働法において論じられている問題を両当事者の権利いかんという観点から分析することはせず，その代わりに政策的分析を展開し，政策の実践・遵守の問題を考察するのである。この枠組みのもとでは，例えば，労働組合と使用者の間の団体交渉は，基本的な権利または自由として分析されるのではなく，むしろ一つの規制手段，この場合にはある種の政策目標を実現するために特に効果的であるかもしれない自律的規制 self-regulation の手段として認識されることになる。（以下，省略）」と。なお，ここで報告されたペーパーに基づいて H. Collins, P. Davies, R. Rideout ed., Legal Regulation of the Employment Relation (Kluwer, 2000) が刊行された。

働法のあり方についてどのような議論ができるのか，これを探り当てること，これが古川・有田両報告についてのこのコメントの基本的視点である。

II イギリス労働法論の特徴とその示唆するもの

1 多元的労働法論の可能性

労働市場の規制 labour market regulation，経済的効率性 economic efficiency と企業の市場競争力 competitiveness との相互関係をどのように考えるかが今日の労働法の中心的争点である，Deakin=Morris はこう説いている[8]。このような観点からすれば，労働法は労働市場に対して一定の規制を加えるものであるがゆえに，企業活動の経済的効率性やその市場競争力を削ぐものとして，否定的な評価を与えられそうである。労働法は，経済的効率性を志向する企業の自由な経済活動に対する制約として受け止められるであろう。そこで，労働関係・労働市場に対する法規制としての労働法規制を抑制する議論，いわゆる規制緩和論が展開されることになる。

ところが，ことはそう単純ではない。と言うのは，例えば，経済的効率性の向上を目指して労働市場の柔軟性 flexibility を促進するためには，規制の緩和だけでは十分ではないかもしれない。むしろ，ある面では規制の強化が必要になるかもしれないからである。例えば，イギリスのサッチャー政権は，規制緩和策として労働保護立法を廃止すると同時に，労働市場機能を阻害する労働組合の力を削ぐために労働組合規制立法を数次に渡って重ねたのであるが，後者はまさに規制強化であった[9]。すなわち，一定の政策目標に即して，どのような労働法規制（規制の緩和，あるいは規制の強化）が講じられるべきか，そのあり方は一様ではない。労働法規制は労働関係・労働市場に対する国家介入の一つであるが，問題はその規制の論拠，法政策の内実いかんである。法規制の論拠，

---

8) S. Deakin and G. S. Morris, op. cit., p. 51. なお，1998年の同書第2版 (p. 57) では，「労働市場規制，経済的効率性と競争力との相互関係は，今日の労働法のもっとも重要な争点の一つとなってきた has become one of the most crucial issues」と述べられていたが，2001年の第3版で，これが労働法の「中心的争点である is the central issue」と書き換えられているのは，近年の議論動向を反映したものと考えられる。

法政策に照らして，当該規制の程度，内容について，はたしてそれが過剰なのか，過少なのか，あるいはそもそもそのような規制が必要なのか，不要なのかが，また労働法規制の全体的枠組みのもとで，個々の法規制の組み合わせかたの適切さが問われなければならない。

　このような観点から，古川・有田両報告のなかで，最も関心を引くのは，労働法規制を，企業の市場競争力 competitiveness 強化のために，労働市場の柔軟性 flexibility と効率性 efficiency を確保することを目的とするものと捉え，この観点から，労使のパートナーシップ partnership を強調しながら，他方で，労働法規制を，社会的排除 social exclusion の阻止（差別の問題〈機会の平等 equality of opportunity〉や仕事と生活の調和 work/life balance）と市民としての基本的権利の保障 citizenship の役割を担うものとして理解する議論である。

　ここでは，労働法規制が，労働市場の柔軟性確保あるいは社会的排除の阻止等の，それぞれの法目的，役割に則して，固有の意義を与えられることになる。この議論は，労働法を，例えば労使の交渉力不均衡を是正するために使用者の権限を制約する種々の規制的ルールと理解する見解，あるいは労働関係における労働者の市民的自由と権利を確保するための種々のルールと理解する見解，あるいは労働市場システムの円滑化のための労使の利益調整のための種々のルールと理解する見解が，その法目的において一元的である，すなわち一元的労働法論であることに対比して，その法目的の多元性に特徴がある，多元的労働法論ということができよう。ここでは，労働法の拠って立つ足場が重層的に構成されているのである。

　このように労働法の目的を多元的に捉える考え方は，わが国における規範的アプローチによる規範的労働法論と機能的アプローチによる機能的労働法論以外に，これらとは異なるアプローチの可能性があることを示唆するものである。

---

9) この点については，S. Deakin and G. S. Morris, op. cit., pp. 51-52 参照。なお，H. Collins, K. D. Ewing and A. McColgan ed., Labour Law; Text and Materials (Hart Pub., 2001), pp. 46-60 では，「労働法の今後」として，柔軟な就業形態，法規制の経済的目的（労働市場の失敗，社会的コスト，競争力），社会的排除（機会の平等，労働のための福祉，職業生活と家庭生活の調和），労働者の関与，シティズンシップという表題のもとに議論が展開されており，興味深い。

すなわち，イギリスの議論は，労働法を労働市場に対する法的規制として論じつつ，社会的排除の阻止，労働者の権利保障という規範的議論をその内に取り込んでいる点で，日本の労働市場アプローチと権利アプローチのそれぞれについて新たな議論展開の可能性を期待させるのである。

2 企業の競争力強化と労使のパートナーシップ・労働者の市民的権利保障の相互関係

さて，企業の市場競争力の強化は，古川報告にあるように，ニューレーバーの最大の関心事であり，グローバル化した経済のもとで企業が存続を図るためには，新技術への積極的投資，生産性の改善・向上，効率的な労働者の活用が必要であり，労働者には，適切な訓練を受け（employability を高める），柔軟に働き（労働力の質的，量的柔軟性を保持する），企業に協力，協調していく（partnership）ことが求められることになる。労働法は，これらのいわば政策目標を実現するための手段と位置づけられる。ところが，労働法規制の目的を，このようにあからさまに経済的なそれとして明言しつつ，ニューレーバーの労働法は，労働市場における差別の規制（差別禁止）だけでなく，障害者や高齢者等，社会から排除されている人を，雇用労働の社会に包摂することを課題としているところが特徴的である。

これは，労働法規制の内容を論じるに際して，経済的考慮に重きをおきつつ，その議論に「人権論」を組み込むものと言えよう。しかし，企業の市場競争力 competitiveness の強化と社会的包摂 social inclusion とは，どのような関係にあるのだろうか。この両者はそもそも両立するのであろうか。仮に両立するというのであれば，どのような論理が可能なのであろうか。この疑問について，どのような回答が用意されているのか，それは明らかではない。しかし，その回答は，おそらく，社会的包摂により企業の市場競争力は高まる，ということになるのであろう。

また，ニューレーバーは，労働市場について，効率性 efficiency と公正さ fairness を共に目標として掲げ，効率性と公正さは両立すると主張しているが，これも，同様に，企業の市場競争力の強化に結びつく限りで，その意味を認め

られるように思われる。労働の柔軟性 flexibility は企業の市場競争力に貢献するものであり、労働者の公正な取扱いのための権利保障も、それ自体が「善」なのではなく、競争力を確保するための「手段」として位置づけられているからである。要するに、ニューレーバーの労働法では、パートナーシップや社会的包摂、そして労働者の権利保障は企業の市場競争力強化という政策目標の実現のための手段という点で、整合的に位置づけられるように思われる。

このようにみてくると、前述した多元的労働法論には、ある種の危うさが潜むのかもしれない。法目的の多元性を説くにしても、複数の法目的の相互の関係をどのように理解するかによって、その多元性の有意義性は異なってくるからである。

なお、わが国では、2005年4月13日に、昨年厚生労働省に設置された「今後の労働契約法制の在り方に関する研究会」の「中間取りまとめ」が公表された。そこでは、「労使当事者がその実情に応じて自主的に労働条件を決定することができ、かつ労働契約の内容が適正なものになるような労働契約に関する基本的なルールを示すことが必要である」（中間取りまとめ〈ポイント〉）と述べられている。しかし、この中間報告からは、「労働条件の自主的決定」と「契約内容の適正さ」がどのように両立するのかについては明らかではない。中間報告の論理には、ここで検討しているイギリスの議論に通じる不確かさがあるように思われる。[10]

3 論点の提示

そこで、以上の点を踏まえて、イギリスの労働市場規制を基軸とする労働法論に係る論点として次の4点をあげておきたい。

第一は、労働法規制の目的を労働市場に対する法的規制と解する場合、イギリスで論じられている企業の競争力強化、労働市場の効率性の確保という政策目的は、規範学としての労働法論において、どのように認識し、評価すべきであるのか。この問題は、「法政策として誕生した労働法学の原点に返り」[11]、検討

---

10) この点については、拙稿「労働契約法の制定に向けて」ジュリスト1292号（2005）4-5頁参照。

すべきものであろう。

　第二は，イギリスでは政策レベルで明示される労働法プログラム（政権構想の一環）で説かれる，企業の市場競争力の強化，労働市場の柔軟性と効率性，パートナーシップといったキーコンセプト（基本概念）を，労働法学として理論化し，体系化しようとする試みがなされているが，そのような理論作業にはどのような意義があるのか。あるいは，そのような作業の理論的可能性はどうなのか。

　第三は，労働法規制としての労働者の集団的な利益代表システムのあり方に係わる問題として，ニューレーバーの構想する労働法からは，「団体交渉」collective bargaining が欠落しており，その代わりに労働者代表との「協議」consultation が強調され，交渉ではなく協議がパートナーシップの文脈で語られているのであるが，そのことをどう考えるのか。イギリスには労使自治の伝統があり，かつ，労働者・労働組合は，その代表による政権運営を経験しているのであるが，このような社会的，歴史的背景のもとで，なおこのような協議システムが導入されているのである。

　第四は，労働市場規制のあり方をめぐる議論をその内に折り込んだ，新たな雇用契約論（共生的 symbiotic 雇用契約モデルや専属的労務供給契約 personal employment contract 論）は，契約法理としてどのような意義を担いうるのか，またどの程度の射程を有する議論なのか。ここでは，ニューレーバーの説くパートナーシップ論との接合を予想することができよう。

　これらの論点は，わが国における近年の労働立法ラッシュと労働市場規制の視点からの労働法理論の再構成をどのように理解し，どのように位置づけることができるのかという問題を論ずるにあたって参照するに値しよう。

　　〔付　記〕　本稿は，平成17年度科学研究費補助を受けた基盤研究（C）「イギリス労働法の新展開に関する理論的比較法的研究」の研究成果の一部である。

（からつ　ひろし）

11）　毛塚勝利「ワークルール・アプローチのすすめ」労働法律旬報1455号（1999年）5頁。

《シンポジウムⅡ》
ジェンダーと労働法

シンポジウムの趣旨と総括 　　　　　　　　　　　　　　　　　　浅倉むつ子
ジェンダー視座による労働法理——差別と自己決定の再定義——　　　笹沼　朋子
少子化対策と労働法
　　——リプロダクティブ・ライツと家族概念からの検討——　　　菅野　淑子
ジェンダー法学の新たな可能性
　　——笹沼，管野報告に関するコメント——　　　　　　　　　　中里見　博

《シンポジウムⅡ》

シンポジウムの趣旨と総括

浅 倉 むつ子
（早稲田大学）

Ⅰ　シンポジウムの趣旨

　1960年代までは，欧米でも，女性への差別は，生物学的な違いを理由に正当化されてきた。社会的・文化的な要因が関与している場合でも，安易に生物学的な違いゆえの「区別」とみなされて放置されてきたのである。このような議論に陥る弊害を避けようとして，1970年代に，女性学は，生物学的性差（sex）と区別された社会的文化的性差をジェンダー（gender）という概念で把握する研究を生み出した。生物学的性差は変えようがないが，文化的性差は変えることができるという発想から生まれたこの「ジェンダーに敏感な視座」は，女性を固定的な役割分担や生物学的決定論の桎梏から解き放つために「発見」されたものであったといえよう。もっとも「ジェンダー」と「セックス」の関係は，その後，社会や文化が男女という二項対立的なジェンダーを作るから，生物学的にもオスとメスという二分化のカテゴライズが行われるのだという説明がなされるようになり，今日，ジェンダーとは，「肉体的差異に意味を付与する知」（ジョーン・スコット『ジェンダーと歴史学』1988年，邦訳1992年）であるともいわれている。

　「ジェンダー」に敏感な視座をもつことを提唱するジェンダー学は，学問の各領域で，性別・性差についての先入観や偏見を排し，多様な視点から性のあり様についての社会的分析を試みてきた。法学におけるジェンダー分析は，他の分野よりも遅れてスタートしたが，にもかかわらず「既存の研究」に対して新たな視座からのインパクトを与えていることは間違いない。ジェンダー概念

を法学分野に導入することは，「社会的・文化的に作られた男／女という二項対立的な性の二分法は，なぜ存在するのか」を問いかけつつ，その男女の非対称性と二分法の人為性を批判することを通じて，社会・経済・文化・家族などを支える法制度に内在するジェンダー・バイアスを構造的に捉えること，さらには，性による抑圧のない関係性の構築をめざす法制度のあり方を提起することである。

　このミニシンポジウムは，労働法学会で「ジェンダー」を掲げて行う初の試みであり，ジェンダー視座からのアプローチを通じて，従来の労働法学および労働政策のテーマをどのように捉え直すか，そしてジェンダー・バイアスのない労働法政策とはいかなるものであるのか等についての問題提起を行うことを趣旨とするものである。

II　報告の概要

　当日は，浅倉による簡単なシンポジウムの趣旨説明の後，笹沼報告と菅野報告が行われ，その後に，中里見によるコメントがなされた。それぞれの詳しい内容は後掲の論文に譲るが，討論の流れを理解するためにも，ここで，各報告とコメントの概要を簡潔に紹介しておきたい。

　笹沼報告は，ジェンダー視座による労働法分析の「総論」として，差別概念と自己決定概念を再検討し，そこに新たな意味を付与することによって，労働法全体の再構築を促そうという意欲的な試みであった。差別とは一般に「不合理な格差」であると捉えられてきたが，笹沼はそれに異議を唱え，差別とは「一定の集団を市民社会において劣位に属する集団とみなして，諸々の権利と利益を侵害する行為類型」であると再定義した。その結果，差別に対抗する男女平等法理には，男女の格差是正の趣旨以外に，女性の人権，とくに性的自己決定を保障するという性差別禁止の趣旨が存在するということが明らかになり，差別禁止の中心的な内容は「性的自己決定の保障」であるということになる。労働法学でも自己決定論は主要なテーマの一つであるが，ジェンダーの視座からは，自己決定に関する労働法学のこれまでの捉え方には再考がうながされる。

すなわち女性の体験から得られた知恵によれば，人間は自己完結した強固な境界線をもった完全体ではなく，他者からの依存を引き受けざるをえない状況にあることが無視されるべきではない。女性にとっては，決定のための選択権はまったく自由ではなく，限られた選択肢の中で決定せざるをえないのである。だとすれば，その決定の全責任を決定権者が負うのは理不尽であり，自己決定権保障のためには，決定のための諸条件整備こそが重要であり，自己決定のためのプロセスや環境の保障が不可欠である。笹沼報告は，ジェンダー視座を使って，近年の労働法の中心的概念にすえられようとしている「自己決定権」の再構成を行おうとするものでもあった。

菅野報告は，笹沼の「総論」に対する「各論」であり，ジェンダー視座によって刷新された差別論の具体的な応用問題（中里見による表現）として位置づけられる。菅野は，育児介護休業法，男女共同参画社会基本法，地方自治体の男女共同参画条例，少子化社会対策基本法，次世代育成支援対策推進法などの成立経緯，そこにおける含意と内容を丹念に跡付けたうえで，妊娠・出産・育児に関する各種の施策の中に含まれる性差別的要素や伝統的家族像中核主義などを批判的に分析し，将来的には，同性カップルも家族として扱うという法制度の可能性をも示唆した。

報告の後，憲法学の専攻でありジェンダー法学にも造詣が深い中里見による卓越したコメントによって，ジェンダー法学上の差別禁止法理との関連における２報告の意義が解明され，報告内容に対する理解がおおいに促された。中里見は，笹沼報告の意義として，①従来の差別禁止法理としての合理的差別論を刷新するものであること，②労働における性差別とセクシュアリティにおける差別との構造的連関を示して両者の一体的把握を提示していること，③自己決定概念の再定義という３点を指摘し，菅野報告については，政治的イッシューである少子化対策への挑戦という側面をもつことを評価しつつ，「子どもを産んだ者が不利益を被らないこと」の内容として，生殖に関する男女の異なる取扱いの排除可能性が示唆されているのではないかという意見を述べた。

シンポジウムⅡ①

Ⅲ　討論の概要

　討論は，性差別の片面性をめぐる問題から始まった（以下，発言者の敬称略）。笹沼がマッキノンを引用しつつ，性差別を「女性を男性より劣る者とみなし，……不利益を被らせること」と定義したことに関して，神尾真知子（尚美学園大）から，片面的ではなく両面的な性差別概念を考えるべきではないかとの意見が出され，米津孝司（都立大）からは，男性が家庭責任を理由に不利益を被った場合にはジェンダーと無関係と言えるのかという質問が出された。笹沼は，神尾質問に対しては，具体的な事例ごとに考えた場合，多くの男性差別はむしろ女性差別である場合が多いこと，また，米津質問の例は女性ジェンダーを引き受けた男性に対する差別であるから女性差別の一種なのではないかと回答した。中里見からは，笹沼報告の定義は女性差別の現実を念頭においた例にすぎず，もし男性が男性であるという理由で社会的に従属させられているという意味での男性差別が実態としてあれば，やはり「性差別」であろうという意見が出された。

　次に，中里見コメントが，「女性のみに認められる出産休暇制度は，妊娠・出産を『母性』の問題とし，『父性』を過小評価する社会的性別観念（ジェンダー）を強化しており，女性の社会的従属を生み出す一つの原因となっているにもかかわらず，現在の平等論はこれを許容しており問題である」と指摘した点について，出産休暇は女性の安全な出産・健康のためであって，この制度が差別であるとすればいかなる制度が平等な制度であるのかという質問が出された（土田容子・熊本労基署）。また，産前産後休暇は母体と胎児の健康のための制度であり，育児休暇が父親の「親性」の確保をする制度であり，両者は意味が違うのではないかというコメントも出された（斎藤周・群馬大）。中里見は，男女双方に親としての休暇が付与される制度があるべき平等な制度であること，たとえ出産休暇と育児休暇の趣旨は異なっていても両者が重なりあって，男女が同一の休暇を取得できるようになる制度が望まれると回答した。笹沼は，この点について，出産休暇の現状は女性を「産む性」として位置づけている点で性

差別的であるが，この休暇がなければ女性は働いていけないという意味からいえば，この実態はまさにセクシュアル・ハラスメントではないかという独自の見解を示した。

次に菅野報告をめぐる質疑に移った。山崎文夫（明治大）による，リプロダクションの権利と少子化は関係させるべきではないのではないか，報告者は出産の自己決定をどう捉えているのかとの質問に対して，菅野は，むしろ少子化対策諸法に抵抗する基軸としてリプロダクションの権利が存在するのであり，自分としても出産は女性自身の決定によるべきだと考えていると回答した。神尾からは，日本の少子化政策の変遷をみると，当初はスウェーデンをモデルに雇用における男女平等が強調されていたものの，徐々に少子化対策が上位概念となってきており，とくに政策上「子どもを産むことに喜びを感じる社会」をめざすという観点が提示されるに至っては，女性の出産に関する自己決定権の侵害として，おおいに疑問であるという意見が述べられた。菅野は，家庭内に法が介入することには慎重であるべきだとして，少子化社会対策基本法のうたい文句（「子どもを産むことに喜びを感じる」）の不自然さについては，質問者に同感であると回答した。

論点は少し戻って，中窪裕也（九州大）から，中里見に，女性だけに出産休暇を付与することを「差別」というべきか，むしろ差別といわずに別の手段によって男女に同一の休暇を保障することを考えていくべきではないかという質問が出され，笹沼にも，差別という鋭い形で法的に振り分けを行うよりも，ポジティブ・アクションのような形でより良い方向に向けていくという戦略的な方法は考えられないのかという疑問が示された。中里見は，違憲と主張すべきかどうか，司法救済を求めうるかどうかについては確かになお躊躇があるとしながらも，かといってこれに正当性があるとは考えられないと回答した。笹沼からは，差別の定義を変える試みは，女性が社会において構造的に差別されていることへの問題提起であり，これによって個別企業における差別について，立証責任の転換がもたらされるのではないかと考えていること，現在のところ不法行為の一般法理で争うことを念頭においていること，また，差別を主張することについては，あらゆる格差を差別と言っているわけではなく，企業が格

差について真摯に説明し，納得を得るプロセスを踏むことによって，労使の対話がなされることも想定しているのだという回答があった。

この回答に関わって，障害者差別問題と共通する論点として，瀧澤仁唱（桃山学院大）から，差別行為には，単に不法行為によるだけでなく，より積極的に，就労請求権や立法不作為の論拠で対抗するという発想もありうるのではないかという質問・コメントが出された。笹沼はこれに対して，いかなる救済をするかという問題と，何が違法かという問題は違うのであり，少なくとも「何が違法か」が確認されれば，その後，救済方法も更に拡充されていくのではないかと回答した。瀧澤からは更に，自己決定万能論がはびこっていることについての懸念が示され，これについては回答の時間がとれなかったが，まさに笹沼報告は，自己決定万能論ではない新たな自己決定論を提起したものであるということを司会がコメントして，討論は終了した。

IV 成果と課題

ジェンダーの視座は，いったいどのような新しい知見を労働法に対して提示しうるのだろうか。このような問題意識をもって準備を重ねてきたミニシンポジウムであったが，司会兼コーディネーターとしては，当日の報告，コメント，討論を通じて，当初の目的は十分に達成されたという感触を得ることができた。真摯に準備を重ねてきた報告者，その報告趣旨を十二分に理解して正面からジェンダー法学の流れの中に位置づけてくれたコメンテーター，討論の熱心な参加者の方々に心から感謝したい。とくにジェンダー論の理解と不可分に関わる笹沼による差別概念の再定義と，それを受けた中里見の啓発的コメントは，興味深い理論的な課題を提示し，当日の討論の活発化に大いに貢献した。すなわち，法律学においても，ジェンダー論の転換（生物学的性差と社会的・文化的性差の二分法の克服）は形式的にはふまえられているとはいえ，その具体的適用問題においてそれが十分に生かされているとはいえない状況にあること，その証拠に，差別の通説である「合理的差別論」は，男女の生物学的性差に根拠づけられているからという理由で性差別ではないとされている法制度上の取扱いを

放任しているという問題である。中里見が提示した事例（女性のみの出産休暇制度）のみならず，生殖機能の保全のためとされている女性のみの危険有害業務の就労制限問題もまた，まさにこの論点を体現するものであろう。このミニシンポジウムを通じて，私も，女性と男性の生殖の権利の再構成が必要なのではないかと考えるに至った。これは明らかにシンポジウムが生み出した新たな知見であるといってよい。妊娠・出産・育児に関わる法政策を丹念にジェンダー平等の視点から分析するという困難な仕事をなしとげた菅野報告もまた，なぜ上記のようなジェンダー論による再構成が必要であるかの具体的な根拠を提示したものと位置づけることができる。生殖をめぐって女性がいかに不利益な立場におかれているのか，その認識を喚起したからである。

　私は今回の二人の報告者が，「女性の体験から得られた知恵」すなわち「女性の声」を学びとる姿勢に，準備段階からもしばしば敬服の念を抱いてきた。たしかに女性たちによる生の声を法理論に反映させる作業は難しい。しかしそこにこそ大きな知的刺激と示唆が含まれていることを，今回のミニシンポジウムの経験は明確にしてくれた。このような研究の姿勢こそ，ジェンダー法学にふさわしい。今回の試みは，人種，階級，エスニシティ，障害など，性別以外のあらゆる社会的差別全般に通じる議論の基礎を提起しうるものではないだろうか。

（あさくら　むつこ）

ジェンダー視座による労働法理
――差別と自己決定の再定義――

笹 沼 朋 子
(愛媛大学)

I　はじめに

　労働法における性差別とは何か。現在の裁判法理では，後述するように，男女の賃金格差が顕著であっても男女の職務・職責や就労形態が異なる場合には，その格差には合理的な理由があるものとされ，違法な差別とは認められない。したがって，女性が総合職として採用されたにもかかわらず，男性社員よりも賃金が低い場合には性差別となり，一般職やパートとして採用された場合には，男性と比べて賃金が低くても不合理な差別であるとは認められないことになる。しかし，女性が一般職やパートとして働くということは，実はそれ自体が女性にとっての差別であるから，現行法理は，採用において差別されればされるほど，その後の処遇については差別を問えなくなるという矛盾をはらむものである[1]。
　こうした現行法秩序の問題点を認識し，克服するためには，ジェンダーに基づいて階層化されている社会を批判し，その階層化から人間を解放するよう展望を拓く必要がある。本稿ではこの立場を仮にジェンダー視座と呼び，この立場から差別概念と自己決定概念を再検討し，そこに新たな意味を付与すること

---

1) 山田省三教授は，女性に基幹的な仕事を担当させた時点以降を性差別と認めた塩野義製薬事件判決（大阪地判1999（平11）7・28労判770-81）について「採用時の男女別の取扱いを是正した使用者が敗訴し，男女別処遇を継続する使用者が勝訴するという，驚くべき結論が生じることになろう」と指摘している。山田省三「住友電気工業男女配置・昇格差別事件大阪地裁平成12年7月31日判決に関する意見書」『労働法律旬報』1509号（2001年）75頁。

によって，労働法の再構築を促したい。

II 差別概念の再定義

1 私法上の差別とは何か

　差別の再定義を論じるに際して「私法上許されない差別とは何か」という問題を提起する。従来，差別禁止法理に関連して，労基法3条や4条の適用が及ばない領域については，憲法14条と民法90条を媒介としたその私人間適用を中心に論じられてきたが，この憲法の私人間効力の有無に関する裁判所の審査は意外と厳しく，なかなか原告の主張が認められてこなかった。すなわち，男女賃金差別が争われた兼松事件を例にとれば，その処遇の男女格差が「憲法14条の趣旨に反するものである」と判断しながらも，「憲法14条は，私人相互の関係を直接規律することを予定したものではな」いとして，私人間効力の審査を行い，その結果，均等法が改正される以前については，男女を異なるように処遇したとしても「男性については，主に処理の困難度の高い職務を担当し……女性については，主に処理の困難度の低い業務に従事」させていたのであるから，このような男女の処遇の格差は，「労基法4条に違反し，不合理な差別であって公序に反するとまでいうこともできない」と結論づけたのである（東京地判2003（平15）・11・5労判867-19）。しかし，このような憲法14条論が果たし

2）　本稿の詳細は，笹沼朋子「ジェンダー視座による労働法再構築（総論）（1）（2）」『愛媛法学会雑誌』第31巻3・4号115-149頁／第32巻1・2号（2005年）として，連載している。それによれば，日本の差別構造とは，天皇を頂点とした血統主義の貫徹により人民を差別的に類別することによって成り立っており，血統主義とは生殖を媒介として成り立つものであるために，「ジェンダーあるいは性が，他の多くの差別に大きく関連する重要な要因であることが理解できる。……女性というフィルターを通って，様々な『種類の人間』が産み出され，類別される。ゆえに，障害者に対する差別，他人種および他民族に対する差別，出身差別，国籍差別など，血統を根拠とする差別は，ジェンダーあるいは性を検討することによってその構造の一部が明らかになる」ものである。

3）　同旨のものに，住友電気工業事件（大阪地判2000（平12）・7・31労判792-48），住友化学事件（大阪地判2001（平13）・3・28労判807-10），野村證券事件（東京地2002（平14）・2・20労判822-13），岡谷鋼機事件（名古屋地判2004（平16）・12・22労判888-28）などがある。なお，野村證券事件，住友化学事件，住友電気工業事件は高裁において和解が成立している。

て妥当なのかどうか，疑わざるをえない。というのも，共産党思想を理由としたいやがらせが人格権侵害にあたると断言した関西電力最高裁判決（最三小判1995（平7）・9・5労判860-28）でも，女性従業員に対するレイプ未遂が性的自由ないし性的自己決定権の侵害にあたると判断した金沢セクシュアル・ハラスメント事件高裁判決（名古屋高金沢支判1996（平8）・10・30労判707-37）でも，裁判所は，憲法上の議論を行うことなく，つまり，私人間効力に関する審査を行うことなく，わたしたちには市民生活を営む上で，プライバシーや性的自己決定権などの人格権があり，それが侵害されることは，私法上許されないと判断している[4]。それならば，差別についても，私法上許されない人格権侵害を主張立証することも可能なのではないだろうか[5]。

2　差別の再定義

一般には差別とは，「不合理な格差」であると考えられている[6]。しかし，差

---

4) プライバシーの権利および自己決定権の憲法学上の性質について，奥平康弘教授は憲法に列挙されていない新しい権利であるとして，その成り立ちを説明している。「最高裁（第三小法廷）は，第三者による，ある者の前科および犯罪経歴の照会に応じて回答した地方公共団体の長の行為を不法行為に当たるとして損害賠償責任を課したことがある。そのさい，第三小法廷はこうした機微にわたる個人情報については，当該情報本人は『みだりに公開されないという法律上の保護に値する利益を有するのであって，市区町村長が……みだりに漏えいしてはならないことはいうまでもないところである』（最三小判昭和56・4・14民集35巻3号620頁）と説示した。判決は，『いうまでもないところである』として，こう説示するうえでの法的根拠を挙げていない。しかし，言う言わないにかかわらず，終極の根拠をもとめるとすれば憲法13条にならざるを得ない。」また，「プライヴァシーの権利の自覚化は，ごく最近生じた。これは，以上見てきたように個人情報の自己管理という要求からはじまったが，いまや『情報』のわくを超えて，自己の生き方そのものの自己決定・自己管理の要求となって展開しつつある。自己の運命を決定する権利（自己決定権）と言われるものがそれである。」奥平康弘『憲法Ⅲ──憲法が保障する権利』有斐閣（1993年）107-109頁。それでは，新たに憲法上の権利であると認識されると，それは私法関係にどのように影響を与えるというのであろうか。
5) 石川健治「人権論の視座転換──あるいは『身分』の構造転換」ジュリスト1222号（2002年）2-3頁によれば，「たとえば，私人間において『人間の尊厳』を損なう差別的な行為が行われれば，それは当事者にとっては紛れもなく『人権』侵害として実感されるはずなのに，『人権は元来「国家からの自由」である』というプロ側の固定観念が，それを『人権』論として構成することをしばしば妨げる」が，「これは，いうまでもなく，無用のコンフリクトである」。

別とは「一定の集団を市民社会において劣位に属する集団とみなして，その集団もしくはその構成員に対して諸々の権利と利益を侵害する行為類型」である[7]。同様に，性差別は「女性を男性よりも劣るものとみなし，両性の類似性を無視するだけではなく，男性との違いを理由として女性に何重にも不利益をこうむらせるシステムである[8]」。つまり，差別の本質とは，不合理な格差ではなく，格付けなのである。このことは，以下に検討するように，注意深く現行法をたどれば明らかであるが，日本国憲法制定直後の民法解釈に関連した我妻栄教授や川島武宜教授の発言を参照しても，また，明らかである。すなわち，我妻栄教授によれば，私法関係から「封建的な身分的隷属の思想」を払拭すること，それが民法1条の2（現2条）の規定する「個人の尊厳と両性の本質的平等」である[9]。封建的な身分的隷属とは，単に不合理な格差ではなく，人間の序列化，階層化を意味するものであり，まさに，それを根絶させる理念こそ，本質的平等ということになろう[10]。

そして，性差別に限定するならば，例えば，セクシュアル・ハラスメント（以下，SHという）法理を検討することにより，差別とは不合理な格差であるというよりは，格付け，すなわち「女性を男性よりも劣るものとみなし，両性の類似性を無視するだけではなく，男性との違いを理由として女性に何重にも不利益をこうむらせるシステムである」ということが明らかになる。

そこで，最初にSHを違法であると認めたとされる1992年の福岡SH事件（福岡地判1992（平4）・4・16労判607-6）を参照したい。この事件は，職務能力

---

6) 「『平等』とは，いかなる場合にも各人を絶対的に等しく扱うという絶対的平等の意味ではなく，『等しいものは等しく，等しからざるものは等しからざるように』扱うという相対的平等を意味するもので，合理的な理由によって異なる取扱いをすることは許されると解するのが通説・判例の立場である」。辻村みよ子『ジェンダーと法』不磨書房（2005年）85頁。

7) 笹沼朋子「募集・採用差別」日本労働法学会編『21世紀の労働法第6巻 労働者の人格と平等』有斐閣（2000年）211頁。

8) MacKinnon, Catherine A., Sexual Harassment of Working Women, Yale U.P. (1979), p116.

9) 我妻栄『新訂 民法総則』岩波書店（1965年）29-30頁。

10) より詳細については，笹沼朋子前掲注2)文献「ジェンダー視座による労働法再構築（総論）（2）」を参照。

と成果の高い女性社員を職場から排斥しようともくろんだ男性社員が，当該女性の性にかかわることについて，ことさら「乱脈であるかのようにその性向を非難する発言」を繰り返し，当該女性を職場に居づらくさせ，その結果退職を余儀なくさせたという事件である。この事件に対し，裁判所は「現代社会の中における働く女性の地位や職場管理層を占める男性の間での女性観等に鑑みれば，本件においては，原告の異性関係を中心とした私生活に関する非難等が対立関係の解決や相手方放逐の手段ないし方途として用いられたことに，その不法行為性を認めざるを得ない」と判断した。女性と男性とでは，性について求められる役割が異なり，それを利用して女性の性を貶めることは違法であるという趣旨である。まさしく「男性との違いを理由として女性に幾重にも不利益をこうむらせた」と認めたのだ。

しかし，当時，原告の女性の不利益がまさしく不利益であると理解できた司法専門家は少なく，噂されているうちが「花」であると慰めた者さえいる[11]。ようやく一人の女性弁護士が彼女の不利益を取り上げたのだが，その際，その弁護士は「性差別を問題にすれば勝つことが難しくても社会的意義は大きい。この裁判を女性すべての問題と認識してもらい……支援組織を作りなさい」と語っている[12]。結果として，大勢の女性弁護士が代理人として名を連ねた。つまり，男性にとっては取るに足らない事柄が，女性にとっては重大な問題であり，男性には理解できない苦痛が，女性すべてに共有される苦痛だったのである。そして，法も，労働者のセクシュアリティが職場の権力関係によって侵害されていること，職場でも女性たちが性的に従属させられ，そのために多くの不利益を被っていること，そして，それが性差別であることを，全く知らなかった。この事件は，その法の無知を立証する証言といえる。

実は，このような性差別の考え方は，それ以前から日本の裁判所が採用してきたものである。すなわち，結婚退職制度を公序良俗に反して無効であると宣言した住友セメント事件判決（東京地判1966（昭41）12・20判時467-26）の法理で

---

11) 職場での性的いやがらせと闘う裁判を支援する会『職場の「常識」が変わる――福岡セクシュアル・ハラスメント裁判』インパクト出版会（1992年）11頁。

12) 前掲注11)文献23頁。

ある。東京地裁は，憲法24条に関連して「適時に適当な配偶者を選択し家庭を建設し，……労働しつつ人たるに値する家族生活を維持発展させることは人間の幸福の一つである」と述べているが，「適時に適当な配偶者を選択し家庭を建設する」とは，セックスを前提とした親密な人間関係の形成を意味するので，判決の趣旨は「快適な性的環境を取るか，仕事を取るかの二者択一を強制することは許されない」と読みかえることができる。まさしくSH禁止の法理に他ならない。

この結婚退職制禁止からSH禁止に流れる理念は，次のように整理できよう。「女性はセックスに専念し，そして妊娠出産し，引き続き育児に従事すべきであるという社会構造が社会にはあるが，そうした構造を肯定し，助長させ，利用して，女性に対して不利益を与えることは許されない」。このように男女平等法理には，格差是正あるいは機会均等の趣旨のほかに，女性の人権，特に性的自己決定権を直接保障する，いわば性差別禁止の趣旨が存在し，均等法（旧11条，現5条，現21条）にもその精神が受け継がれている。

3 差別の効果

差別の効果は，被差別者に対して実際の不利益や損害を与え，感情を傷つけ，そして忍耐を強要することにある。差別とは，一定の集団に属する者に対して，社会全体が圧倒的な力で抑圧を強いるので，その力には抗いがたく，忍耐を余儀なくされる。この効果は絶大で，深刻である。性や出自など，自分では管理しようのないものを理由とする差別は逃げ場がないため，自己の属性を呪うしかなくなり，最終的には自己の存在そのものを呪うよう促されるのである。これは，法的には自分を尊重しなくなるという意味で，個人の尊厳を傷つけるものと評価できる。この自己嫌悪は深刻で，最悪の場合には自身の生命を絶つことになる。被差別部落出身者が結婚差別によって，人生に絶望するという例はよく聞かされることであるが，女性の場合，自らの身体的存在を呪いながら，深刻な場合には死に至る摂食障害という症例が思いあたる。[13]

---

13) 小倉千加子『セクシュアリティの心理学』有斐閣（2001年）2-39頁。

以上のような差別概念に基づくと，「非正規労働者」もそのほとんどが労働市場においては，被差別階層にあたる。なぜならば，一度非正規労働に従事したが最後，正規労働になかなか就職できないからである。また性産業に従事している女性も，それを辞めても社会的偏見から自由にならないため，出自を理由とする差別と同様に考える必要がある。コース別人事の運用によって男女の処遇に格差が生じている場合，あるいは職種の違いのために男女の処遇に格差が生じている場合も，その格差の正当性は疑われる。なぜならば，たとえ実際に行っている労働の質，量が異なるとしても，職場という小社会において女性を従属的な地位に位置づけ，その結果，女性の人格と感情を著しく傷付けることは許されないからである。その職務のいかんを問わず，女性が一律に低い賃金を余儀なくされ，その結果女性の感情が著しく害されているなら，差別を疑うべきである。低い賃金はそのまま労働者としての人格評価につながり，職場という小社会における格付けにつながるからである。この差別を回避するためには，企業は，真摯な対話によって，低い処遇について，相手の納得を得るよう努力を重ねる必要がある。しかし，多くの雇用差別の裁判例では，使用者が労働者にそのような説得を行ったという事実は存在しない。[14]

4　性に対する攻撃

　雇用における性差別は女性の性に対する攻撃である。女性の低賃金は，女性に困窮を強要し，女性に対して配偶者や男性一般に対する性的従属を強要している。性的従属さえ耐えれば生活できるというならば，女性にとっての賃金は，男性のそれに比べて重要ではないという主張もありえよう。しかし，女性を性

---

[14]　兼松事件（東京地判2003（平15）・11・5労判867-19）では，採用時に差別的な処遇を受けるとの説明がなかったという原告の主張に対して，東京地裁は「使用者である企業は，労働者を雇用するに当たり，個別労働者と労働契約を締結するのであるから，企業が当該労働者に対して説明義務を負う範囲は，当該労働者との労働契約の内容となる労働条件に止まると解するのが相当であり，当該労働者に対し，他の労働者の労働条件についてまで説明する義務があるとすることはできない。」と判断した。岡谷鋼機事件（名古屋地判2004（平16）・12・22労判888-28）も同旨。しかし，差別されながら働くとは，毎日砂をかむような思いで職場に赴き，炎天下の中で労働するようなものであろう。すなわち，差別のある環境で働くこととは，個別労働者の労働条件である。

的に従属させるとは，自分を女性より優越させ，女性を蔑み，そして女性を言うがままにするためにセックスすることである。したがって，女性にとって性的従属は，身体に対する侵略を伴うばかりか，女性の感情を失わせ，自己嫌悪させ，女性の尊厳をひどく動揺させるものである。つまり，女性の経済的地位の向上・確立は，生存の目的を超えてより深淵に女性が人間として扱われるための必須条件であり，雇用における性差別禁止法理は，性的自己決定権をその中核に置くべきである。

5 差別の目的

差別により利益を得るのは，差別者ではなく，そのシステム中の人々を統合的に支配する者である。職場において差別があって利益を得るのは，企業であり，企業社会全体である。差別によって，本来ならば支払うべき賃金を支払わずに，不当に利益を得ていた例は枚挙にいとまがない[15]。しかし，より重要なことは，差別の企業秩序に対する強力な貢献である。コース別人事をひき，家族的責任を負わされている女性に転勤・残業義務のない職掌を与えることは，同時に，それを女性に押し付けている男性に対して「転勤・残業をしなければ，女性なみに取り扱う」というプレッシャーを与える。このプレッシャーは，単なる低い処遇に対する恐怖ではなく，自らが差別し軽蔑する「劣等市民・劣等労働者」の刻印を押されることに対する恐怖であり，これが企業の強力な企業秩序を保障する。たとえば，三陽物産事件（東京地判1994（平6）・6・16労判651-15）における被告会社は「企業の側からすれば，広域配転応諾義務の存する従業員は，いつでも自由に異動配置させ得るという利点があり，一方，当該従業員にとっては，いつ異動し転勤するか分からないという不安定感及び実際に異動が発令された場合応諾の責任と物心等の負担がある。したがって，当該義

---

15) 芝信用金庫が東京高等裁判所によって原告らに支払いを命じられた金額は，1億5千万円を越えたが，金庫を訴えた原告女性たちは，金庫内の全女性従業員の一部に過ぎない。また金庫が支払うべき厚生年金保険料も，差別がなかったら実際よりも高額であったことは予想できるため，金庫は差別することによって，莫大な利益を不当に得ていたことになる。芝信用金庫事件（東京高判2000（平12）・12・22労判796-5）。同様のことは，他の差別事件についても指摘できるところである。

務を負担しない者と比べて，当該義務を負う者が賃金面で一定の優遇取扱いを受けることは，労使いずれにとっても合理的である」と告白する。しかし，これがあるべき労働者像といえるだろうか。男性がこのような，ある意味では奴隷的ともいえるような労働条件を引き受けるのは，報酬の高さのためではない。劣等市民に陥りたくないという恐怖のためである。

　この強力な企業秩序に対しては，ジェンダー視座からは当然に見直しが要求される。ここでは詳細できないが，少なくとも，現在当然のように論じられている，残業や配転に関する労働者の「包括的同意」という擬制のあり方は，修正が迫られるはずである。[16]

III　自己決定権論

1　労働法の女性像

　これまでの議論の中で性的自己決定権が雇用差別禁止法理の中核にすえられたが，この自己決定権という概念もジェンダー視座から再考を余儀なくされる。ジェンダーに関する研究や女性の経験と，現代労働法理論が前提としている事実は，大きく乖離するからである。これまで労働法の世界では女性は保護の対象とされており，自己決定権とは縁が薄い存在として扱われてきた。例えば，時間外労働について，労使協定という集団的自己決定によって規律していくことを想定した労働基準法も，女性はその自己決定主体たりうることを想定することができずに，特別の規制が必要であるという政策を長く取り続けた。また，出産休暇については，現在「母性保護」を根拠としているが，この「母性」とは，女性の人格から妊娠・出産機能のみを取出して特定するものであるから，

---

16)　フェミニスト法学の功績は，レイプやポルノ出演契約などに関連して当事者の「同意」の意義に疑問を投げかけたところにある。特に，アンドレア・ドウォーキン／キャサリン・マッキノン（森田成也／中里見博訳）『ポルノグラフィと性差別』青木書店（2002年）では，「女性に犬と性交することを強制できるのなら，彼女に契約書への署名を強制することもできる」と主張されている（61頁）。同様に考え，サービス残業を強制することができるなら，残業に対する労働者の包括的同意を強制することは，いとも簡単なことなのではないだろうか。

女性をあたかも出産の道具とみなし，妊娠し出産する女性の人格を忘却させるものである[17]。このように，労働法の歴史の中では，女性は自己決定を行う主体的な人格たりえないものとして位置づけられ，現在でもその傾向は決して拭い去られてはいない。しかし，自己決定という言葉を議論の俎上に持ち上げ，そこに法的価値を与えたのは，他でもない女性たちの問題提起である。なぜならば，自らの身体に生存する胎児の抹殺と自分自身の人生との間で行う，中絶の自己決定をどのように正当化できるのかという議論こそ，自己決定権論の最もハードな争点であり，そこには最も深淵な哲学が存在しているからである[18]。

中絶をめぐり実に様々な思いと言葉があり，女性の思いを一つの声に集約す

---

[17] 東朋学園事件（最一小判2003（平15）・12・4労判862-14）で最高裁は，産前産後休業等の取得に基づく不利益取扱いを，「出産を断念せざるを得ない事態が生ずることが考えられ」るほど，事実上の抑止力が相当大きい場合でない限り，公序良俗に反しないと判断した。出勤率低下防止などのために，産前産後休業を取得した女性に一定の忍耐を要求してもかまわないという。言いかえると，使用者が妊産婦に出勤を促すことは，許されるということである。産前産後休業は，女性にとっては非常に重要な制度である。それがなければ，出産する女性は自らの生計を維持していくことができないか，あるいは，乳幼児の遺棄を促すことになる。そうした休業を取得した女性に対して，出勤率向上のために忍耐を強いるということは，その休業の重要性を理解していないというほかない。つまり，休業を女性に与えられた基本的な権利と理解していないのである。おそらく，最高裁は，産前産後休業を，妊娠出産する女性に対する福祉の制度であると認識し，女性に対して与えられる一種の「配慮」と考えているものと思われる。このような最高裁の傾向は，しかし，現行労働基準法が，産前産後休業の根拠を女性の基本的権利ではなく，「母性保護」に置いているために導き出されたものと考えることができる。産前産後休業の根拠を女性の人権（具体的には，リプロダクティブ・ライツ）に基づくものとして位置づけなおす作業は，急務である。

[18] このような中絶をめぐる女性たちの「議論のなかで発見された知見は，世界にほこれるものだ」と評価されており，その知見を参照することには大きな意義がある。森岡正博「暴力としての中絶」『月刊フォーラム』第9巻6月号（1997年）19頁。

[19] 最も参照とすべき発言は，田中美津「敢えて提起する＝中絶は既得の権利か？」（1972年）三木草子他編『資料日本ウーマン・リブ史II』（1994年）61頁所収である。ここでその内容を詳細しないが，1970年代に「自己決定権」という言葉を使用することに躊躇をみせていた女性たちも，リプロダクティブ・フリーダムという概念に行き当たるにあたって，1990年代には「自己決定権」という言葉を注意深く使用するようになる。本稿においては，その自己決定権という言葉を使用するにあたり，いかなる意味をそこに込めているのかについて発言している米津知子（聞き手＝池田祥子・日向美砂子）「女の身体は女のもの——中絶の自己決定をめぐって」『月刊フォーラム』第9巻6月号（1997年）38-44頁を参照している。

ることはできないが、「自己決定権」という言葉を使用するについて、ある一つの発言を参考にする。[19]

「中絶は人間になっていく可能性のあるものをそうさせない、抹殺する行為であるという認識は持っている。……抹殺であるにもかかわらず、それを私たちは選択し、引き受ける場合もある。人間はたとえ中絶をしないとしても、いろんな形で自分以外の命を抹殺したり、傷つけたり、利用したりしているんです。……自覚するとしないにかかわらず日々そうして生きているわけで、やっていると認めて引き受けるしかないんじゃないか。ただ、それを法的に処罰するのはやめてもらいたい。女性だけが引き受けざるを得ない中絶のみを取り上げて、法律的な罪にできるものではないだろう。」[20]

つまり、第一に、自己・身体の境界とはあいまいなものであり、人は絶えず他者と関係を持ち続けるものである。第二に、中絶は生命の抹殺であるが、それでも女性は生きていくしかない。第三に、中絶の自己決定は、社会の圧力、経済的不利益などさまざまな条件の中で、子どもか人生かを二者択一させられた結果なされるものである。そして、最後にその決定は非難されるべきではなく、その結果には配慮が払われるべきなのである。

2　自　己

女性の体験から得られた知恵によれば、人間は、自己完結した強固なる境界線を持った完全体ではない。女性の経験では、自己とは妊娠に限らず、物的にそして心的に他者と関係し、あるいは他者からの依存を引き受けざるをえないものなのである。他方で、男性社会はその他者とのかかわりを「自己」概念の確立とともに断ち切った。[21] そのため、女性は、社会から強制される形で、男性が行うことのない他者からの依存を引き受けざるをえない状況に置かれている。女性にとっては、そのような他者と関係している自己が行う決定の権利が自己

---

20)　米津知子前掲注19)文献40頁。
21)　こうした状況を社会心理学的には、女性は対自的存在であり、男性は即時的存在であると言う。小倉千加子前掲注13)文献4頁。加藤秀一『性現象論――差異とセクシュアリティの社会学』勁草書房（1998年）191-214頁。

決定権である。

3 自己決定

他者との関わりが前提とされた自己が行う自己決定とはいかなるものなのか。依存する家族を有している労働者は、自己の家族に対する責任と愛情を断ち切って配転に応ずるか、将来の経済的安寧のいくばくかを犠牲にして家族に対する責任を果たすか、苦しんでいるのが現実である。採用段階から転勤の有無によって労働者の処遇を別にする企業も少なくないが、多くの場合、女性が転勤のない働き方を選んでいる。これは、女性たちの自己決定による選択であるように思われているが、他者からの依存が期待されているものとして育てられ、教育されてきた女性には、将来にわたり転勤について使用者の一方的な命令に従うことなど、到底考えることはできない。

4 自己決定権

決定のための選択肢はすでに与えられたものであり、全く自由な自己決定などというものは存在しえない。上述したように、女性に対しては、現行法秩序における自己概念のあり様が多くの強制を強いている。しかし、女性ではなくても、自己決定権というものは、与えられた選択肢の中で決定する権利が与えられているにすぎないため、自己決定権を主張したところで、その決定の全責任を決定権者が負うのは理不尽である。女性が人工妊娠中絶をめぐり、自己決定権という言葉を使用したのは、被差別者であり被抑圧者である者をこれ以上抑圧しないでほしいという、最低限の抵抗であり、まさに最低限の抵抗であるがゆえに社会はその主張を尊重しなければならないと考えたからである。そして、その選択肢を設定したのは、まさに社会全体であるから、その選択の結果について法的にも社会的にも制裁を施すことはやめてほしいという主張である。

5 具体的考察

以上のような自己決定権概念に基づき、女性労働者のおかれている状況を検討する。子どもや病者など他者の依存の引き受けを強制される女性労働者がパ

ートタイムという働き方を選んだ場合，現在では，この女性労働者は自己決定によってその働き方を選んだのだと評価される。たとえ，育児や介護の無償労働とパートタイムの低賃金労働を行い，労働時間は長く，所得は極めて低いとしても，それが自己決定なのである。しかし，ジェンダー視座からは，この女性が育児や介護を無償で行っているのは現行法が自己概念を誤っているからであり，社会がこの女性に異なる選択肢を与えていないからであるといえる。換言すれば，この女性がパートタイムという働き方の中で十分な所得を得られていないのは，男性と性交渉をして妊娠・出産したことに対する社会的制裁というほかない。また，コース別人事の中で一般職を選んだ女性の賃金が低いのは，将来男性と結婚する，つまり性交渉をするだろうという予想を理由とした社会制裁に他ならないだろう。しかし，どこの男性が，女性と性交渉をしたということで社会的制裁を受けることがあろうか。まさに，SH と同じ構造がここに存在している。女性パートタイマーや一般職女性の多くは，そのセクシュアリティを理由として不利益を蒙っており，こうした不利益が可能なのは，ジェンダーに基づく階層，すなわち，社会における性差別による。

　ジェンダーおよびセクシュアリティとは，社会が生み出した社会的産物であり，一つの道徳的規範として人間を拘束する[22]。したがって，現実にこの規範に拘束されている一つの性に対して，この規範を根拠に不利益を科すことは許されない。この規範は解体されるべきものではある。しかし，現実には，女性の身体は性的に規定されていて，女性はそこから離れて生きていくことはできない。子どもを持ったことや将来子どもを持つだろうという予測に基づき，女性が困窮することは許されるべきではないのである。婚姻や出産など家族関係を理由とする既婚者差別は SH であり，女性に対する差別である[23]。既婚女性であ

22) セクシュアリティを所与のものであると考えることはできない。「フーコーは，セクシュアリティを権力にどっぷり浸かったものと理解し，法のまえやあとにセクシュアリティを措定する理論を，批判的にみる視点を与えた。」ジュディス・バトラー（竹村和子訳）『ジェンダー・トラブル――フェミニズムとアイデンティティの攪乱』青土社（1999年）172頁。ミシェル・フーコー（渡辺守章訳）『性の歴史Ⅰ――知への意志』新潮社（1986年）。
23) ゆえに，既婚女性に対する差別が女性間の差別であると判断された住友生命事件（大阪地判2001（平13）・6・27労判809-5）は，比較すべき男性の有無にかかわらず，典型的な女性差別事件である。

ることを理由として臨時社員に採用する例は[24]、男性に性的に従属している女性（＝既婚女性）は「安い」労働力でしかないという格付けを行っているに等しい。よりいっそう露骨なSHである。

この点で、2004年6月に男女雇用機会均等政策研究会報告書において、例えば、昇進に当たって転勤経験を要件とする場合など、女性労働者の自らの意思に基づく就業形態の選択の結果生じた不利益については、差別の俎上に載せるべき事案ではないという意見があったと記載されている（同報告17頁）。しかし、女性労働者の就業形態の選択が差別から自由ではない以上、こうした不利益は、差別を受けているがゆえになされる不利益ということになり、不当な社会的制裁であって許されるものではない。

要するに、ジェンダー視座から検討すると、現在の労働契約法理は他者からの依存を一部の人間に押し付けながら、さらにその上にその人間に対して不利益を強いており、法の修正は急務なのである。転勤の有無やパートなどの働き方により、労働者に対して不利益を課してはならない、課した場合には、SHを行ったのと同じような責任に問われるべきである。

6 自己決定のための過程

女性たちの経験はさらに重要な指摘を行っている。

「……間違うことも許容されて、間違った場合にちゃんと引き返せる制度がないと決定はこわい。とてもできないと思っちゃう。

――『自己の権利』というのも社会の受け皿がないといけないんですよね……」[25]。

自己決定権保障のためには、自己決定のための過程や環境の保障こそが重要という主張である。つまり、自己決定権とは、決定する権利ではなく、決定のための諸条件整備を請求する権利といえよう[26]。女性が子を持ち、あるいは持た

---

24) 丸子警報器事件（長野地上田支判1996（平8）・3・15労判690-32）では、既婚者は正社員として採用されず、臨時社員として採用されたことが女性差別ではないと判断されたが、明らかに間違っている。

25) 米津知子前掲注19)文献41頁。

ずに仕事を遂行していくためには，女性自身がいかなる状況を幸福と思い，いかなるものを選択したいと思うのか，それをじっくりと検討する時間と空間が，女性には必要である。そして，この時間と空間の保障とは，新しい形の労働者保護法・労働契約法の構築と同時に，新しい形の連帯を女性に保障することによって，初めて可能となる。[27]

(ささぬま　ともこ)

---

26) 岡野八代助教授は，ドゥルシラ・コーネルを参照しながら，「自ら善を構想する人格と『なる』ための最低限の保障を与え，すべての者を幸福に値する存在として扱う」よう論じる。この主張は，労働法における自己決定権を論ずるうえでも参考となろう。岡野八代「法＝権利の世界とフェミニズムにおける『主体』」和田仁孝他編『法社会学の可能性』法律文化社（2004年）54頁。
27) 笹沼朋子「フェミニズム法学とは何か」『愛媛大学法文学部論集総合政策学科編』5号（1998年）37頁。ジェンダー視座による労働法を検討するに当たっては，集団的労使関係論の再検討は必須である。それは，労働組合内における公正代表義務や女性差別的な労働協約の効力という，いわば労働組合内部の調整に留まらず，女性の運動を支えるダイナミックで積極的な議論でなければならない。

少子化対策と労働法
―― リプロダクティブ・ライツと家族概念からの検討 ――

菅 野 淑 子

(北海道教育大学)

I はじめに

　育児介護休業法施行から約10年を経て，男女共同参画社会基本法，少子化社会対策基本法，次世代育成支援対策推進法と，少子化対策が念頭におかれた法が次々に施行されている。

　近年は子どもを持たない選択をする夫婦が増え，さらには別姓を通したい等の理由で法律上の婚姻を選択しないカップルも珍しい存在ではない。同時に，男性ばかりでなく，女性も仕事をもち，いわゆる適齢期や出産年齢を気にせずに自分のペースで生活を送ることに抵抗感が少なくなっている。こうした生き方の多様化も原因と思われるが，日本の出生率は下がる一方であり，とどまるきざしが見えない。生まれてくる子どもの数が減少することは，社会保障制度の崩壊にもつながりかねないとして，政府は女性が子どもを産むようになるための政策立案に本腰を入れている。

　冒頭に挙げた各法は，程度の差こそあれ，少子化対策を想定して制定・施行された側面を持つが，はたしてその効果はあったのだろうか。また，これらの法は，[1]家族の構成や役割分担に一定の影響を与えることが予想されると同時に，次世代法による一般事業主行動計画の策定が義務付けられる等，今後の職場のありようを大きく変化させる可能性を秘めていることから，労働法研究の一環

---

1) 「家族」と「家庭」の使い分けについて，本稿ではとくに，その"構成員"に着目して議論したい部分については「家族」，「労働」生活と対比させたい部分には「家庭」生活，法文で「家族」あるいは「家庭」となっている部分は原則的にそのままもちいることにした。

として行われることも必要と思われる。本稿ではこれらの法を「少子化対策諸法」と位置づけ，少子化社会に与える効果を検討したうえで，その担うべき役割をジェンダー視座から検討してみたい。

II　少子化の進行と男女共同参画社会

1　育児休業法と男女共同参画社会基本法

(1)　育児休業法（育児介護休業法）から男女共同参画へ

1989年の日本の合計特殊出生率は，当時戦後最低といわれる1.57を記録し，90年にこの数値が発表された際には「1.57ショック」と名づけられる騒ぎになった。この状況をバネに立法化にこぎつけられたのが「育児休業等に関する法律」（以下，育休法）である。同法は1991年に成立，翌年施行された。そういう意味では，同法が近年の日本における少子化対策の最初の立法であったということもできよう。そして，その後同法は育児介護休業法（以下，育介法）となる大改正を含め，現在までいくどか改正されたが，合計特殊出生率は回復していない。2004年の同数値は1.29で，今がまさに戦後最低である。

育休法（のち，育介法）は，対象となる子どもが1歳になるまで休業することを男女労働者にひとしく可能にしたが，少なくとも数値上の少子化現象を軽減することはなかった。しかし，同法が社会に与えた影響は小さくなかったと，私はみる。それは，第一に，実現可能かどうかは別として男性労働者も子どもの育児のために休業できることを明言した点，第二に，使用者が休業を希望する労働者の意思を受け入れなければならない義務を負い，当該労働者を休業させることで使用者も一定の育児責任を引き受けなければならないとされた点，においてである。これらが法で規定されたことは本当に画期的であった。しかし，同法には現在までに問題点もみられるので，まずはその整理から行っておきたい。

---

2)　1995年10月1日より「育児休業等育児または家族介護を行う労働者の福祉に関する法律」，1999年4月1日より「育児休業，介護休業等育児又は家族介護を行う労働者の福祉に関する法律」。

第一に，休業中の所得保障の問題である。2004年度には育児休業制度が有期雇用労働者に対しても認められるよう改正されたが[3]，雇用保険からの40％の賃金保障では，たとえば母子家庭の母親が休業することは現実的ではない。育児休業を利用した例ではないが，東朋学園事件（最一小判2003・12・4労判862号14頁）が参考になる。被上告人女性はシングルマザーであったが，労基法所定の産後休業および育介法による勤務時間短縮措置制度を利用したため，同社就業規則により2回分の賞与をカットされた。最高裁は賞与計算期間の90％以上の出勤率の者に賞与を支給するという条項の合理性を認め，不就労時間については割合的に賞与の減額を認めた[4]。この最高裁判決の考え方からすれば，賃金は提供される労務に対して支払われるため，賃金のひとつである賞与に関しても不就労分は減額を余儀なくされる。労基法で取得が義務付けられた産後休業や，育介法による勤務時間短縮措置を利用した場合でも同様である。このような取扱いは，少子化対策を励行する一方でなされるべきではない処遇であるとはいえないだろうか。また，現在，深夜業に配置されないように育介法に基づいて申請手続を経た航空会社の客室乗務員である女性労働者らが，配置できる業務がないことを理由に，月に4日間しか搭乗勤務がなくなり，従来の5分の1しか賃金がもらえない事態もおきており，東京地裁で係争中である[5]。

　以上の二つの例から，休業することはできるが生活するに足る所得保障がなされないことが，育介法の最大の問題点としてみえてくる。このことは，ひとり親家庭の実態をほとんど想定せずに，育休法・育介法がつくられたことを顕著に物語っているともいえる。

　第二に，育介法は法文上，男女にひとしく休業や時間短縮勤務を権利化している点で，ジェンダー面での平等は確保されているようにみえるが，先に問題としたように休業給付が少ないことや，職場環境によっては代替者がいないこと等によって休業できない場合があることから[6]，とくに男性がなかなか休めな

3）　同改正については，内藤忍「2004年育児介護休業法改正の内容と問題点」（日本労働法学会誌105号119頁）参照。
4）　就業規則の不利益変更等の可能性をさらに審理せよとして原審に差し戻している。
5）　日本航空事件。

いことは深刻である。

　以上の二点が，育介法に現在も残されている大きな問題点であるといえよう。

　一方，男女共同参画社会基本法（以下，参画法）は，1999年6月23日に公布・施行され，同9条により各地方公共団体が条例を制定し，同14条により都道府県が男女共同参画計画の策定義務を，市町村はその努力義務を負うことになった。参画法は，「社会のあらゆる分野」で，男女がその意思に基づいて共に参画できる状態を目指す基本法である。あらゆる分野とは，職場，地域，学校，家庭等を指しており，男女が対等な構成員として共に責任を担う。

　職域における男女の平等は，女性差別撤廃条約の批准と同時期に制定された旧男女雇用機会均等法によって，すでに社会的に認知度の高い理念となっていた。しかし，職場における真の男女平等は，誰もが労働生活と併せ持っている家庭生活の中での「平等」を度外視したままで浸透するものではない。とはいえ家庭生活はきわめて私的な領域であり，そこでの役割分担に法が介入すべきではないようにも思われた。その中で，私的領域に効果を与える方法のひとつとして，男女に育児の責任および家族介護の責任と休業を取得する権利を均等に与えたのが育休法であり，育介法であったといえる。権利を付与し，選択は個々の家庭に任される，という方法である。

　一方で参画法は，職域以外，すなわち家庭という私的な領域を含む場面における「男女の共同参画」を提唱し，育介法とは別の視点からの取組みを目指した。その影響については，同法の施行前後に各地で作成が進んだ男女共同参画条例の中での「産む権利」の取扱いをめぐる混乱状況に，一端を垣間見ることができる。

　(2)　リプロダクティブ・ライツと男女共同参画──各地の男女共同参画推進条例から

　「産む権利」すなわち「リプロダクティブ・ライツ」[8]に言及した参画法上の

---

6)　中窪裕也・野田進・和田肇『労働法の世界〔第6版〕』（2005年　有斐閣）233頁では，育児休業の問題点を「育児休業期間中の代替要員の確保義務が使用者に課されていないし，労働者が元の職場に復職できる保証も十分ではない。また，退職金算定の際の育児休業期間中の扱いが必ずしも明確となっていない」とする。

7)　同法前文，第2条等。

条文は，第3条であり，その中の「男女の個人としての尊厳」には，リプロダクティブ・ライツが含まれると解されている。しかし，同権利の解釈については，各地方公共団体の条例レベルではまさに混迷している状況が伺える。

例えば，妊娠や出産に関しては「双方の意思（傍点筆者）が尊重される」べきとする滋賀県，栃木県，岩手県，また大阪市は「互いの意思」の尊重との表現をもちいる。この場合「双方」とはパートナーである男女をさす。一方で，生殖に関する権利の主体を明言していない地域も多い。仙台市，前橋市，愛媛県等である。

他方で，静岡県は「産む性としての女性が，自ら健康の保持及び増進を図ることができるよう支援すること」を，札幌市は「女性の性と生殖に関する健康と権利が生涯にわたり尊重されること」を基本理念とする。前者は「産む性としての女性」を明確にし，自分の身体の主体者として生殖に関する健康維持に留意していく権利を女性に認めている。後者はまさに"女性の"「リプロダクティブ・ライツ」を述べたものとみることができる。

なぜ，各条例において，産む権利の主体についての認識に食い違いがあるのだろうか。

参画法は，3条および「家庭生活における活動と他の活動の両立」を定めた6条のほかは，家庭生活のあり方についてとくに言及していない。しかし，同法13条を受けて作られた男女共同参画基本計画をみると，リプロダクティブ・

---

8) 本稿では，特にその権利性に注目して，リプロダクティブ・ライツに統一して表記する。
9) 内閣府男女共同参画局編集『逐条解説 男女共同参画社会基本法』96頁。
10) まえばし市男女共同参画条例制定過程については，斎藤周「市と市民の協働による男女共同参画条例制定」（2004年 群馬大学教育学部紀要人文・社会科学編第53巻179-200頁）が詳細。愛媛県条例の制定過程についての批判文献として，笹沼朋子『女性解放の人権宣言 愛媛県男女共同参画推進条例批判』（2004年 創風社出版）。
11) 参画法6条「男女共同参画社会の形成は，家族を構成する男女が，相互の協力と社会の支援の下に，子の養育，家族の介護その他の家庭生活における活動について家族の一員としての役割を円滑に果たし，かつ，当該活動以外の活動を行なうことができるようにすることを旨として行なわれなければならない。」
12) 「8 生涯を通じた女性の健康支援」"施策の基本的方向"「リプロダクティブ・ライツに関する意識を広く社会に浸透させ，女性の生涯を通じた健康を支援するための取り組みの重要性についての認識を高めるという観点から，これらの問題について男女が共に高い関心を持ち，正しい知識・情報を得，認識を深めるための施策を推進する。」

ライツは女性の生涯を通じた健康にかかわる権利であり、同権利の主体は女性であると捉えられていることがわかる。

したがって、参画法が目指すのは、各都道府県および市町村条例、各都道府県・市町村男女共同参画計画において、女性のリプロダクティブ・ライツを尊重することを含め「男女の個人としての尊厳」が重んじられながら、男女共同参画社会が形成されていくことであると考えられる。

2 少子化対策の方法

リプロダクティブ・ライツが尊重される社会は、子どもを産むか産まないかを、女性が主体的に決定することができる社会である。その原点に帰って、これを女性の生涯を通じた健康にかかわる権利として尊重することは、産ませることは誰によっても、何によっても決して強制できないということを意味し、政府もその例外ではない[13]。

したがって少子化の進行を止めたいと政府が考えても、その方法は、女性のリプロダクティブ・ライツを最大限尊重するように配慮されたものであるべきである。私は、その方法には三通りあると考える。第一は、子どもを産んだ者が不利益をこうむらない社会を作ることである。第二は、子どもを産んで成人するまでの責任のすべてを親だけが負担しないという共通認識のある社会を作ることである。第三は、子どもを産むことに魅力を感じるような社会を作ることである。

第一の方法は、均等法、育介法、参画法等により、すでに試みが始められているが、十分ではない。たとえば参画法において、男女の役割分担を従来型に限定せず、あらゆる場面での男女の「参画」[14]を推奨する点からすれば、家庭や地域社会において、育児の負担も女性だけのものとはいえなくなる。このよう

---

[13] リプロダクティブ・ライツを尊重する観点から言えば、金子勇『都市の少子社会』(2003年　東京大学出版会) による、子育ての負担は負わず老後は他人の子どもの支払う年金保険料で暮らす「子育てフリーライダー」を批判することも難しくなる。
[14] 「『参画』とは、単にその場に居合わせる参加とは違って、意思決定にたずさわり、自らの意見を社会に反映させること」浅倉むつ子『労働法とジェンダー』(2004年　勁草書房) 12頁。

に女性にかかる負担が軽減される社会の実現が,少子化対策につながらないと言い切ることはできない。[15]

　第二の方法については,出産に始まり,子どもが独立するまでの長期間の親の経済的負担が,どの程度軽減されるかがひとつの鍵である。直接的には児童手当制度,児童扶養手当制度等の現金給付制度,医療費補助制度等が関係する。さらに,高等教育にかかる学費の上昇が止まらず,高齢化社会に対応する安定した年金制度が構築されない現状では,子どもを育てる経済的負担が大きく,老後に備えて貯蓄をする余裕がないため,積極的に出産を望む人は増えないであろう。

　第三の方法は,やや抽象的であり,第一・第二の方法よりも長期的視野に基づき継続的に行われることが必要になろう。意識改革を含むことになる分,具体的効果が現れるかどうかについてはいちばん不透明感が強い。

　そして,以下で検討する少子化社会対策基本法および次世代育成支援対策推進法は,この第三の方法に含まれると考えるが,分類は固定的ではない。たとえば次世代法は,一般事業主行動計画がどの程度丁寧に作成されるかによって,第一の方法や第二の方法に変化していくこともありうる。

3　少子化社会対策基本法と少子化対策大綱

　2003年に施行された少子化法の前文は,「少子化の進展に歯止めをかけることが,……われらに課せられている喫緊の課題である」と述べている。出生率の減少に歯止めをかけたい,という政府の焦燥感が伝わってくる。

　少子化法第6条では「国民の責務」[16]が定められている。これは,参画法10条に「国民の責務」[17]がおかれていることを連想させる。しかし,参画法10条に比

---

15) 別の視点から男女共同参画社会基本法は少子化対策ではありえない,と主張するのが,赤川学『子どもが減って何が悪いか！』(2004年　ちくま新書)。しかし同書はリサーチ・リテラシーの手法をもちいて説得力ある議論を展開している。
16) 少子化法6条「国民は,家庭や子育てに夢を持ち,かつ,安心して子どもを生み,育てることができる社会の実現に資するよう努めるものとする。」
17) 参画法10条「国民は,職域,学校,地域,家庭,その他の社会のあらゆる分野において,基本理念にのっとり,男女共同参画社会の形成に寄与するように努めなければならない。」

べると,少子化法6条が国民に何を求めているのかがよく分からない。生き方の決定にかかわる私的な領域に関して,努力義務にせよ「責務」と定めることは不自然以外の何ものでもない。

次に,少子化法7条にしたがって策定された少子化社会対策大綱を検討したい。この中で「少子化の流れを変えるための3つの視点」があげられている。(1)の「自立への希望と力」では,若者が社会的に自立することが難しい社会経済状況があることを問題視している。日本では,こういう成人した子どもの面倒を見続ける親が少なくなく,こうした若年失業者は,社会にとっては"自分の子どもを持たないか,持ったとしても育てられない"役に立たない存在でしかない,といわんばかりである。若年失業者の増加とその就業対策は,労働法の分野でもたしかに大きな課題ではあるが[18],これが少子化の流れを変えるための視点に加えられることには抵抗を感じざるを得ない。

(2)は「不安と障壁の除去」である。「親となった男性がその役割を十分担うことができるよう,職場を始め社会が応援する風土や意識」をつくる。とくに男性労働者の「働き方の見直し」を試みることは,労働法全体のジェンダーバランスを正常に近づける効果が期待でき,重要度は高いが,実現の難易度も高いように思われる。

(3)は「子育ての新たな支えあいと連帯——家族の絆と地域の絆」であり,「子育て・親育て支援社会を作り,地域や社会全体で変えていく。」とあるが,この項目は実現が一番困難であると思われる。"連帯"には様々な方法がある[19]が,わが子に対する親の姿勢のみならず,子どもに対する大人の姿勢等,きわめて個人的な意識改革をも含むことから,効果を上げるためには具体的なプランと相当な期間を要するであろう。

以上のように,少子化法は,専ら長期的展望に立ち,国民の意識,企業風土を含める非常に漠然とした社会の総体を改革の対象とするものであり,この点,

---

18) たとえば,日本労働研究雑誌525号(2004年4月号)「フリーターとは誰なのか」,同533号(2004年12月号)「若年無業——NEET」の特集が組まれている。
19) 一部の地方自治体で行われている「ファミリー・サポート・センター」が好例。保育が必要な人,保育を提供できる人が登録しておき,予め面談の機会を持つ。必要がある時に連絡を取り,緊急でも安価で子どもの世話をしてもらうことができる。

同じく基本法である参画法と相通じるところがあるが，参画法より不明瞭であり，かつリプロダクティブ・ライツの視点に欠けている。

4 次世代育成支援対策推進法と一般事業主行動計画

2003年7月に，次世代育成支援対策推進法（以下，次世代法）が成立し，301人以上の従業員を雇用する事業主は『一般事業主行動計画』を策定し，2005年4月1日以降，労働局に届けなければならない義務を課されることになった。同法は2015年3月31日に失効する予定の時限立法である。一計画は『2年以上5年以内』で，対象となる一般事業主は計画実施中に取組み状況を点検，次期の行動計画に反映させる。

事業主が行動計画を策定・実施したうえで一定の基準を満たし，申請すれば，都道府県労働局長がその事業主を認定する。具体的には，行動計画を達成したことを示す表示（マーク）を広告等に付けられるようになり，次世代育成支援に貢献する事業主であることをアピールできる。ファミリー・フレンドリー企業の表彰と同様，企業のイメージを上げる一定の効果はあると予想される。

立てるべき行動計画の方向性は，厚労省により三つ挙げられている。第一に，子どもを持つ労働者が安心して子どもを育てつつ就労できる環境を保障するものである。第二に，所定外労働時間の削減や年次有給休暇の取得の促進等，子育てに現に携わっていない労働者にとってもゆとりのある労働環境を保障するものである[20]。第三に，子どもの健やかな育成のための地域貢献活動など，自社の雇用する労働者の子ども以外の子どもを対象とする取組みである。

とはいえ，厚労省は，各企業の実態に鑑みて，少子化対策として有効と思われるものをいくつか行えば足りるとしている。提出様式も非常に簡素で，行う予定の政策に印をつけ提出するのみである。したがって，事業主らが「認定マーク」を受けることを意識して行動計画を作成しなければ，次世代法はほとんど影響力のない法律となってしまう。

---

20) ILO 156号条約3，4，5条にもかかわる事柄である。

III ジェンダー視座から少子化対策諸法を再検討する

　私は，少子化法および次世代法は先に分類した少子化対策の第三の方法，すなわち「子どもを産むことに魅力を感じるような社会を作ること」にかかわる意義を持ちうると考えてはいる。効果については不透明なものを感じるが，現時点でその有無までを結論することはできないであろう。

　育休法（育介法），参画法については，各々問題点を抱えているものの異なるアプローチで日本の女性政策を変容させる役割を担ったと考える。ただし，参画法6条で，男女を問わず，労働以外の"学習，地域活動，ボランティア活動等"を含めた「活動」にたずさわりつつ家庭生活を営めることが保障されるべきという基本姿勢を打ち出している点については，時期尚早だったのではないかという感がある。たとえばILO 156号条約では，家族的責任を有する者が，職業上の責任と家族的責任とが抵触することなく職業に従事する権利を行使できることを保障しているが，男女を問わず「家庭生活と労働以外の活動」を併行できるように家庭生活が営まれていくことを基本姿勢に盛り込んだ国内法は参画法が初であり，法がこの理念を据えるためには，前提として，いわゆる無償労働の社会的評価についてのより十分な議論が必要ではなかったかと考えるからである。

　これらを確認したうえで，次はジェンダー視座からの検討を行う。性別役割分担，家族の権利という二つの視点から考察する。

1　性別役割分担──主に次世代法に関連して

　次世代法で事業主が認定マークを付与されるために，どのような基準が設定されているのだろうか。最終的に，その行動計画による成果をみて厚労相が認定を行うかどうかを審査するのだが，具体的には「策定した行動計画を実施し，それに定めた目標を達成したこと」「3歳から小学校に入学するまでの子を持つ労働者を対象とする『育児休業の制度または勤務時間短縮等の措置に準ずる措置』を講じていること」そして，「計画期間内に，男性の育児休業等取得者

がおり、かつ、女性の育児休業等取得率が70％以上だったこと」が要件とされる。

この最後の要件については、平成14年の男性の育児休業取得率が0.33％、同年の女性の育児休業取得率が64.0％であったことから、2003年3月「次世代育成支援対策に関する当面の取組方針」では、男性の育児休業取得率を10％、女性の育児休業取得率を80％の水準に乗せようとの計画がなされたことに根拠がある。しかし、「計画期間内に少なくとも1名の男性が育児休業を取っており、女性は7割が取得している」という水準における男女格差をあらためて考えると、これが次世代法の認定マークを取れる数値でいいのだろうかという疑問を強く感じずにはいられない。

2 「家族」をケアする権利──各法における「家族」とは

参画法における「家族」は、第6条から"男女で構成されるもの"が念頭におかれていることがわかる。また、少子化法では、少子化に対処するための施策は、"男女共同参画社会の形成とあいまって"講じられる（第2条）ので、基本的には参画法における「家族」と類似のものが想定されていると思われる。そして次世代法では、家族の定義はさらに具体的になる。専業主婦家庭、母子家庭、親が障害を持つ家庭等、多様性が意識されていることは明白である[21]。次世代法は、子どもの健全な育成を第一の目標としているために、広い範囲の「家族」を適用範囲とすることを前提としているが、一方では、育児支援の対象とするのは母子で、それも他に父親という稼ぎ手がいる伝統的な家庭であるようにみえる箇所があることもまた事実である[22]。

「家族」をどのように定義付けるかは大きな問題であるが、本稿で見てきた

---

21) 次世代法「行動計画策定指針」三1(5)「……広くすべての子どもと家庭への支援という観点」が重要視され、四1(1)「専業主婦家庭や母子家庭等を含めたすべての子育て家庭への支援を行う観点」から子育て支援サービスの充実が図られるべきで「親が障害を持つ家庭等についても適切に子育て支援サービスが提供されるよう」配慮を求める。
22) たとえば、次世代法指針中の「市町村行動計画」で、シッター等の派遣を想定していると思われる事業で「保護者（出産後おおむね1年以内の女子に限る）の疾病その他の理由により昼間家庭において養育を受けることに支障を生じた乳児」が対象とされていること。

参画法，少子化法においては，いわゆる伝統的な家族像を中核に据えている。育介法についても，母子家庭を想定していない点においてほぼ同様である。もっとも子どもに目を向けている次世代法でやや広めの「家族」像が盛り込まれているとはいえ，いずれの法も，同居を前提とする男女のカップルとその子どもを想定して，各保障を考案しているように思われる。

しかしそれでは，それ以外の生き方・家族形態に対し，国家として寛容ではないという結論にならざるを得ない。また，こうした伝統的家庭に生まれた健常な子どもとは違った環境で育たざるを得ない子どもに対する配慮が不足している。[23] 少子化法・次世代法が提唱する「子育て・親育て社会」が，ただのスローガンに終わってはならない。

IV　むすびにかえて——少子化対策諸法の法理念と残された課題

以上のように，少子化対策諸法に必要なのは，リプロダクティブ・ライツについての再確認と定義の統一，そして「家族」概念の拡大である。生まれてきた子どものための法整備はいうまでもないが，産むかどうかの決定主体は，女性であることがあらためて確認されなければならない。また，「家族」概念には今後もさらに拡大する余地が残されており，たとえば「同性カップル」も「家族」である，という解釈もありうるだろう。[24]

また，子どもは社会全体が責任を持って育てる存在であることを再確認すべき必要性も感じる。本来，少子化対策はその理念を踏まえてあるべきである。この点，少子化法2条3項は「子どもがひとしく心身ともに健やかに育つことができるように配慮しなければならない」とするが，次世代法等とあわせて読んでも，それが実現するのかが疑問である。

また，育介法は，わが国において少子・高齢化現象が問題とされ始めた頃に

---

23) 大綱の中では，「奨学金の充実を図る」「児童虐待防止対策の推進」も重点項目とされるが，現状をみるかぎりでは，改善される途上にあるのかも不明である。
24) 北欧諸国では同性婚・パートナーシップ登録を認める国が多い。ノルウェーもそのひとつであり，「パートナーシップ登録法」という法律をもつ。

作られた法であったが，Ⅱで指摘したとおり，それは画期的なものであった。私は，同法が今後の少子化政策に関連して，もっと理念的な影響を与えるべきではないかと考える。同法によって「子どもをケアするために休業する権利」が男女労働者に平等に認められ，育児が使用者に一定の負担を課すことによって，社会化されたといえる。その理念は育休法が育介法に改正される過程で，休業の対象「家族」を拡大するように前進した。この「育児・介護は社会全体が負担するものである」との理念は，ぜひとも，少子化法や次世代法に反映されるべきではないだろうか。

　さらに，今後の問題は，「労働生活と家庭生活のあり方」が現行制度から描けないことである。現在，労働の算定・評価基準が大きく変わっている。従来の年功制に替わって成果主義への移行が進むなかで，家庭生活の経済的安定が望めなくなる一方，育児・介護休業のように労働者自身の家庭生活への参加を促す方向性が打ち出されている。しかし，長時間労働を招きかねず，かつ賃金は拘束時間に比例しない成果主義と，子どもを持たない労働者に対しての時短政策をも使用者に求める次世代法の間で，"新たな家庭生活と労働生活のあり方"はその輪郭さえもみえてこないのである[25]。

（かんの　としこ）

---

[25]　関連する視点として，神尾真知子「男女共同参画社会という幻想」（神奈川大学評論46号 31-41頁　2003年）は，「少子化対策の追い風に乗っていけば，男女共同参画社会にたどり着けるかなと思っていたが，それは幻想だった」と論じているが，非常に共感する。

ジェンダー法学の新たな可能性
——笹沼，菅野報告に関するコメント——

中 里 見　　博

(福島大学)

　性差別を批判するための新たな概念として「ジェンダー」概念が提唱されてから30有余年，それは日本でも主として人文・社会諸科学に導入され，法律学においても，たとえば2003年の「ジェンダー法学会」の設立に見られるように一つの潮流になりつつある。最近も，「ジェンダーと法」と題する書物が立て続けに出版されている。[1]

　それでは，ジェンダー概念を取り入れたジェンダーと法ないしジェンダー法学のアプローチが，日本社会の根強く，根深い性差別のあり様を的確に把握し，それを改善するための理論を提供しえているか，というと必ずしも楽観できないように思われる。ジェンダー法学が，いかに従来の，あるいは今日の性差別批判を刷新・革新しうるかに関しては，いまだコンセンサスがない状態であるといえよう。そのような状況の中で，本シンポジウムの二つの報告は——笹沼報告は総論的に，菅野報告は各論的に——ジェンダー法学のアプローチが十分に越えることのできないでいる壁とでもいうべき難点を乗り越えるための重要な問題提起を行っている。

　「ジェンダー法学が十分に超えることができないでいる壁」と私が認識していることは次のことである。すなわち，男性と女性の"生物学的な性差"——性，生殖，セクシュアリティに関する男女の間の差異——を根拠にして男女を法的に異なって取り扱い，そのように取り扱った結果，女性が政治的・経済的・社会的関係において不利益を被ること——男性に比べて劣った地位を余儀

---

1) 辻村みよ子『ジェンダーと法』(不磨書房，2005年)，小島妙子＝水谷英夫『ジェンダーと法Ⅰ——DV・セクハラ・ストーカー』(信山社，2004年)。

なくされること——を差別と認識し，概念構成することができない，という限界である。

このことの明白な一例は，法律学における従来の平等論にあり，それをジェンダー法学のアプローチが批判しえていない，という問題に現れている。従来の平等論とは，憲法14条に定められた「すべて国民は，法の下に平等であつて，［……］性別［……］により，政治的，経済的又は社会的関係において，差別されない」という性差別禁止規定に関する法解釈の圧倒的な通説・判例であるところの，いわゆる「相対的平等」観念→「合理的差別」論である。本シンポジウムの報告は，「合理的差別」論に現れている従来の法律学における差別-平等論に対する明確な問題提起であり，ジェンダー法学の今後の展開可能性を示すものといえよう。

以下，主に性差別論の刷新という点について私なりに受け止めた笹沼報告の意義を述べ，その具体的な応用問題として菅野報告の少子化問題についてコメントしたい。

笹沼報告に関して，私は次の3点をその重要な問題提起として注目する。①「差別」概念を定義し直し，従来の差別禁止法理である「合理的差別」論を刷新する視座を提出したこと。②「労働における性差別」と「性（セクシュアリティ）における差別」の間の構造的連関を示し，両者の一体的把握という視角を打ち出したこと。これはまた，労働において女性の自己決定権が否定されていることと，生殖において女性の自己決定権が否定されていることとを結びつけたということでもある。そして最後に，③自己決定権の再定義づけを行ったこと，である。順にみていきたい。

笹沼報告は，まず「差別とは何か」を端的に問い直すことによって，従来の差別禁止法理である「憲法14条論と民法90条を媒介としたその私人間適用論」

---

2) その内容はたとえば，樋口陽一他著『注解法律学全集1憲法I』（青林書院，1994年）311頁以下，322頁以下参照（浦部法穂執筆）。
3) ただし，自己決定権の再構成の提唱について適切なコメントができなかったことをお断りし，お詫びしたい。それはその提唱が重要ではないという意味ではなく，逆に余りにも重要かつ根本的な提唱であるためである。別の機会にぜひとも検討したい。

の再検討を志す。報告は，差別の一般的定義を「不合理な格差」としているが，それは憲法14条の解釈論における「相対的平等」観念に基づく「合理的差別」論に他ならない。これに対して，報告によって定義し直された差別とは，「一定の組織・社会の中で，一つの集団とその構成員を社会的に従属的な地位に格付けすること」（強調引用者，以下同じ）である。そして「性」差別とは，「女性を男性よりも劣るものとみなし，両性の類似性を無視するだけでなく，男性との違いを理由として女性に何重にも不利益をこうむらせる制度」とされる。

笹沼報告のこの（性）差別の定義は，米国のフェミニズム法学者，キャサリン・マッキノンの提唱するいわゆる「従属アプローチ（dominance approach）」による性差別の定義と響きあう。すなわち，性差別とは「性別を理由として異なる取扱いをすることではなく，性別を理由として低い地位を強制すること」（強調引用者）であり，それゆえ性差別の禁止とは，「性別を理由として異なる取扱いをすることを禁止することではなく，性別を理由として低い地位を強制することを禁止すること」であるという主張である。このアプローチにおいては，性差別の問題性は，性別を理由とした男女の異なった取扱いが"不合理"かどうかにあるのではない。問題は，一方の性を他方の性に対して「従属的な地位」「低い地位」に追いやり，「不利益をこうむらせ」ているかどうかである。

従属アプローチにはもう1点重要なことがある。それは，「男性との違い」「性別」を理由に女性に不利益を被らせる制度が性差別であるというとき，そこではいわゆる「社会・文化的性差」／「生物学的性差」という二分法が取られていないことである。たとえ「生物学的性差」に根拠づけられていたとしても，それは「両性の社会的不平等を固定化するための正当な理由にはならない」。むしろ逆に，「妊娠やセクシュアリティのような，女性と男性との間にある比較できない要素こそ，最後にではなく最初に差別の疑いを向け，審査の対象に

---

4) キャサリン・マッキノン（村山淳彦監訳）『セクシャル・ハラスメント・オブ・ワーキング・ウィメン』（こうち書房，1999年）187頁。なお従属アプローチは不平等アプローチ（不平等説）ともいわれる。

5) マッキノン・前掲注4)170頁。

すべきものである」とされるのである[6]。

このような意味での「男女の違いを理由として女性に不利益を強いる制度」を違法な性差別と認定するための論理を，笹沼報告は既存の裁判例を読み直し，そこから引き出そうとする。福岡セクシュアル・ハラスメント事件判決，住友セメント事件判決の読み込みは，実に興味深い。従属アプローチからのこうした判例の丹念な読み替え作業は，今後ますます行われるべき課題の一つである。

本シンポジウムの冒頭でコーディネーターの浅倉教授は，ジェンダーを「身体的な特徴にすぎないものに過剰な意味を付与する知」とする米国の歴史学者ジョーン・スコットの定義を紹介し，1980年代に生じた「ジェンダー論の転換[7]」を踏まえたジェンダーの定義づけをされた。そこでは，あるいはスコット以後のジェンダー論では「生物学的性差＝セックス」／「社会・文化的性差＝ジェンダー」という二分法の克服こそが課題となっている。ごく最近のジェンダー法学文献では，この二分法の克服は明確に意識されているが[8]，ジェンダー法学全体の中では，二分法に依拠した「社会・文化的性差」としてのジェンダー概念に関わる問題性が十分に自覚されているとは思われない。

なるほど，「社会・文化的性差」としてのジェンダー概念は，「生物学的な性差」と「社会・文化的な性差」とを「切り離す」ことによって，社会に存在するきわめて恣意的で不合理な性差別を批判することに貢献した。それは，女性に特有とされる特性やそれと関連づけられた女性の役割などの，女性の一定の社会的な取扱いが，「生物学的性差」によっては正当化されえず，したがって

---

6) マッキノン・前掲注4)190頁。筆者はこのような意味での従属アプローチこそ，フェミニズム理論を発展的に継承したジェンダー理論に基づく平等論として妥当であると考える。従来の「合理的区別」論は，現状肯定的で一貫性を欠いたアドホックな議論であった。その現状肯定性・非一貫性の問題を，「生物学的性差」／「社会・文化的性差」の二分法に基づくジェンダー論も引き継がざるをえないと思われる。
7) 最初期からポスト構造主義までのジェンダー論の展開については，上野千鶴子『差異の政治学』（岩波書店，2002年，初出1995年）。
8) たとえば，注1)に挙げた辻村・前掲書，2-3頁，小島＝水谷・前掲書，11-17頁（小島執筆）。問題は，二分法の克服が個別の諸問題にどのように反映されているか，そして「合理的差別」論の問題性がどこまで再検討されているかであろう。他方，政府文書では二分法のジェンダー概念が定着してしまい，それが強力に市民にも広がりつつあるのが現状である。

恣意的で不合理であることを示した。

　だがこれは，「生物学が異なる取扱いを正当化する場合を除いて，女性は男性と同じように取り扱われなければならない[9]」と言っているのと同然であり，従来の支配的な性差別理論——すなわち「生物学的性差との合理的関連性を欠いた社会的区別は恣意的な性差別である」という「合理的差別」論——の言い換えである。それは，従来の議論をより洗練したかたちで整理し直したにすぎない。

　それだけでなく，「社会・文化的性差」としてのジェンダー論は，生物学的性差を「自然なもの」とみなす見方を強化することに貢献しうる。その結果，男女の，自然であるがゆえに絶対的な性差である生物学的差異に関連づけられているかぎり，男女の異なる法的処遇は合理的な区別であり差別ではなく，その異なった法的処遇の結果女性が社会的に不利な地位に置かれることになることは性差別ではない，とする「合理的差別」論に根拠を与えてしまう。現に，ジェンダーを社会・文化的性差と捉えるジェンダー法学のアプローチでは，女性のみに出産休暇や再婚禁止期間を設ける法律上の異なった取扱いは，男女の生物学的性差に根拠づけられているからという理由で性差別ではないと解されている[10]。

　しかし，性差別を「男女の違いを理由として女性に不利益を強いる制度」と考える従属アプローチにおいては，すでに述べたように，たとえ「自然なもの」とみなされる「生物学的性差」によったとしても，それは「両性の社会的不平等を固定化するための正当な理由にはならない」。逆に，マッキノンが指摘するように，「[男女の]不平等を生み出す区分が自然に見えるのは，不平等があまりにも広範囲に及んでいてこれまでめったに問題にされることも，合理性を疑われることもなかったからである場合もある[11]」とさえ捉え返される。そして，さらにマッキノンの言葉を引用すれば，「何かをどちらかの性に特有の身体的特徴であると認めることは，その特徴を理由とする等しくない取扱いを

---

9) これはマッキノンが「差異説」と名づけた「合理的区別」論について要約した表現である。マッキノン・前掲注4) 180頁。
10) 比較的最近の文献に，金城清子『ジェンダーの法律学』（有斐閣，2002年）5頁，117頁。

差別であると攻撃するための唯一の論拠を譲り渡すことである[12]」のである。

「生物学的性差」を理由にした男女の異なった取扱いが、集団としての女性に社会的に不利なインパクトを与えている問題は、菅野報告が扱った生殖＝リプロダクションの問題に典型的に現れる。菅野報告は、少子化の進行を止めるための方法を3通り指摘するが、その基本になるのは第一の「子どもを産んだ者が不利益を被らない社会を作ること」であろう。この「子どもを産んだ者が不利益を被らない社会を作る」という基本原則を実現しようとするとき、生殖＝生物学的性差に関わる男女の異なる取扱いから帰結する男女の社会的不平等を許容する「合理的差別」論を維持しうるかが問題である。たとえば、現在の育児休業等取得率にみられる著しい男女差（男性0.33％、女性64.0％）は、育児休業取得がキャリア形成に与える直接的・間接的影響と結びつき、重大な問題である。菅野報告はこの点、次世代育成支援対策推進法の認定マークを受けるために達成すべき男女の育児休業等取得者の比率目標設定（男性は少なくとも1人、女性は7割以上）が余りにも低いことに疑問を投げかけている。

もっとも、育児休暇取得は法形式的には男女平等な制度である。より困難な問題は、出産休暇（産前・産後休暇）や育児時間を女性にしか認めない形式的不平等の法制度をどう評価するかである。「合理的差別」論に依拠するジェンダー法学アプローチでは、妊娠・出産・哺育は女性にのみ存在する生物学的な性差であるので合理的な区別であるとされる[13]。だが、この簡明な議論では焦点化されることのない問題は次のことである。すなわち、妊娠（したがってその結果の出産）には、男性もまた当然に不可避で不可欠な役割を果たしているにもかかわらず妊娠・出産・哺育を（生殖機能に限定された）「母性」すなわち女性の問題とする出産休暇制度は、「父性」を過小評価し、育児ひいては再生産労働

---

11) マッキノン・前掲注4）178頁。マッキノンは続けて、「不平等説からすれば、自然に見えるものにならって社会をつくるということは、自然なものという、それ自体社会的なものであるところの観念にならって社会をつくることであり、そうすることによってこの社会的観念を不可侵なものにまつりあげることである」と述べる。今日いわれる社会構築主義的視点を、すでに1979年にマッキノンは鮮明に提出している。

12) マッキノン・前掲注4）186頁。

13) この立場の最も洗練された文献は、横田耕一「性差別と平等原則」『ジェンダーと法』（岩波書店、1997年）71頁以下。

シンポジウムⅡ④

全般を女性の役割とみなす社会的性別観念（＝生物学的性差に付与される知すなわちジェンダー）を生産・維持・強化しており，そうした社会的性別観念が女性の政治的・経済的・社会的不利益を引き起こしているのではないかという問題である。

「子どもを産んだ者が不利益を被らない社会」を現実化するためには，「母性」対「父性」の二分論を超えて，「親性」という観点から，生殖に関する男女の異なった取扱い（形式的不平等）は一切排除されるべきではないか[14]。そしてまた，たとえ形式的には男女平等な取扱いであっても，それが一方の性に与える「差別的効果（disparate impact）」の問題に平等論は取り組み，形式的平等のもつ不平等性を克服する政策を模索すべきである。こうした展望を，本シンポジウムの報告は切り開いている。

次に，笹沼報告の問題提起の２点目——雇用差別と性的差別との構造的連関を明らかにしている点——についてである。報告は一方で，労働における女性の低賃金が「配偶者や男一般に対する女性の性的従属」を引き起こしていることを指摘するが，同時にまた，女性の性的従属が男性を「女性より優越させ，女性を蔑み，女性を言うがままにする」のを可能にしている事実に注目する。なぜなら，雇用差別等の女性差別一般が可能であるのは，女性を差別的に扱ってもよい「劣っているものとみなす」という差別意識が男性の側にあるからであり，男性のそのような差別意識を形成する重要な社会的機制が，セクシュアリティおける女性の男性への従属である事実を報告が重視するからであろう。

そして笹沼報告は，雇用差別と性的差別とを「女性の自己決定権の否定」という観点からつないでみせる。すなわち，もし女性が性的自己決定権を行使し

---

[14] シンポジウムでは筆者のこの主張に多くの疑問・質問が寄せられた。とくに出産休暇は「母性」保護に還元できない「母体」保護，胎児保護という別の立法目的から正当化されるのではないかという指摘があった。本誌笹沼論文が整理しているように，出産休暇は「母体」「保護」ではなく女性のリプロダクティブ・ライツとして再定位されるべきであろう。同時に，「女性のみ」の制度が性別役割意識を構築し女性の社会的従属を導き出すことを回避し，逆に男性の親性を積極的に構築するという観点から，男性もまた「家族をケアする権利」等の一環として出産休暇を保障されるような理論構築がめざされるべきである。

たら——雇用差別の場合は妊娠・出産を選択したら，セクシュアル・ハラスメントの場合は上司との性関係を拒否したら——雇用上の不利益がその女性に課せられる，という構造的同一性の指摘である。雇用差別としてのセクシュアル・ハラスメントのみならず，セクシュアル・ハラスメントとしての雇用差別という把握である。こうして報告の，「雇用における性差別禁止法理は，性的自己決定権をその中核に置くべき」であるという提唱が根本的に重要な意義をもつ。

こうした「雇用差別と性的差別との構造的連関・同一性」という笹沼報告の視角は，生物学的性差に根ざした男女の異なった取扱い，異なった慣行・制度等の差別性を十分に問題化できてこなかった従来の性差別論の限界を鋭く指摘するもうひとつの論拠である。なぜなら労働における女性差別とセクシュアリティにおける女性差別とは同じ問題の二つの現れであり，一方を攻撃することだけでは女性差別の現状が改善しないことを，それは示しているからである。

菅野報告の扱った少子化問題は，現在最もアクチュアルな問題であるというだけでなく，セクシュアリティにおける性差別と労働における性差別が交錯する接点に位置しているがゆえに，理論的に重要であり，かつ笹沼報告の提起の具体例を提供する。笹沼報告が示したように，労働における両性の平等（ないし自己決定権の確立）とセクシュアリティにおける両性の平等（ないし自己決定権の確立）とは不可分なのであるが，現行法政策が，いかに生殖における女性の自己決定を認めることに大きな躊躇をみせ，混乱を示しているかが，菅野報告の扱った，自治体の男女共同参画条例における女性の「産む権利」についての混乱によって表されている。

歴史的にみても現実的にみても，出産を女性の自己決定権に委ねることには，男性支配社会は最後まで抵抗を示すであろう。両報告ともに，女性がセクシュアリティの権利（とくにリプロダクションの権利）を行使することに現在の法制度が制裁を課していること，その事実を現在の法理論が曖昧化していることを指摘した。「婚姻や出産など家族関係を理由とする既婚者差別は，明白なセクシュアル・ハラスメント」であるという笹沼報告の提起や，「休業することはできるが，生活できるに足る所得保障がなされないことが，わが国育介法の最

大の問題点である」という菅野報告の指摘がそれである。「婚姻・出産など家族関係を理由とする既婚者差別」や「［育児休業取得者に］生活できるに足る所得保障がなされないこと」という（主として女性が被る）経済的不利益は，生物学的性差論によって曖昧化・正当化される一方で，女性の性＝リプロダクションの権利行使を侵害している。

　リプロダクションの権利とその男女平等な保護という課題には，それを女性の権利とみるか，男女双方の権利とみるかという緊張関係がはらまれている。両報告の問題提起を踏まえるなら，生殖に関わる権利は，産む／産まないの決定が女性の権利であることを中心にしながら，女性の産む選択の上に成立する妊娠・出産・育児の全過程を「母性」ではなく「親性」として——男女ともの権利として——平等に保障する必要がある。そしてそれは，形式的平等に止まらず，経済的不利益からの自由という意味で実質的平等を求める権利でなければならない。

　もっとも，「親性」の権利の内実を「男女双方の権利」として構成することのヘテロセクシズムの問題については自覚されなければならない。関連して菅野報告は，育児介護休業法だけでなく男女共同参画社会基本法においてもヘテロセクシュアルな家族像が前提されていることを指摘する。少子化社会対策基本法に埋め込まれた国民の責務論が，今日憲法24条改変論にまでつながるイデオロギー的基盤を共有していることも見逃せない。生殖＝家族形成に関わる諸問題を女性「保護」の問題から男女双方の権利の問題へと転換する論理を，さらに性別を問わない「人の権利」＝真に普遍的な基本的人権へとつなげる筋道を探ることは，今後ジェンダー法学に課せられた重要な課題である。

　　　　　　　　　　　　　　　　　　　　　　　　　（なかさとみ　ひろし）

《シンポジウムⅢ》
ホワイトカラー労働とこれからの労働時間法制

シンポジウムの趣旨と総括	盛　誠吾
ホワイトカラー労働と労働時間規制の適用除外 　　──アメリカのホワイトカラー・イグゼンプションの検討を中心に──	梶川　敦子
労働時間の立法的規制と自主的規制──仕事の質量規制の視点から──	三柴　丈典
労働時間政策と労働時間法制	水町勇一郎

《シンポジウムⅢ》

シンポジウムの趣旨と総括

盛　誠　吾
(一橋大学)

I　シンポジウムの趣旨と目的

1　労働時間法制をめぐる最近の動向

　1987年以来の度重なる労基法改正により大きな変貌を遂げた労働時間法制は，現在，新たな局面を迎えている。

　まず，2003年12月の総合規制改革会議第3次答申を承けた翌年3月の閣議決定「規制改革・民間開放推進3か年計画（改訂）」では，米国のホワイトカラー・イグゼンプションの制度を参考にしつつ，裁量性の高い業務については，労働者の健康に配慮する等の措置を講ずる中で，適用除外方式を採用することを検討することとされ，さらに適用除外制度そのものについても，深夜業に関する規制の適用除外の当否を含めて検討することとされた。次いで，2004年6月の厚生労働省「仕事と生活の調和に関する検討会報告書」は，職務内容に照らし労働時間規制が必ずしもなじまない仕事に就く者について，労働時間規制にとらわれない働き方を可能とする新たな仕組みを導入すべきことを提言した。さらに厚生労働省・労働契約法制研究会「中間取りまとめ」(2005年4月) は，「労働者の創造的・専門的能力を発揮できる自律的な働き方に対応した労働時間法制の見直し」にも言及し，さっそく同年4月には厚生労働省に労働時間法制研究会が設置されて検討開始された。これら一連の動きが，ホワイトカラー労働の労働時間について，現行労働時間法制の適用除外の対象とすることに向けられたものであることは明らかである。

　一方，長時間労働・サービス残業の抑制に関しては，2000年11月の中基審に

シンポジウムⅢ①

よる「労働時間短縮のための対策について（報告）」が労働時間短縮のための方策に加え，サービス残業の解消などを打ち出したことを承けて，厚生労働省は，「労働時間の適正な把握のために使用者が講ずべき措置に関する基準」（平成13・4・6基発339号），「過重労働による健康障害防止のための総合対策について」（平成14・2・12基発0212001号），「不払残業総合対策指針」（平成15・5・23基発0523004号）を相次いで発出し，とりわけ不払残業（サービス残業）の問題に積極的に取り組んできた。ところが，2004年12月の労働政策審議会建議に基づき，年間1800時間という時短の数値目標は放棄され，2005年の通常国会に提出された時短促進法改正案においては，同法の名称が「労働時間等の設定の改善に関する特別措置法」に変更され，その目的も労働時間等設定の改善へと改められることが予定されている。労働時間政策の重点は，政府主導の労働時間短縮から，労使の自主的な取組みによる労働時間管理の適正化へと大きくシフトしようとしているのである。

2　諸外国の動向

諸外国の労働時間法制に目を転ずると，まず，上記・閣議決定などでも取り上げられたアメリカのホワイトカラー・イグゼンプション制度は，2004年の規則改正により，報酬額要件の引上げや職務要件の見直しなど，大きな修正が加えられた。

フランスでは，1998年6月と2000年1月の法律により週39時間の原則を週35時間に短縮するとともに，柔軟な労働時間編成を可能とし，管理職層について新たな労働時間規制の仕組みを導入するなどの改正がなされた。その後，政権の交代に伴い，2003年1月の法律や2005年3月の法律により特例の範囲拡大などの改正が加えられたものの，原則的枠組み自体は維持されている。

さらにEUでは，2004年9月22日，1993年の労働時間指令について，週48時間の平均最長時間の例外を許容するいわゆるオプト・アウトの要件を加重する一方で，労働時間配分の柔軟な配分を可能とすることなどを内容とする改正案が欧州委員会で採択された。この改正案に対しては，その後欧州議会によるオプト・アウトの最終的廃止などの修正意見が出されたため，現在のところ指令

改正のための作業は中断している。

このように，労働時間規制のあり方は，諸外国においても注目すべき動きを見せている。

3　シンポジウムの目的

本シンポジウムは，以上のような労働時間法制をめぐる国内外の動向を踏まえ，ホワイトカラー労働を中心に今後の労働時間法制のあり方について検討するために企画されたものである。そのための方法としては比較法的な考察を重視するが，比較法それ自体が目的ではなく，今後のわが国におけるあるべき労働時間法制を模索することが，ここでの中心的な目的である。

II　シンポジウムの概要

1　報告の内容

まず，梶川報告「ホワイトカラー労働と労働時間規制の適用除外——アメリカのホワイトカラー・イグゼンプションの検討を中心に——」は，労働時間規制の原則と適用除外の関係について，アメリカのイグゼンプション制度を取り上げ，最近の規則改正を含めてその内容について検討し，そのことがわが国にどのような示唆をもたらすのか，わが国の労働時間法制の特徴を前提としつつその適用除外の対象を拡大することの是非やそのための条件について検討した。

次いで，三柴報告「労働時間の立法的規制と自主的規制——仕事の質量規制の視点から——」では，労働時間の規制手段ないし規制方法に関して，ドイツ法との比較や産業ストレス研究の成果などを参考に，立法による直接的規制に代わる，労使による自主的な仕事の質，量及び作業条件の規制とストレスチェックを組み合わせるという新たな労働時間規制方法が提言された。

最後に，水町報告「労働時間政策と労働時間法制」では，労働時間政策から見た労働時間法制のあり方という視点から，労働時間をめぐる立法政策の展開に関する歴史的・比較法的な整理・検討をふまえ，これからの労働時間法制のあり方について，特に適用除外制度の対象範囲の明確化とそのための条件，そ

して労使による集団的協議・調整のための場の構築の重要性が指摘された。

2　シンポジウムにおける議論

報告後の討論においては，まず梶川報告に対して，渡辺章会員から，管理的被用者について関連しない業務への従事時間が週労働時間の20%以内との要件が外されたことの理由は何か，管理的被用者と運営的被用者の違いは，部下がいるか否かという人事組織上の地位の違いと理解してよいのかとの質問が出された。また，逢見直人会員からは，2003年の原案が修正されて2004年の規則改正に至った経緯と規則改正の結果をどのように評価すべきか（対象の拡大か，ルールの明確化か），新たな報酬要件とアメリカの割増率が50%であることとの関係をどのように考えるか，ルールの明確化というが，グレーゾーンについての運用上の問題点は何かとの質問が出された。

次に三柴報告に関しては，まず宮島尚史会員から，時間規制よりも仕事量・就労条件の規制という視点には同感であり，その観点から過労死予防訴訟に携わっていることや，ドイツ金属産業における労働時間交渉についての紹介，日本産業衛生学会の産業疲労研究会が今年になって疲労学会となったとの指摘などがあった。また，藤木清治会員からは，報告にあった「高い交渉力」とは何か，高い交渉力があるならば労働者とはいえないのではないかとの質問が寄せられ，高橋賢司会員からは，「自主的規制」に関して，ドイツでの経験に照らして，協約的規制や労使委員会等の決議を同列に扱ってよいのかとの疑問などが提示された。さらに島田陽一会員からは，会社にいなくても仕事ができるという状況の下で，仕事量の規制がどのようになされると考えるのかとの質問があった。

水町報告に対しては，川口美貴会員から，適用除外と裁量労働の違いは仕事量についての裁量の有無にあるのではないか，労働時間政策の目的として労働者間・企業間の公正競争の実現ということがあるのではないか（企業間の公正競争に関しては，古川景一会員からも指摘があった），法令と労使自治との具体的関係はどうなるのかとの質問がなされた。熊谷謙一会員からは，労働時間政策の目的と，家庭責任との両立に関する立法政策との関係についての指摘と質問が

あり，原昌登会員からは，「集団的協議・調整の場の構築」ということに関して，従来の労使委員会等のシステムに決定的に欠けているものは何かとの質問があった。また，渡辺章会員からは，変形労働時間制やフレックスタイム制は中長期的に週40時間制を守るという趣旨があったはずであり，適用除外ということになると中長期的にも40時間制の維持はもはや必要でないということを意味するが，そのような判断基準は適用除外についての「判断基準の明確化」の内容となるのかとの質問がなされた。さらに島田陽一会員からは，労基法41条2号について，条文と実態との乖離をどのように理解し，整理するのかとの質問があった。

Ⅲ　シンポジウムの総括

1　労働時間法制をめぐる論点

シンポジウムにおける報告と議論を通じて明らかになった論点として，次の諸点を指摘しておきたい。

第1に，ホワイトカラー労働にとって，労働時間規制の適用除外とすることが「あるべき」労働時間制度なのかどうかである。たとえばアメリカのホワイトカラー・イグゼンプションは，それ自体としては割増賃金支払義務免除制度にすぎず，ホワイトカラー労働のためのあるべき制度として設計されたものではない。単純な適用除外の拡大が，長時間労働の放置やサービス残業の合法化につながることは確かである。そのことに対する歯止めをどうすべきか。

第2に，ホワイトカラー労働にとって，現行労働時間法制の適用がいかなる意味で問題なのかを具体的に明らかにする必要がある。たとえ現行制度が前提とする実労働時間と使用者による労働時間の把握・管理という規制方法がふさわしくない場合があるとしても，そのことは，労働時間規制目的の多様性を踏まえるならば，規制それ自体が適当ではないことを意味しない。

第3に，仮に現行の労働時間規制の適用を外すとしても，そのための条件は何かである。一口にホワイトカラー労働といっても，その内容は極めて多様であり，どのような労働者について，どのような条件の下に適用を外すのか，そ

の判断基準の設定は決して容易ではない。業務遂行についての裁量性の程度をはじめ,収入要件適用の是非やその水準,手続的要件の必要性など,多くの検討課題がある。また,労働時間規制の適用を外すだけでよいのか,それに代わる健康確保措置を講ずるだけでよいのか,むしろ仕事そのものの質・量の規制が必要ではないのか,そのための手段をどうすべきかも問題である。

第4に,労働時間規制の適用を外すとしても,何をどこまで外すのかである。現行の労基法41条の適用除外は,1日・1週当たりの労働時間規制だけでなく,休憩,休日の規制をも外すものであるが,管理監督者には該当しないホワイトカラー労働についても同様に扱うことが妥当だとは思われない。むしろ,労働時間規制の適用除外に伴う不規則・長時間労働の代償として,完全週休2日の確保と年休の計画的取得による,総体としての労働時間規制こそが考えられるべきであろう。

第5として,これからの労働時間政策と労働時間法制との関係はいかにあるべきかという問題である。労働時間規制の目的や手段には多様なものがあり,国により,時代によって大きく変化してきた。現在,そして将来の労働時間法制において,いかなる規制目的にどのような優先順位が与えられ,そのためにどのような規制方法や手段が執られるべきか。明確な労働時間政策に基づいた,合目的的かつ柔軟な労働時間規制のあり方こそが追求される必要がある。

2 今後の課題

今後の検討課題として指摘したいことは,まず,従来の労働時間規制の目的や手段を前提として,その適用の可否や適用除外の条件を論ずるのではなく,労働時間規制それ自体の現代的意義や,そのための規制方法や手段について論ずべきだということである。ホワイトカラー労働の労働時間規制についていえば,現行労働時間法制の適用の是非それ自体よりも,その多様な実態にふさわしい規制の手段や方法はいかにあるべきかが論じられるべきである。

もう一つは,労働時間政策と,それ以外の法政策との関連性ないしは整合性である。労働時間政策は,労働時間それ自体についての政策的対応にとどまらず,そのほかの法政策とも密接に関連するものである。たとえば,今後の少

子・高齢化社会を見据えた労働生活と家族的生活・個人生活との調和や，次世代育成政策に即した生活時間の確保という視点からの労働時間政策のあり方が検討される必要がある。さらには，1日・1週当たりの労働時間規制にとどまらない中長期的な労働時間規制のあり方，ひいては生涯労働時間という視点からの労働時間の総合的規制というような発想の転換こそが，これからの労働時間法制に求められているのではないかと思われる。

（もり　せいご）

ホワイトカラー労働と労働時間規制の適用除外
――アメリカのホワイトカラー・イグゼンプションの検討を中心に――

梶 川 敦 子
(神戸学院大学)

I はじめに

　近年，ホワイトカラーの労働時間法制のあり方についての議論，とりわけ，時間規制の適用除外方式の導入議論が本格化している。例えば，2005年3月25日の閣議決定「規制改革・民間開放推進3ヵ年計画（改定）」が裁量性の高いホワイトカラー業務について，時間規制の適用除外方式の採用を検討するとしていることなどがそれである。
　ところで，この適用除外方式の導入議論において有力な論拠とされているのがアメリカの管理的（executive），運営的（administrative），専門的（professional）被用者をはじめとする一定のホワイトカラーに対する適用除外制度（いわゆる「ホワイトカラー・イグゼンプション（White-Collar Exemptions）」：以下，W・Eとする）であるが，昨年，これにかかる規制の大幅な改正がなされ，その内容が注目される。
　もっとも，アメリカのW・Eは，その前提となる時間規制の内容が，労働時間の長さ自体を直接規制していない点で，それをも規制する日本と異なっており，また日本にみられる休憩，休日・深夜労働に関する規制も存在しない。それゆえ，アメリカのW・Eを比較・参照する場合には，別途考慮すべき点も少なくない（例えば，日本で適用除外制度について議論する際には，休憩，休日・深夜労働規制の適用除外の可否という論点も生じる）が，このような点を考慮してもなおアメリカのW・Eから得られる示唆は少なくないと思われるので，本稿では，アメリカ連邦法におけるW・Eを概観し，日本の上記議論において参考になり

うる点を探ってみたい（なお，紙幅の都合上，W・Eの対象者のうち，新規則における中心的な3類型（管理的，運営的，専門的被用者）のみを検討する）。

Ⅱ　アメリカ法におけるホワイトカラー・イグゼンプション

1　アメリカの労働時間規制の原則と目的

アメリカの労働時間規制の中心をなすのは，1938年に制定された連邦法たる公正労働基準法（Fair Labor Standards Act：以下，FLSAとする）である。同法の時間規制の基本は，週40時間を超える労働に対して，通常賃金率の1.5倍以上の賃金を支払うことを使用者に義務づけるのみである（7条(a)(1)）。もともと同法は大恐慌後の不況対策として制定され，その主たる目的も①交渉力が弱く経済的地位の低い労働者の所得の増大と②ワークシェアリングにあったとされているが[1]，さらに上記の規制方式からも，アメリカの労働時間規制の特徴は，日本のように労働時間の長さを直接規制することをもって長時間労働を抑制し健康の確保を図るという視点が希薄なことが挙げられよう[2]。[3]

2　2004年新規則からみたホワイトカラー・イグゼンプション

(1)　新規則施行の背景

W・Eは，FLSA制定時より設けられ，具体的対象者の要件は，法律の委任にもとづき労働長官作成の規則に定められてきた。その基本的要件は，1954年に確立して以来，ほぼそのまま維持されてきたが，その後，産業構造の変化やホワイトカラーの増加・多様化等に伴い，その妥当性が問題となり，さらにこ

---

1) 例えば，Overnight Motor Transp. Co. v. Missel, 316 U.S. 572, 577, 578 (1942).
2) 日本の労働時間規制の目的については，例えば，労働政策研究・研修機構『諸外国のホワイトカラー労働者に係る労働時間法制に関する調査研究』報告書（2005年4月18日 HP上発表分）（第1章アメリカ（山川隆一執筆））81-82頁，本誌水町論文参照。
3) 同旨，前掲注) 2報告書（山川執筆）78頁。ただし，FLSA 2条は「労働者の健康……に必要な最低基準の生活の維持を阻害する労働条件」の「是正」等をも同法の目的としており，かかる視点が皆無ではなかろう。なお最近では，家庭生活と職業生活の調和の観点を規制のなかに取り入れる議論もみられる（拙稿「アメリカ連邦法における労働時間制度の動向──『代償休暇制度』をめぐる議論を中心に」同志社法学292号（2003年）144頁以下）。

ここ数年,要件自体の不明確さや複雑さもあいまって,適用除外者として扱われた者がそれに納得せず未払いの割増賃金を請求する集団訴訟が増加した。そこでアメリカ労働省は,この問題に対応をすべく,規則改正の本格的な見直しを開始し,2003年3月に暫定案の,2004年4月に最終案の公表を経て,同年8月23日に新規則が施行された。

以下では,新規則(29 C.F.R. §541)における適用除外要件の基本的内容(意義)と各類型の具体的対象者像を,今回の改正点をも必要な範囲で指摘しつつ,確認しておこう。

(2) 3つの要件

適用除外の対象者は,まず第1に,一定額以上の賃金を得ているという報酬額要件を充足しなければならない。今回の改正により週455ドル(食事・宿舎その他の便益供与分を除く)への引上げがなされたが,その水準は比較的低く,これは,低所得者をそのことだけで適用除外の対象から外すための最低基準要件と評価できよう。

第2に,第1の要件を充足した者は,さらに職務要件を充たす必要があるが,今回の改正では職務要件が簡素化された。もっとも新職務要件の内容は,旧規則のもとで,より高い報酬額要件(ただしその額は,長年改定されなかった結果,連邦最低賃金と大差がなかった)を充足する者に適用されてきた,より緩やかな特例の職務要件とほぼ同じであり,むしろ上記改正は,ここ10数年の運用実態(特例要件の原則適用化)を追認したものといえる。そこで,より重要な改正は,年収10万ドル以上の支払いをうけるホワイトカラーについては,管理的,運営的,専門的被用者の職務や責任を1つ以上定常的に遂行していれば,適用除外の対象と認めることで職務要件を大幅に緩和している点(高給者の特例)であ

---

4) 暫定案については,拙稿「アメリカ公正労働基準法におけるホワイトカラー・イグゼンプション——規則改正の動向を中心に」日本労働研究雑誌519号(2003年)28頁参照。
5) 2004年新規則の詳細は,前掲注2)報告書(第1章アメリカ(幡野利通執筆部分)50頁以下,小嶌典明「ホワイトカラーの労働時間制度」世界の労働54巻10号(2004年)24頁のほか,学会報告時の配付資料(筆者作成)等を参照。
6) 29 C.F.R. §541. 100, 200, 300, 600.
7) 29 C.F.R. §541. 601.

り，その意義はⅢで検討する。

　第3に，一定の例外を除き，俸給ベース要件が課されることが特徴的である。[8] これは，何らかの労働がなされた週においては，原則として，実労働日数・時間数にかかわらず，所定額の賃金（支払最小単位は1週間）が支払われていることを意味する。したがって，この要件の1つの意義は，実労働時間数と賃金との切断を要件としている点にあるが，実際には，まる1日単位の欠勤について減額することなどは認められており，また逆に何らかの労働がなされた週について一定額の賃金支払いが保障されている以上，使用者が任意に実労働時間数に応じて（例えば週40時間を超える労働につき）付加的な手当等を支払うことも許容されるゆえ，その完全な切断を求めるものでもない。そこで，より注目すべきは，この要件のもとでは，遅刻や早退等による1日未満の欠務時間につき，それが労働者自身の理由によるものであっても減額が認められない点である。このことは少なくとも1日の勤務のなかでは，労働者に自ら時間管理する裁量が一定程度認められることを意味し，ここにこの要件の重要な意義があろう。なお，この遅刻等につき賃金減額がなされないという点は，日本でも管理監督者性（労基法41条2号）の判断要素である勤務時間の裁量性の有無を判断する際に検討され，[9] また裁量労働制の対象者（同法38条の3・4）についても，かかる取扱いの否定はその制度趣旨に反すると解されている。[10] したがって，日本の制度との比較では，かかる点が具体的かつ明示的な要件となっているところにその特徴があるといえ，このことは報酬額要件についても同様に当てはまろう（すなわち，日本の管理監督者性の判断要素の1つに「その地位にふさわしい待遇」が挙げられているが，[11] アメリカのような具体的水準の提示はない）。

(3)　具体的対象者像 [12]

　次に職務要件を通じて，具体的対象者像を確認しておこう。

　(a)　管理的被用者　　主たる職務が，企業または部課等（企業内の各部や課，

---

8)　この要件の基本的内容については，29 C.F.R. §541.602, 604.
9)　例えば，パルシングオー事件・東京地判平9・1・28労判725号89頁。
10)　安西愈『労働時間・休日・休暇の法律実務（全訂5版）』（中央経済社・2005年）518頁。
11)　昭22・9・13発基17号，昭63・3・14基発150号。

各事業所など永続的地位と機能をもつ構成単位)の管理で,かつ,2人以上の被用者を定常的に指揮監督し,一定の人事上の権限(雇用上の地位の変動に関してその者の意見が特に重視されるという程度でよい)を有する者が対象となる。要するに,部下を有する管理・監督職であり,日本の管理監督者(スタッフ管理職を除く)に基本的に類似するが,求められる人事上の権限等を比較しても,それをも包含するより広い概念と思われる。

(b) 運営的被用者 主たる職務が,使用者またはその顧客の経営や事業運営全般に直接関連するホワイトカラー業務であり,かつ,重要事項に関し裁量と独立的判断を行使すること(=上司の直接的な指示をうけずに一定の独立的選択を行う権限を持つこと)を含む者が対象となる。要するに,使用者の経営(事業運営)を補佐するスタッフ職(経営者を直接補佐する者から人事,財務等の専門分野での補佐を行う者まで多様であり,顧客との関係ではコンサルタント等も含まれる)と思われ,また必ずしも部下をもたず,部下を監督することが要件でないことも特徴である。日本のスタッフ管理職(労基法41条2号),企画業務型・一部の専門業務型裁量労働制の対象者と重複するが,対象職務が限定されていない点等で,これよりも広い概念と思われる。

(c) 専門的被用者 主たる職務が,①法律,医学,会計,保険数理,工学,建築,物理,化学,生物,薬学等の科学・学問分野における,長期にわたる専門的教育によって得られる高度の知識を要する職務である者(学問的専門職:大学レベル以上の学位保持者が基本となるが,それ以外の者でも,それと同様に高度な専門的知識を要する職務の従事者で,一定の知的教育を受け,実務経験を有する者も対象

---

12) 以下の結論は,主に旧規則の特例の職務要件にかかるW・E裁判例を紹介した拙稿「裁判例にみるアメリカ連邦法上の『ホワイトカラー・イグゼンプション』——職務要件の検討を中心に」Vita Futura 10号 (2004年) 59頁や新規則に挙げられている例示等に基づくものである。

13) 29 C.F.R. §541.100, 103, 105.

14) 裁判例は,管理監督者に求められる人事上の権限等を最終決定権限とし,かなり厳格に解している(日本労務研究会『労働者の範囲の明確化に関する調査研究報告書』(2004年)(高畠淳子執筆部分) 121頁以下)。

15) 29 C.F.R. §541.200, 202.

16) したがって,いくら裁量と独立的判断を行っている者であっても,たとえば金融商品の販売等に従事する者などは対象とはならない(29 C.F.R. §541.203)。

となりうる),②芸術的または創造的分野で創造力,創作力,独創性または一定の才能を要する職務である者(創作的専門職：音楽家や俳優等の芸術家,一定の要件を充たすジャーナリスト等),③教師,医師,法律家がその対象である[17]。日本の専門業務型裁量労働制の対象者と重複するが,対象職務が限定されていない点で,これよりも広い概念と思われる。

III ホワイトカラー・イグゼンプションの検討

1 アメリカ法の特徴

以上のように,アメリカのW・Eにおいては,一定額以上の賃金の支払いと遅刻等につき賃金が減額されないことが具体的かつ明示的な要件として,日本で,①時間規制が適用除外される管理監督者や,②みなし労働時間制が適用される専門業務型・企画業務型裁量労働制の対象者に相当する者,また,③現行法上①②の対象ではないが,これらに類似する者について広く時間規制が適用除外されていると思われ,日本の制度との比較では,適用除外の対象となるホワイトカラーの範囲がかなり広いこと(数値的にも確認しうる[18]),かつ,その対象者像は,日本における上記制度の対象者像と相当程度重なりうることが指摘できる。後者の点は,日本でも,現在,管理監督者以外にも,例えば裁量労働制の対象者等にも適用除外方式を採用することが1つの検討課題になっていることとの関連で興味深いが,日本における立法議論にどの程度有益な示唆となりうるかについては,前述のようにアメリカと日本のもともとの時間規制の内容が異なっており,その点を踏まえたさらなる検討が必要であろう。以下では,かかる点にも留意しつつ,アメリカW・Eの,日本の議論に参考になりう

---

17) 29 C.F.R. §541.300-304.
18) 今回の規則改正により若干の変動はあろうが,1999年(規則改正前)の資料をもとにアメリカ労働省がまとめた統計(The "New Economy" and Its Impact on Executive, Administrative and Professional Exemptions to the Fair Labor Standards Act (FLSA))では,その割合は全被用者の約20％に及ぶとされ,日本の適用除外対象者の割合(前掲注2)報告書は,その割合を,賃金構造基本調査統計(2002年)の部長・課長の割合(3.8％・8.3％)をもって推測している)よりもかなり広い。

る点を整理してみたい。

2 日本法への示唆
(1) 労働時間規制の目的とW・Eの位置づけ

　アメリカのW・Eの趣旨については，立法過程では明確にされておらず，また各類型によってその趣旨も微妙に異なる可能性もあるが，一般的には，かかる一定の管理的，専門的ホワイトカラーは，①割増賃金が不要なほど，あるいはその代償といえるほどの高い処遇をうけ，十分な交渉力をもつゆえ，労働条件についての要保護性が低く，さらに②職務内容（職務の独立・自律性，一定の責任の保有等），勤務態様（勤務時間の裁量性），賃金の決定・支払方式（実労働時間数と関係のない賃金支払いの妥当性）が本来細かい時間管理になじまず，そのことが時間規制の適用を困難にし，また同規制を課すことによるワークシェアリングの効果も期待できない，との考えが前提となっていたようである[19]。要するに，もともとの時間規制の目的が阻害されない，あるいは機能しないところに適用除外の趣旨があるといえるが，そうすると，アメリカのW・Eの，制度趣旨との関係で指摘しうる特徴は，制度設計において，その前提となる時間規制の目的において比重が高いと思われるワークシェアリング（雇用創出に役立つか）の観点が比較的重視されている一方で，時間規制の目的において希薄であった健康確保の観点はあまり考慮されていない可能性がある点であろう[20]。

　日本においても，一定の管理的，専門的ホワイトカラー（具体的には管理監督者や裁量労働制の対象者等）の労働の特性自体はアメリカとさして異なるわけではなく，それゆえ，立法論としては，その労働の特性ゆえの時間規制の適用困難性の観点（上記②の趣旨）から，これらのホワイトカラーに適用除外方式を採用することも十分考えられる。その場合には，例えば，アメリカのW・Eのホワイトカラー労働の特性にかかわる要件（職務要件，俸給ベース要件）も参考になるであろうし，また要保護性の低さという観点（上記①の趣旨）もその趣旨に含めるのであれば，報酬額要件を適用除外要件に取り込む手法も参考にな

---

19) 例えば，68 Federal Register 15560, 15561.
20) 同旨，前掲注2）報告書（山川執筆）81・82頁。

ろう。しかし，いずれにせよ，日本では，もともとの時間規制の目的のなかに健康確保の観点が重視されている点ではアメリカとは異なっており，またワークシェアリングの観点を重視しないのであれば，それを前提としたアメリカのW・Eをそのまま参考にすることはできず，当然のことながら，日本独自の時間規制の目的との関係を踏まえた適用除外要件等を検討していく必要があろう。

(2) 適用除外者の範囲の広さに伴う弊害

日本でも一定の管理的，専門的ホワイトカラーについて時間規制の適用除外という手法をとった場合，懸念されるのは，長時間労働の弊害や賃金面での不利益（法定時間外労働にも割増賃金が不払いとなるゆえに適正な賃金額が担保されていない場合等に生じうる）が生じる可能性があることであろう。

この点，アメリカでは比較的転職が一般的であり外部労働市場が発達しているため，賃金面での不利益は，企業横断的賃金に照らして不当であれば転職あるいは現在の使用者との再交渉によって解消できる可能性もある。また長時間労働の問題も，上記のような労働市場のもとでは転職によって解決される可能性もあり[21]，実際，かかる労働市場を背景に，使用者も転職に伴う有能な人材の喪失の可能性を意識し，苛酷な長時間労働を強いることがないとの指摘もある[22]。とはいえ，従来から，アメリカの労働時間はホワイトカラーを含め他国と比較して長く，その傾向はW・Eの対象たる適用除外者に顕著とされている[23]。また日本のような過労死等の問題には至らないまでも，長時間労働の具体的弊害（ストレス等の健康障害や家庭生活の犠牲等）の指摘もみられる[24]。もちろんこれには複数の原因が関与しているとはいえ，法制度との関係では，FLSA制定時よ

---

21) Hearing on Proposed Rule on Overtime Pay before the Subcomm. on Labor, Health and Human Services, Education and Related Agencies of Senate Appropriations Comm., 108th Cong. (2004) (statement of Ronald Bird, Chief Economist, EPF). この考えによると，むしろ転職コストが労働者にとってのデメリットとなりうる。なお岩村正彦ほか「改正労基法の理論と運用上の留意点」(2003年) ジュリスト1255号（荒木尚志発言部分) 34頁も参照。
22) 前掲注2)報告書（山川執筆) 82頁。なお，適用除外者も休暇は取得しているとの指摘もなされている。
23) GAO/HEHS-99-164, Fair Labor Standards Act : White-Collar Exemptions in the Modern Work Place (1999), at 12.

りもホワイトカラーが量的に増大した結果，現在では，制定当時想定されていた適用除外者像—処遇が高く，十分な交渉力をもつゆえに，労働時間等の不利益を使用者との交渉によって十分に回避しうる者—以外の者もＷ・Ｅの対象者に含まれうる，アメリカの適用除外者の範囲の広さに伴う１つの弊害とみることもできよう。

　そこで，かかるアメリカにおける弊害を勘案すると，第１に，日本では，適用除外者の範囲に適切な限定をかけることが考えられる。その手法としては，例えば，労働者が多様化するなかでは職務要件での限定が難しくなりうることを考慮すると，職務要件は比較的包括的に設定しつつ，上記弊害を回避しうるだけの交渉力を担保するような報酬額要件を設定することなどが検討に値しよう。第２に，日本ではいまだ転職が一般的ではなく，外部労働市場機能による解決があまり期待できないとすると（このことはすでに日本において過労死問題等が深刻化していることからも明らかである），かかる日本の労働市場の状況に応じた日本独自の弊害への対応策を整備することも検討課題になりうるであろう。とりわけ健康確保にかかる措置の整備の検討は，(1)で述べた日本の時間規制の目的との関係でも重要になろう。

　(3)　規制の手法

　アメリカでは，適用除外者は規則の要件に照らし客観的に判断されるが，近年の訴訟増加のなかで，当事者が自らの権利義務を訴訟で決着するまで事前に知りえない可能性—使用者にとっては予想外の法的責任を負い，労働者にとっては本来得られるはずの権利が享受できない—が問題となった。日本でも，管理監督者について同様の規制方式に伴う問題が指摘され[25]，その該当性を争う裁

---

24)　例えば，最近の文献では，ジル・Ａ.フレイザー（森岡孝二監訳）『窒息するオフィス』（岩波書店・2003年），ロバート・Ｂ.ライシュ（清家篤訳）『勝者の代償』（東洋経済新報社・2002）等参照。賃金面でも，実際には，サービス産業のマネジャー職等でかなり低収入の者が適用除外者として扱われていることが指摘されている（Id. at 28-30）。

25)　その現象の１つの現れが，行政解釈に定める判断基準よりもより広い範囲の者が適用除外の対象として扱われている実務の傾向であろう（詳細は，日本労務研究会「管理監督者の実態に関する調査研究報告書」（2005年））。ただし日本の場合は判断基準が極めて抽象的であり，また適用除外者の範囲が限定的な現行制度自体が妥当でなくなってきている可能性もあり，そのこと自体の検討は別途必要であろう。

判例も増えてきている。したがって，今回のアメリカにおける上記問題への取組みを中心になされた規則改正からは，現行の管理監督者の規定のみならず，適用除外者の範囲の画定等にかかる規制のあり方を考えるうえでも参考になろう。

　第1に，今回の規則改正では，適用除外者の範囲についての当事者の予測可能性を高めるべく要件の明確化が図られたが，そのうち新設された高給者の特例がとくに注目される。すなわち，W・Eにおける職務要件はそれ自体比較的包括的な定義であり，労働者が多様化するなかで比較的柔軟な解釈を可能にしてきた反面[26]，かなり詳細な解釈基準にもかかわらず，明確性を欠いていた。しかし，他方で，その判断はケース・バイ・ケースによらざるを得ない以上，今回の改正でも，完全に客観的かつ明確な要件の設定は困難であったようであり[27]，結局，職務要件の充足性を争う紛争は減少しないとの予想も存在する[28]。その意味で，賃金額という客観性の高い基準をもって，より緩やかな職務要件ですべてのそれの充足を推定する方法（この場合も，職務要件の緩和にとどまり，また週455ドルまでは俸給（歩合）ベース要件も課される）は，職務要件に内在するあいまい性を緩和し要件を明確化するための工夫と評価でき，紛争防止のための明確な適用除外要件を考えるうえで参考になろう。

　第2に，他方で，規制のなかに手続的要素を取り入れる動きもみられた点が注目される。すなわち，俸給ベース要件のもとで，規則で認められない減額が行われた場合，それが事実上の慣行となっていれば，減額された本人のみならず同じ管理職のもとにいる同職種の労働者すべてが適用除外の対象から外れることとされるが[29]，今回の規則改正で，使用者が①規則で認められない減額を禁

---

26) 例えば，専門的被用者の場合，学位保有が専門性をはかる重要な指標とされているが，裁判所は，学位不保持者についても一定の場合には要件充足性を認めるなど柔軟な解釈を行ってきた。
27) 例えば，今回の改正で，判断が主観的になりやすく訴訟原因となっていた運営的被用者の「裁量と独立的判断の行使」の要件の削除も検討されたが，これにかわる客観的な基準が確立できず，残存した。
28) Micheal R. Triplett, FLSA : ATTORNEYS BELIEVE OVERTIME RULE CHANGES WILL NOT CURB LEVEL OF FLSA LITIGATION, BNA, Daily Labor Report (Aug. 12, 2004).

止する明確な方針を事前に労働者に通知し，かつ②苦情処理手続を整備し，③不適切な減額分の弁済をし，将来における当該方針の遵守を約束する場合には，労働者の苦情申立の後も不適切な減額を継続することにより当該方針に意図的に違反しない限り，いかなる労働者についても適用除外要件の充足を否定されないという規定（safe harbor）[30]が新設された。

この規定は，裁判所で俸給ベース要件の充足の可否が争われる場合に，使用者にとっては，①②の事前手続の履行が抗弁となって免責の可能性が認められうるものゆえ，使用者が同手続を整備するインセンティブとなり，かかる使用者により設けられた自主的な苦情処理手続を通して，同要件の適切な運用の確保と紛争の未然防止を図るというのが，その主たる趣旨のようである[31]。さらに使用者が上記手続に従う限り，要件充足を確保しうる点では，適用除外者の範囲についての予測可能性を高める効果も期待できよう。とりわけこの予測可能性の向上という効果に着目すると，俸給ベース要件のもとでは，内容の明確化のみならず，規制のなかにかかる手続的要素が取り入れられたことは，（要件充足性が否定されたときの効果が使用者にやや苛酷なことが関係しているにせよ，）逆にいえば，予測可能性を高めるには，内容の明確化だけでは不十分であったことを示しているのかもしれない。

そうすると，アメリカでは今回の改正で限定的に取り入れられたにすぎない手続的規制も，今後労働者が多様化するなかで職務要件につき完全に客観的かつ明確な基準を確立することが必ずしも容易でないこと（明確化の限界）もあわせて考慮すると，かかる多様化する労働者に対応しつつ，紛争の未然防止をはかるという観点から，むしろ適用除外者の範囲の画定方法としてひろく取り入れること（例えば，苦情処理措置の整備を制度の導入要件とするとか対象者の範囲画定に労使を関与させることなどが考えられる）が望ましいのではなかろうか[32]。

(4) まとめ

以上を要するに，日本でも，一定の管理的，専門的ホワイトカラーについて，

---

29) 29 C.F.R. §541.603(a)(b).
30) 29 C.F.R. §541.603(d).
31) 69 Federal Register 22122, 22182.

その労働の特性ゆえの時間規制の適用困難性の観点から時間規制を適用除外する場合には，いうまでもなく日本の時間規制の目的との関係を十分考慮する必要があるが，他方で，今後，労働者が多様化するなかで，アメリカのように対象職務を比較的包括的に設定していく場合には，アメリカ法からの示唆として，次のようなことが日本で検討課題となりうるといえるのではなかろうか。第1に，アメリカにおける適用除外者の範囲の広さに伴う弊害からは，①適切な報酬額要件の設定等による，適用除外者の範囲の適切な限定を行うこと（報酬額要件の設定は要件の明確化の要請にも資する可能性もあり，どの水準にするかは要保護性をどこまで考慮するかの問題にもなる）や，②日本の労働市場の状況に応じた弊害への対応策を整備すること，第2に，アメリカの近年の訴訟増加とその対応からは，紛争の未然防止の観点から，適用除外要件の明確化のみならず，手続的規制をも具備させること，である。

　　　　　　　　　　　　　　　　　　　　　　　　（かじかわ　あつこ）

---

32) ただし現行の企画業務型裁量労働制のような制度自体が利用されないほどに煩雑すぎる手続規制は避けるべきであろう。なお，日本の管理監督者制度のあり方につき，実体的規制を手続的規制に変えるべきことを提案するものとして，大内伸哉「従属労働者と自営労働者の均衡を求めて」『労働関係法の現代的展開』（信山社・2004年）64・65頁がある。

労働時間の立法的規制と自主的規制
―― 仕事の質量規制の視点から ――

三　柴　丈　典

（近畿大学）

I　はじめに――安全衛生的観点からの考察の必要性――

　労働時間規制に労働者の健康保護をはじめとする様々な趣旨が含まれていることは改めて説くまでもないが[1]、近時の産業の高度化ないし知識集約型労働の一般化等に伴い、ホワイトカラー労働者の中には、既存の規制手段が十分に機能しない者も増え始めている。他方、近時の過労死裁判例[2]は、実効的な健康保護のためには、形式的な労働時間規制のみでなく、仕事の質量や作業条件規制に踏み込んだ、多様な対策が必要とされることを示唆している。くしくも、平成16年12月には、同じ17日に、労働政策審議会から出された2つの建議（「今後の労働時間対策について（労審発186号）」、「今後の労働安全衛生対策について（労審発190号）」）が、相互の密接な関連性を指摘し[3]、最近の労働安全衛生法（以下労安法と呼ぶ）改正案（平成17年3月4日決定閣第60号）も労働時間規制との関連性をより明確化させるような規定を盛り込んでいる（例えば改正法案第4条参照）。労安法が労働基準法（以下労基法と呼ぶ）から分離独立した経緯からも明らかなように、そもそも労働安全衛生規制は、労基法所定の労働条件規制の一環であ

---

1) 労働時間規制の持つ様々な趣旨のうち、比較法制度的に、わが国では、健康保護が特に重視されるべきことについては、水町論文を参照されたい。
2) 過労死とは、通常は蓄積性疲労が死に至る事故を指すが、ここではストレスに起因する非蓄積性の事故（産業ストレス発展型災害）も含めて呼称する。
3) 例えば、186号建議は、各事業場での時短促進の実施体制として、衛生委員会の活用を示唆し、190号建議は、長時間労働者等（月100時間を超える時間外労働があり、かつ蓄積疲労があって自ら申し出た者等）に対する面接指導制度の確立を示唆している。

り，特に労働時間規制とは表裏一体の関係にある。

そうした中，労働安全衛生分野では，近時の産業ストレス研究の進展により，労働者のストレスチェックツール（後述するストレッサー，ストレス反応，健康影響，修飾要因など，ストレス〔物理的，心理的負荷〕に関わる要因やその作用等を測定・評価する尺度。一例として職業性ストレス簡易調査票〔http://www.jisha.or.jp/profile/2_3/stls/stls_main.htm〕を参照されたい）の開発が進み，一定の信頼性を得るに至っている。ストレス（反応）は，過重労働を含め，様々な労働条件の歪みを集積的に反映する指標でもある。そこで本稿では，産業ストレスの研究成果を応用し，在社外時間の労働規制を含め，仕事の質量及び作業条件規制を行う可能性につき検討し，既存の労働時間規制手段を補強ないし代替する新たな法政策につき提言する。但し，本稿は共同作業の一環としてドイツとの比較法の作業も割り当てられているため，紙幅の制約上簡潔にとどめるが，具体案の提示に先立ち，彼国の労働時間法，労働安全衛生法に関する検討結果を記す。

II　ドイツ法からの示唆

1　ドイツ労働時間法からのアプローチ

統計のとり方等に違いこそあれ，単に年間総実労働時間でみても，わが国と

4）　例えば，3.5年にわたる経年観察の結果，「職業性ストレス簡易調査票」から判明した高ストレイン（high strain）群は，右肩上がりの斜め線を描いて疾病罹患率が上がることが実証されている（川上憲人，原谷隆史，石崎昌夫他「職業性ストレスの健康影響に関する研究」加藤正明（班長）：労働省平成11年度『作業関連疾患の予防に関する研究』報告書（2000年）40～47頁）。

5）　例えば，「心理的負荷による精神障害等に係る業務上外の判断指針について（平成11年9月14日基発544号）」の別表1（職場における心理的負荷評価表）を参照されたい。

6）　紙幅の制限から，詳細は，http://www2.gol.com/users/t-mishiba/deutsch.doc からダウンロードできるよう設定してある。

7）　関連する検討対象として，ドイツの成果主義賃金法も重要だが，紙幅の関係上，関連文献を挙げるにとどめる。緒方桂子「ドイツにおける成績加給制度と法的規整の構造」季刊労働法（1999年）190・191合併号127頁以下，高橋賢司『成果主義賃金の研究』（信山社，2004年）等。併せて，第11回日本産業衛生学会近畿地方会労働衛生法制度研究会（2003年5月31日於近畿大学会館）での緒方報告を三柴の文責で整理した，日本産業衛生学会近畿地方会ニュース（2003年）55号5頁等も参照されたい。

は長らく400時間程度の相違のあった（『労働統計要覧』各年度版。現在では政府統計上300時間程度の相違と推定される）ドイツの法制度から，単純に示唆を汲み取ることは難しい。ドイツでは，労働時間に関する主な課題は，現在，深夜・交替制労働のそれに向けられており，少なくとも筆者自身，ホワイトカラーを含む幅広い労働者層での過労死をもたらすまでの過重労働を示す資料を目にしたことはない[8]。しかし，あえて厳格な規制に基づく成功例から学ぶとすれば，以下のような彼国のホワイトカラーに関連する労働時間法の枠組みは参考になる。

(1) 93年 EC 理事会労働時間指令（Richtlinie 93/104 EG des Rates vom 23.11. 1993 über bestimmte Aspekte der Arbeitgestaltung）の国内法化の役割も持つ94年労働時間法（Arbeitszeitgesetz）（以下94年法と呼ぶ）は，6条1項で，深夜・交替制労働者の労働時間が労働科学的認識に即して形成されるべきことを規定しており，その認識を具体化する指針も存在する[9]。

(2) 同じく94年法は，6条3項で，深夜・交替制労働者の使用者負担による検診受診の権利を定め，4項で，介護責任者等一定条件を満たす者につき，昼間労働への転換請求権を定めている。

(3) 週日労働時間規制につき，94年法施行前は，準備後始末労働のための時間，協約による場合，監督官庁の許可による場合等に，1日8時間労働の例外が許容されていた（38年労働時間令〔Arbeitszeitordnung〕〔以下時間令と呼ぶ〕5条）。94年法施行以後は，週日8時間原則が規定される一方，6暦月または24週間内での変形労働時間制が許容され，かつ，協約による場合，監督官庁の許可による場合等にさらに原則逸脱が認められている（94年法3条，7条1項1号，14条，15条1項1号，2号）。

(4) 94年法以後，長期変形労働時間制の導入との取引で，法定時間外労働を認める規定や，時間外割増賃金に関する一般的規定が消失した。

(5) 1日についての最長労働時間規制（10時間）がある（時間令，94年法）。

(6) 日曜祝日労働が原則的に禁止されている（時間令，94年法）。

---

8) 特に旧西ドイツにつき，宮島尚史『労災給付論』（学習院大学，1991年）359，360頁を参照されたい。
9) 和田肇『ドイツの労働時間と法』（日本評論社，1998年）121頁。

(7) 1日の労働時間終了後の休息時間規定があることで，1日の拘束時間，あるいは変形労働時間や時間外労働を含めた1日の総実労働時間が規制されている（時間令，94年法）。

(8) 労働時間法上，週労働時間規制がない。従って，日曜を除き，労働時間法上は48時間労働が可能（時間令，94年法）。さらに，94年法施行後は，変形労働時間制の採用により，理論上1日10時間，1週60時間までの延長が可能となった。

(9) 閉店法による営業時間規制により，小売業部門での労働時間に厳しい制限がある。

(10) 労働時間法は強行法であるが，時間令適用時から労働協約により最低基準の逸脱が可能だった（協約任意的強行法）。94年法では，さらに，協約および協約に基づく経営協定（Betriebsvereinbarung）の規制権限が強化され，同法のいくつかの規定と異なった定めをすることができることとされた（法7条，12条）。実際の協約では，これを利用した柔軟化の例も一部紹介されているが[10]，筆者が確認できた90年シュトゥットガルト地区金属産業一般協約（00年改正）[11]では，法定原則の範囲内で，むしろその水準より厳しい内容を定めていた。

(11) 筆者が確認した前掲一般協約では，協約所定の通常週労働時間（35時間）を逸脱しようとする際には無条件に，イレギュラーな労働時間（深夜，交替制労働等）を適用しようとする際には未経験者等について，それらを拒否した者に対する不利益取扱が禁止されていた。また，所定労働時間外労働に対する手当および有給代償休憩・代償休日の両面から，「コスト増による時短圧力」がかけられていた。さらに，協約所定原則の逸脱に際して，経営協議会（Betriebsrat）の同意ないし経営協定の締結を条件とする規制が多かった。フレックスタイム制等については，制度の枠組みを協約が決定し，細部を経営協定に委ねる形式が採られていた。

---

10) 和田・前掲注9）書127，128頁。
11) 本協約は藤内和公岡山大学法学部教授より提供されたが，その後，同教授によりその翻訳が公表された（藤内和公「ドイツにおける労働条件規制の交錯」岡山大学法学会雑誌54巻4号（2005年）〈資料〉45～48頁。本編10～14頁では，本協約と国家法，経営協定との関係等についても解説されている）。

⑿ 法制度または協約上，法定原則時間または所定時間の逸脱に対する代償休憩や代償休日制度が予定されている。

⒀ 63年連邦休暇法の制定前は，使用者の安全配慮義務を定めるドイツ民法618条を根拠に年休制度が形成され，特に連邦休暇法制定以後は，成立要件，付与日数共にわが国より高い水準で年休権が保障されている。

⒁ ドイツでは，労働時間法の適用を外れる上級管理職員（leitende Angestellte）と協約の適用下にある一般協約職員（Tarifpersonal）との間に，わが国でいう裁量労働制適用者と適用除外労働者の両面的性格を持つ，協約外職員（außertarifliche Angestellte）と呼ばれる階層がある。その定義は，各協約に委ねられており様々だが，主な要件としては，(a)労働契約上の明記，(b)協約上最上位級の雇用グループよりも高い職務要件，(c)協約上の最上位級を全体として上回る一般的契約条件，(d)協約上の最高等級賃金を10～25％程度，または絶対額において上回る賃金額，等があげられる。「協約外職員は原則として労働時間から独立に，課された職務を遂行する義務があ」るとされ[12]，労働時間を含め，労働条件は原則的に個別契約により決まり，賃金は年俸制をとるものが多い[13]。労働時間法の適用を外れるわけではないが，前掲38年労働時間令適用下では同令所定の時間延長規定を活用し，94年法適用下では変形時間制を活用するなどして，時間にとらわれない就労が可能とされてきた[14]。超過労働手当の支給は原則としてなく，これは契約（解釈）から導かれるが，そもそも超過手当の計算が正確にできるなら協約外とする趣旨に反することにもよる[15]。もっとも，割合的には，各業界の全労働者のうち数％から十数％程度しか存在しない[16][17]。

12) Blaneke, Thomas, »Privatautonome« Regelung der Arbeitsbedingungen : AT-Atatus, AT-Vertrag und Tarifvertrag,in Handbuch Außertarifliche Angestellte, Blanke, Thomas (Hrsg.), 3. Aufl., (Baden-Baden, 2003), S. 40.
13) 毛塚勝利「ドイツの労働時間制度の運用実態」『調査研究報告書・労働時間制度の運用実態〈欧米諸国の比較研究〉』（日本労働研究機構，1994年）21頁。なお，この趣旨を汲んだBAG判決につき，橋本陽子「ホワイトカラーの労働時間に関するドイツの法規制」日本労働研究雑誌519号（2003年）25頁を参照されたい。
14) 毛塚・前掲注13)論文21頁。
15) Franke, Dietmal, Der außertarifliche Angestellte (München, 1991), S. 83.
16) 毛塚・前掲注13)論文22頁。
17) 毛塚・前掲注13)論文16～17頁，橋本・前掲注13)論文26頁。

2 ドイツ労働安全衛生法からのアプローチ

　ドイツ労働安全衛生法制度の詳細については，拙著及び拙稿で詳述したので[18]ここでは触れないが，先ずは基本的理解のため，以下の点に触れておく。(1)同法制度が労働科学研究を重視し，その推進，吸収，運用に積極的な体系を持っていること，その際，労働者の関与が制度的に図られていること，(2)複数の法令で，労働の人間化という高度な理念的目標を規定していること，(3)EC(EU)レベルでは，ローマ条約118条(a)（その後アムステルダム条約により137条にナンバリング改正）にある「労働環境」との文言には，労働時間，労働の構成や内容等幅広い意味内容が含まれているが，これに基づき発令された89年安全衛生の改善に関する基本指令（Amtsblatt der EG 1989 Nr. L 183/1）を国内法化したドイツの96年労働保護法（Arbeitsschutzgesetz）も，その趣旨を継受していると考えられること。[19]

　しかし，ドイツ中央商工業労災保険組合及び北ドイツ金属産業労災保険組合[20]がそれぞれ発行した計2編の小冊子（(1)『安全衛生面から観た労働時間の配置と長さ』[21]，(2)『労働環境における心理的負担が労働安全衛生に及ぼす影響』[22]）を見ると，やはり，主な取り扱い対象は，深夜・交替制労働の健康問題であることが分かる。たしかに後者では，典型的な心理的負担の要因として，①労働能力の過小活用，②同じく過剰活用，③職場の人間関係問題，④労働時間制度，⑤作業環境，の5つが挙げられている。[23]しかし，長時間労働や不規則な労働時間など，蓄積疲

---

18) 三柴丈典『労働安全衛生法論序説』(信山社，2000年)，同「労働科学と法の関連性～日独労働安全衛生法の比較法的検討～」近畿大学法学(2000年)47巻3，4合併号133～163頁（加筆修正版として，日本労働法学会誌(2000年)96号177～190頁も参照されたい)。
19) 例えば，その4条では，使用者のなすべき労働保護措置に関し，危険の最大限の除去，根源からの除去のほか，確定的な労働科学的認識の顧慮等についても定められており，その触手は労働時間に及ばざるを得ない。
20) ドイツの労災保険組合は，労災・職業病の予防と補償，双方の役割を担う社会法上の自治的な団体である。詳細は，三柴・前掲注18)書143～146, 201～231頁を参照されたい。
21) Hauptverband der gewerblichen Berufsgenossenschaften (Hrg.), Lage und Dauer der Arbeitszeit aud Sicht des Arbeitsschutzes (Hauptverband der gewerblichen Berufsgenossenschaften, 2001).
22) Norddeutsche Metall-Berufsgenossenschaft (Hrg.), Psychische Belastungen in der Arbeitswelt als Herausforderung für den Arbeits- und Gesundheitsschutz (Norddeutsche Metall-Berufsgenossenschaft, 1999).

労をもたらす制度の問題は，4番目の項目として挙げられているに過ぎない。国情の違いを感じざるを得ない。

3 小　括

このように，ドイツとの比較法の作業からは，少なくとも，実効的な労働時間規制のためには，立法的規制及び自主的規制の両面における厳格かつ多角的な労働時間規制の徹底もさることながら，労働科学という予防医学を含めた現場重視の総合科学の研究成果を積極的に法的に吸収する，という予防法学的な姿勢，すなわち事後的な補償紛争に至る前段階で事故を防止する姿勢の重要性が示されたものと思われる。これは，彼国の労働安全衛生法は勿論のこと，労働時間法（例えば前掲1(1)）からも汲み取り得る示唆である。しかし，現場重視の理念を持つ労働科学に着眼する以上，基本的には，わが国の問題状況に応じたわが国独自の対策が求められるべきことも，1つの論理的帰結である。

III　わが国のホワイトカラー労働時間法制に関する試論

1　産業ストレス学におけるストレスチェックツールの研究成果

最近の予防医学分野での国内外の研究成果によれば，仕事に対するコントロール感（自己決定や自律性）が労働者の心身の健康や職務満足感，社会生活の質等に正の影響を与える，との調査結果も認められるが，一義的な影響要因は，やはり労働時間である，という。しかし，これはあくまでフレックスタイム制

---

23) Norddeutsche Metall-Berufsgenossenschaft (Hrg.), a. a. O., S. 10-16.
24) ここで立法的規制とは，基本的に国家の策定する法規，自主的規制とは，協約のように，各企業と労働者組織ないし地域や産業ごとの企業連合体と労働者組織との合意や，企業の策定する規則，労使間の個別契約など，国家の手によらない規制を意味するものとする。
25) ドイツのホワイトカラー関連労働時間法の枠組みでは，協約自治や経営協定を通じた事業所自治が重視され，かつその比重が高まってきていることも，わが国に対して重要な示唆となるが，これは，彼国の労働時間・安全衛生法制が労働科学を重視していることと決して無関係ではない。労働科学が現場密着型のサイエンスとしての性格を持つ以上，労働者の理解と関与なくしてその進展はあり得ず，またその成果の一般化ないし実現もあり得ないからである（特に三柴・前掲注18）書442頁，同・前掲注18）論文135～136，141，153～154頁を参照されたい）。

に関する研究成果からの帰結であり，例えば裁量労働制については，労働時間の弾力化のメリットを機能させる一定条件（仕事の質量管理，裁量の付与，評価者〔上司〕との信頼関係醸成による公正評価，等7項目）を満たせば，「労働者の精神的ストレスは緩和されると思われる」，ともされている。[27]

むろん，法的にことはそう単純ではない。そもそも，民法上の雇用の定義（民623）から，また，労基法上の労働者の定義（労基9）にいう「賃金を支払われる」の基準に欠勤控除や超勤手当等の有無が含まれる，とされている（大塚印刷所事件・東京地判昭48・2・6労判179号74頁）こと等からも，労働者とは，ほんらい労働時間によって労働力を切り売りする存在とも言える。さらに，労基法上の適用除外対象者（労基41）にも年休制度や深夜業に関する規制は及び，裁量労働制（労基38条の3，4）はみなし制に過ぎないから，同制度の適用対象者に対する深夜業，休日，休憩等の規制は維持される。しかし，労働法学分野でも，ホワイトカラー労働の一部につき現行実働時間規制の限界を認めた上で，(1)現行の「主体的で柔軟な」制度が持つ制約（趣旨）を徹底させる一方，裁量労働制につき再定義し，適用免除制度と併合すべき，とする説，[28](2)労働時間規制独自の存在意義と目的を重視しつつも，「拘束時間や在社時間」規制，代償休日制度，年休確保等による総体的な時間規制による代替も考えられる，とする説，[29](3)「仕事手順の裁量性」と「仕事量の裁量性」の両面から労働の裁量性の程度を計り，それに応じた規制（ないし非規制）区分を設けるべき，とする説，[30]等が提唱され，現行法制度内外にわたる代替手段が模索されている。要は，規制趣旨の実現「手段」が問題とされているのである。特に(3)説は，弾力的労働時間制度の前提として，「適正な仕事量の管理や評価制度などが併せて必要」とするが，これを従前の安全配慮義務の法理と関連させつつも，労働時間規制

---

26) 朝倉隆司「労働時間管理制度が労働者の健康，社会生活に及ぼす影響」日本労働研究雑誌（日本労働研究機構，2001年）492号17～19頁。
27) 朝倉・前掲注26)論文20頁。
28) 菅野和夫『新・雇用社会の法』（有斐閣，2002年）218～223頁。
29) 盛誠吾「変形労働時間制・裁量労働制」季刊労働法183号（1997年）28～34頁。
30) 島田陽一「ホワイトカラーの労働時間制度のあり方」日本労働研究雑誌519号（2003年）6，10，11頁。

シンポジウムⅢ③

独自の要請から導いている[31]（とはいえ，そもそも労働時間規制の持つ健康保護の趣旨と安全配慮義務法理の趣旨とが密接に関連することは，Ⅰの説示からも明らかであろう）。他方，政府レベルでは，先ず，「規制改革・民間開放推進3カ年計画（改定）（平成17年3月25日閣議決定）」が，ホワイトカラー労働のうち裁量性の高いものについて，労働者の健康配慮措置等を講ずる中で，労働時間規制の適用除外を検討すべき旨を述べ，その後，「今後の労働契約法制の在り方に関する研究会中間とりまとめ（平成17年4月13日発表）」が，その前提として，業務内容や労働時間等に関する実質的な労使対等決定を担保する制度の必要性を説いている。

　かようにホワイトカラー労働時間規制の限界点と代替手段が探られる一方で，産業ストレス研究の分野では，主に職場環境の改善を目的に，またアメリカでの先駆的研究にも触発され，信頼性・妥当性・経済性の高いストレスチェックツールの開発が進められてきた。先に紹介した職業性ストレス簡易調査票等を見ても明らかなように，ここでは，労働密度，所定労働時間と仕事量との関係，仕事手順に関する裁量度，仕事との相性，職場の人間関係や上司の支援の有無，仕事の方針決定への参加機会の有無，仕事上の努力の程度と報酬の関係等々，先述した労働法学説や政府の政策審議機関が要対策事項として打ち出している要素の多くにつき，ストレス調査の対象としての指標化が進められている。その成果は，先ずは，厚生労働省「事業場における労働者の心の健康づくりのための指針（平成12年8月9日基発第37号の2）」に採り入れられ，最近では，「過重労働・メンタルヘルス対策の在り方に係る検討会報告書（平成16年8月18日発表）」において，特に管理監督者等と産業保健スタッフが連携した集団的（職場単位）アプローチでの自主的活用につき，言及されている。研究系譜の簡単な紹介は，WEB上のファイル（http://www2.gol.com/users/t-mishiba/houkoku.doc でダウンロード可）に記したので，ここでは，以下の点にのみ触れておく。(1)ストレス調査の主な対象は，①ストレス要因を意味する「ストレッサー」，②ストレッサーの影響から生じる「ストレス反応」，③ストレス反応が進行して生

---

31) 島田・前掲注30)論文11頁。

じる「健康影響」, ④上司・同僚による社会的支援等, ストレス反応に外的影響を与える「修飾要因」, の4つに分類される。(2)調査方法としては, 質問紙法が一般的。ストレスチェックツールのうち, ストレッサーとストレス反応, 修飾要因の一部を対象とする調査票には, 以下のようなものがある。(a)仕事の要求度, コントロール度, 上司や同僚による社会的支援（修飾要因）を主な尺度とし, その相関関係から主にストレッサーとなる仕事の明確化ないし評価を図ろうとするJCQ, (b)アメリカの国立労働安全衛生研究所（NIOSH）で開発され, JCQの尺度を含みつつもより精度が高いとされる（その分質問項目も多い）NIOSH職業性ストレス調査票, (c)平成7〜11年に旧労働省内の研究グループが開発し, その使い易さと評価の多軸性等から現在最も一般化している職業性ストレス簡易調査票, 等。また, 主にストレス反応を対象とする調査票として,

---

32) 他方, 文部科学省科学技術振興調整費による「疲労および疲労感の分子・神経メカニズムとその防御に関する研究」（詳細は, http://www.hirou.jp/）では, 疲労の定量化に関する器質学的アプローチが図られ, 疲労の脳活動への影響測定等で有意な結果がもたらされているようである。将来的には, 一次健診的に質問紙法を用い, 二次健診的にこうした測定を用いる方法も考えられよう。
33) この調査票には, 職業性ストレッサーについては, (1)量的労働負荷, (2)労働負荷の変動, (3)認知的要求, (4)仕事のコントロール, (5)技能の低活用, (6)人々への責任, (7)グループ内対人葛藤, (8)グループ間対人葛藤, (9)役割葛藤, (10)役割の曖昧さ, (11)仕事の将来不明確, (12)雇用機会, (13)物理的環境, という13尺度が含まれている。この他, 仕事外の要因については, (14)仕事外の活動, 個人要因については, (15)自尊心, 緩衝要因については, (16〜18)社会的支援（上司, 同僚, 家族・友人）, ストレス反応については, (19)職務満足感, (20)抑うつ症状, といった尺度も含まれ, 全体で, 20尺度から構成されている。よって, このようなツールを用いることで, ストレッサーの業務上外の判定も, ある程度は可能になる。更に, 最近では, 既存の職業性ストレッサー尺度を用いて測定した職場の平均値とわが国の標準集団（全国平均）との比較から, 職場や職務単位の職業性ストレッサーの特徴を描出する「仕事のストレス判定図」が開発され, 既に現場で活用されている（川上憲人「職場における調査票によるストレスの評価の現状」産業精神保健（2004年）12巻1号6, 7頁）。
34) この調査票の主な特徴としては, ①職業性ストレッサー（職場内での社会的支援を含む), 心理的・身体的ストレス反応, 職場外での社会的支援等の修飾要因を同時に評価できる多軸的な評価法であること, ②心理的ストレス反応の中で, ポジティブな反応（ストレスによる正の効果（やる気の増進等））も評価できること, ③信頼性・妥当性の面では中程度だが, 質問項目が57項目と少なく, 5分から10分程度で回答でき, 現場では使い易いこと, 等が挙げられている（詳細は, http://eisei.med.okayama-u.ac.jp/jstress/BJSQ/index.htmの他, 下光輝一, 小田切優子「職業性ストレス簡易調査票」産業精神保健（2004年）12巻1号25〜35頁を参照されたい）。

(d)精神的健康に関する尺度であり，主にここ数週間の神経症的状態（不安，不眠，社会的機能不全，うつ等）を調査するGHQ-28, 12, (e)GHQより長期の精神・心身症状（ねむけ・だるさ，身体異和感等）を調査する「自覚症状調べ」，等もある。[35]

2 私 案

先に見たドイツ法や予防医学分野の示唆からも明らかなように，たとえ職務内容が高度で仕事に関する裁量性の高いホワイトカラーといえども，現行法制自体の厳格化および多角化や同法制のより厳格な適用により，健康被害を一定程度防止することは可能であろう。しかし，仮に政府における適用除外枠拡大の動きを前提とするならば，より直接的に健康面に特化した手当が必要となるし，労働形態の変化により，既存の規制類型（や発想）とは異なるアプローチがより実効的に機能する労働者が増加する可能性も否定できない。

そこで本稿では，産業ストレス研究の成果を応用し，労使自治の枠組みを活用しつつ在社外時間労働規制を含めた仕事の質量および作業条件規制を行い，既存の労働時間規制手段を補強ないし代替する法政策を提言することを主旨として，論述を進めてきた。先の論述を踏まえ，以下ではその具体策を論じる。

先ず，現行の適用除外（労基41条2号），裁量労働制（労基38条の3，4）対象者の中でも，①職務遂行手段，仕事量，時間配分の3点で裁量性が認められ，②職務要件，一般的労働条件，報酬面での高い水準を確保され，③外部労働市場の成熟等により高い交渉力を保持している，等の条件を満たす労働者に限り，[36]現行企画業務型裁量労働制の採用手続を参考にして，④従業員代表及び当該労

---

[35] より詳細は，産業精神保健（2004年）12巻1号所掲の諸論文を参照されたい。なお，最近では，仕事上の努力の程度と報酬の相関関係に着目するモデルが開発され，数多くの実証研究に裏付けられて，対応する調査票（努力—報酬不均衡モデル調査票）も開発されている。このモデルは，仕事への過度ののめり込み傾向を，実際の報酬に見合わない過剰な努力をもたらす危険な個人要因として捉える尺度も持っている（堤明純「努力—報酬不均衡モデル調査票—個人向け応用の可能性」産業精神保健（2004年）12巻1号20～23頁）。また，ストレスフルな状況に対する労働者自身の認知の変化や対処等（コーピング）を評価する尺度の開発も進められているが，現段階では調査研究段階にとどまっている（川上・前掲注33)論文6頁）。

働者本人の意思を反映できる一定の手続的要件を課した上で，適用除外制度に併合し，同制度を再編する（前提として，現行制度の対象者に対し，以上の条件に即した客観的調査が必要）。これは，現行の適用除外要件を厳格化する一方で，その条件を満たす現行裁量労働制適用対象者を吸収することにより，適用除外制度を再編することとなる。現行制度の対象者中，この条件を満たさない者は，一般的な労働時間法の適用を受ける。

ただし，除外を許可制とし，許可認定基準として，事業者及び適用除外対象（予定）者を対象とする，医学，心理学，法学等にわたる定期的な講習の受講に加え，対象者への1ないし2種類のストレスチェックならびにそれを踏まえた作業質量及び作業条件の設定を使用者に義務づける。その第1は，職務や組織特性ごとの集団的調査，第2は，一定条件の充足者を対象とした個人別調査とし，それぞれに対応して，標準的作業質量及び作業条件の設定（以下集団的アプローチと呼ぶ），個人別の作業質量及び作業条件の設定（以下個人的アプローチと呼ぶ），を導く。ここで，集団的調査は，前掲の職業性ストレス簡易調査（またはJCQ，NIOSH職業性ストレス調査票）等により，個人別調査は，GHQ-28，12や「自覚症状しらべ」等により行う。調査実施主体は，地域医療・産業保健

---

36) この点に関する検討の詳細は，梶川論文を参照されたい。なお，適用除外制度と裁量労働制は，制度の沿革こそ異なるものの，その趣旨には共通項もある。そもそも前者は，ILO第1号条約第2条(a)をそのまま採り入れたものではあるが，わが国の労基法起草時には，事務労働をすべて労働時間法制の適用除外とする修正案段階があり，最終的に管理・監督者のみが除外対象とされた経緯がある。むろん，適用除外制の基準の重点が職務や職責（いわゆる立場）の重要性にあり，裁量労働制の基準の重点が業務の性質にある，といった相違はあるが，いずれも現実の勤務態様が（通常の）労働時間規制になじまないことが，制度の必要性を裏付けたことに変わりはない（日本労務研究会編『管理監督者の実態に関する調査研究報告書（平成16年度厚生労働省委託研究）』（2005年）7，8頁〔島田陽一執筆部分〕，菅野和夫『労働法〔第七版〕』（弘文堂，2005年）275～282頁，東京大学労働法研究会編『注釈労働基準法（下）』（2003年）759～763頁〔和田肇執筆部分〕他参照）。
37) ただし，第21回労働政策審議会労働条件分科会議（2002年10月1日）に提出された資料「裁量労働制に関する調査結果の概要」には，少なくとも①②④に関するある程度詳細な調査結果が記されている。他方，労基41条2号関連では，日本労務研究会（編）・前掲注36)報告書が，制度の設立経緯，趣旨のほか，少なくとも①②に関する実態につき詳細を記している。
38) その頻度，タイミング等については，当該分野の専門家の検討を踏まえ，制度的に決定すべきであろう。

機関，認証・認定を受けた法人・自然人（専門家）等の第三者とし，その委託および委託解除等に労使委員会（民主的構成を条件に衛生委員会をもって代えることも可能。以下同じ）の決議を要件化して，使用者には集団関連情報のみ，労働者には全関連情報がわたるよう，情報管理させる。調査項目を労使委員会で修正させ，労働者の適正配置，キャリア形成等，用途を多様化させることも考えられる。調査は，第三者が直接企業に赴き，質問紙法や観察法により実施する方法が基本となろうが，プライバシー保護のため[39]，労働者に企業外に赴かせて実施する方法も考えられる。最終的に労働者が回答を拒否しても，「企業外で」調査票に押印すること，等で使用者の義務は果たされる。また，個人と仕事との相性等も考えれば，個人的アプローチは極めて重要だが，やはりプライバシー保護のため，①本人からの要望があった場合，②集団的調査から高いストレス度を示した個人が判明し，かつ本人の同意を得た場合，③ある個人が設定された標準的作業質量を超えて労働を行おうとする場合，等に限り，実施する。そして，作業質量及び条件の設定は，職場における慣行や人間関係の機微をも考慮して，柔軟になされるべきであるが，その内容審査は前述の調査実施主体が行い，その認定を得ることも許可認定基準の１つとする。

　また，補充的な措置としては，適用除外対象者を対象に労安法66条の２と同旨の規定を新設し，併せて健診費用の使用者負担，医師選択の自由を明記する，ストレスチェックにおいて過重負担（高いストレス値）の結果を得，かつその結果を使用者に呈示した者，世帯内で介護責任を負担する者等，一定条件を満たす者に対し，労働時間法適用内労働への転換請求権を規定する[40]，等の手当ても必要であろう。

　なお，現行制度に引き付けても，例えば，(a)裁量労働制に関する労基38条の３第４号及び同条の４第４号所定の健康福祉確保措置の一環としてストレスチェックを位置づける，あるいは，前掲の労安法改正案の国会提出を受け，(b)労安法66条所定の一般および特殊健診に併せて実施し，66条の５～７の事後措置

---

39) ストレス調査に伴うプライバシー保護については，川上・前掲注33)論文７頁所掲のKristensen教授による10の指針が参考になるが，法的担保措置は別個に検討さるべきであろう。

に連結させる，(c)労安法66条の8に新設が予定される過重労働者等への面接指導での活用を促す，等の方策により，同趣旨の実現も不可能ではなかろう。しかし，(a)では，適用除外対象者が排除され，(b)では，医師等の勧告の法的拘束力が弱いため，調査結果の予防医学的なフィードバックの実効性等に問題を抱え，(c)では，対策として後手にまわる危険がある。ただし，既存の労働時間規制の補強手段としては検討に値しよう。

以上の私案実現のための規制的配分の詳細は，前掲のWEB上のファイルを参照されたい。ただし，ここでは，ストレスチェックツールの活用という新たな手段によって在社外時間労働を含めた規制を行うにあたり，少なくとも既存の労働時間規制の趣旨の実現を保障するための基本枠組みと，労使の自治的決定の基本枠組みの設定につき立法的規制に委ね，その余の点につき，自主的規制に委ねる，という考え方を基本としたことのみ，述べておく。

心理学の制度的応用には，尺度の信頼性や妥当性に加え，心の内面を顕在化させること自体の法的正当性等が問題となり得る。以上の提言はあくまで試論に過ぎないが，一部とはいえ既存の規制手段の機能不全が認められる以上，今後，こうしたアプローチの発展を模索する必要性は認められよう。

（みしば　たけのり）

---

40) 先述の通り，93年EC理事会労働時間指令（9条1項(b)）を受け，94年法は，6条3項で，深夜・交替制労働者の使用者負担による検診受診の権利を定め，4項で，労働医学上，深夜労働の継続が健康に危険を及ぼすと認められた者，世帯内で介護責任を負担する者等一定条件を満たす者につき，昼間労働への転換請求権を認めている。緊急の経営上の必要性に反する場合には，経営協議会または職員協議会（Betriebs- oder Personalrat）の意見を聴取した上，労働者の要求を拒否できるが，これらの協議会は，自らの発案により転換の提案を行うことが認められている。私案は，この規定を参考にしているが，適用除外については，労働時間法制の例外として，その実施には厳格な判断を行うべきであること（中央労基署長〔宿日直許可処分〕事件・東京地判平15・2・21判時1835号101頁他）に鑑み，ストレスチェックの結果を活用する等して，法内転換対象者の該当要件を緩和する必要があると考える。なお，適用除外を外れることの効果として，職務内容の変更等に伴う賃金引き下げ措置等が行われること自体は違法とは言えないであろう。ただし，それらが個別的措置として行われる以上，現状では業務命令権の濫用問題等として処理せざるを得ない。これでは，たとえ同期同学歴で同一（価値）労働に就いている従前からの適用内労働者と比べてより低い賃金等級に格付けされるような見せしめ措置が行われたとしても，実質的に対抗することは難しい。従って，このような措置に対抗するため，労基法91条に類するような，引き下げ幅に一定の制限を設ける規定の創設が望ましいように思われる。

労働時間政策と労働時間法制

水 町 勇 一 郎
(東京大学)

I はじめに——問題の所在と分析の視点・視角——

　昭和62(1987)年労基法改正以降,わが国の労働時間法制には度重なる法改正が加えられ,それに伴って労働時間法制のあり方の検討は労働法上の重要な政策課題の1つとなっている。そのなかでも現在その中心的課題となっているのは,ホワイトカラー労働者に対する労働時間法制のあり方をどのようなものとするのかという点にある。これは,労働形態が多様化するなかで先進諸国にある程度共通してみられる課題の1つともいえる。
　しかし,この点に関するここしばらくの日本の議論をみてみると,裁量労働制の適用対象業務・労働者の範囲や企画業務型裁量労働制の導入手続の内容など,議論がテクニカルなものに終始することが多く,法政策の本質に遡った議論があまり行われていないように思われる。そのことが,現在の労働時間法制の複雑さや理解困難さをもたらす1つの原因となっており,法と実態の乖離を助長する結果につながっているともいえる。
　そこで本稿では,労働時間法制のあり方に関する本質的な議論を促し,労働時間政策に関する理解を深めるために,大きく2つの基本的な視点を設定したうえで,この問題に関する議論を進めていくことにする。第1は何のために労働時間は規制されるべきなのかであり,第2はどのようにして労働時間は規制されるべきなのかである。この2点を考えるにあたって,ここでは第1に労働時間政策の歴史を遡りながら考察を深め,第2に諸外国の法制を参考に比較法的な考察を行うという手法をとる。
　これらの考察を通して,日本の現行法制のあり方について分析しその改革の

方向性について考究することが、本稿の最終的な課題である。

II 何のために労働時間は規制されるべきか――労働時間政策の目的――

1 諸外国の労働時間政策の歴史

まず初めにここでは、労働時間は何のために規制されてきたのかという観点から、先進諸国の労働時間政策の歴史を簡単にみていくことにしたい。このような観点からみた場合、労働時間政策の歴史は、大きく次の3つの時代区分のなかで展開されてきたといえる。

第1期は、労働時間規制の「萌芽期」といえる19世紀である。その先駆けとなったのは、幼児労働の禁止や年少者労働の制限等を定めた1833年のイギリス工場法である[1]。その後フランスでも、年少者の労働時間を規制する1841年3月21日の法律や[2]、年少者と女性の労働時間を規制する1892年11月2日の法律が定められるなど[3]、19世紀には年少者や女性の労働時間や休日・深夜労働を規制する立法が様々な形で展開された。この時期の労働時間政策の最大の特徴は、その対象が年少者や女性に限定されており、その目的が「労働力再生産」機能の保護（将来の労働力を担う年少者や将来の労働力を生む女性の保護）にあった点にある。

これに対し、20世紀前半になると労働時間規制は「成熟期」を迎え、労働者一般を対象とした労働時間政策が展開されることになる。例えば、フランスでは、1906年7月13日の法律によって日曜休日原則、1919年4月23日の法律で1

---

1) 同法は、9歳未満の雇用の禁止、13歳未満の労働の1日9時間・週48時間への制限、18歳未満の労働の1日12時間・週69時間への制限と、これらの年少者の深夜業（午後8時半から午前5時）の禁止等を定めていた（戸塚秀夫『イギリス工場法成立史』（未来社、1966年）249頁以下、小宮文人『イギリス労働法』（信山社、2001年）7頁以下等参照）。

2) 同法では、8歳未満の雇用の禁止、12歳未満の労働の1日8時間への制限、16歳未満の労働の1日12時間への制限等を定めていた（水町勇一郎『労働社会の変容と再生――フランス労働法制の歴史と理論』（有斐閣、2001年）62頁等参照）。

3) 同法では、義務教育制度（6歳から13歳まで）の創設と合わせて13歳未満の子供の雇用が原則として禁止されるとともに、16歳未満の労働時間の1日10時間への制限、女性および18歳以下の労働時間の1日11時間への制限、女性および18歳未満の深夜労働の禁止と週休日・祝祭日休日の保障などが定められた（水町・前掲注2）書74頁以下参照）。

シンポジウムⅢ④

日 8 時間（週48時間）労働制，1936年 6 月20日の法律によって 2 週間の有給休暇の保障，そして1936年 6 月21日の法律で週40時間労働制が定められた[4]。この時期の労働時間政策の目的として注目される点は，従来の年少者や女性の「労働力再生産」機能の保護から労働者一般についての「身体」の保護に重点が移行していったこと[5]とともに，労働者に「余暇（労働解放時間）」を保障することによって労働者の「人間・市民」としての側面を重視しようとした点にある[6]。また同時に，例えば，フランスの1936年法による週48時間から週40時間への労働時間短縮や，アメリカの1938年公正労働基準法による週40時間[7]を超える労働への割増賃金支払義務の設定といった措置は，時間短縮による「ワークシェアリング（失業対策）」を目的としたものであったことにも注意が必要である[8]。

このようにして形成・展開されてきた労働時間規制は，1980年代以降大きな「変容期」を迎えることになる。その変化の柱は大きく次の 2 点にある。 1 つは，特にヨーロッパにおいて深刻化した失業問題を克服することを主な目的として展開された労働時間短縮の動きである。例えば，フランスでは，法定労働時間が1982年 1 月16日のオルドナンスによって週39時間，さらに1998年 6 月13日の法律・2000年 1 月19日の法律によって週35時間に短縮された。そこでは，「余暇」の拡大とともに，「ワークシェアリング」という政策目的がより前面に出てくることになった[9]。さらにもう 1 つの重要な変化は，労働時間規制の柔軟化という形で生じている。例えば，フランスでは，1982年 1 月16日のオルドナ

---

4) これらの立法の動きとその背景については，水町・前掲注 2 ）書75頁以下，85頁以下参照。
5) その後も，女性を特別に保護する規定は労働時間規制の一部（深夜労働規制等）で残存したが，それも1976年 2 月 9 日の「雇用，職業訓練，昇進へのアクセスおよび労働条件についての男女均等待遇原則の実施に関する EEC 理事会指令（76/207/EEC）」以降，廃止される方向に向かっていった。
6) 水町・前掲注 2 ）書76頁，89頁以下等参照。
7) 同法施行当初は週44時間とされていたが，その後段階的に引き下げられ 2 年後には週40時間とされた。
8) フランスの1936年法の背景については水町・前掲注 2 ）書90頁以下，アメリカの1938年公正労働基準法の背景については本誌梶川論文を参照。
9) 水町・前掲注 2 ）書117頁以下，129頁以下等参照。もっとも，このワークシェアリング政策については，2005年 3 月31日の法律が法定労働時間（週35時間）を超える勤務をより柔軟に行えるようにするなど，見直しの動きもみられる。

ンスによって産業部門労働協約により法律上の労働時間規制の例外を設定することが一定範囲で許容され、さらに1987年6月19日の法律によって企業レベルの労働協約にもその可能性が認められるなど、硬直的な性格をもっていた従来の労働時間規制を労使の交渉によって柔軟化しようとする動きがみられる[10]。その背景には、社会経済状況の多様化・複雑化・高速化のなかで高まっている「人事管理の柔軟性・経済的効率性」の要請とともに、「労使自治・自己決定」[11]を重視しようとする要請が存在している。

2 日本の労働時間政策の歴史

日本の労働時間政策も、大きくみれば次の3つの段階を踏んで歴史的に推移してきたといえる。

第1は、労働時間規制の萌芽となった1911(明治44)年の工場法の制定である。そこでは、女性や年少者(「保護職工」)を対象に最長労働時間規制や深夜業の禁止等が定められ、「労働力再生産」機能の保護が図られた[12]。

第2は、労働者一般について1日8時間(週48時間)労働制、休憩・休日の保障、年次有給休暇の付与等を定めた1947(昭和22)年の労働基準法の制定である[13]。そこでは、ILOの国際労働基準等が参考にされながら、労働者の「身体」の保護とともに「余暇」の保障を図ることが試みられた。

第3は、1987(昭和62)年労基法改正以降の労働時間規制改革である。その柱の1つは労働時間短縮(週48時間労働制から週40時間労働制へ)であり、その背景には長時間労働の解消(「余暇」の保障)の要請とその推進力となった外圧(「国際競争条件整備」の要請)が存在していた。もう1つの柱は、労働時間規制

---

10) 水町・前掲注2)書125頁以下等参照。
11) その端的な例としては、イギリスの1998年10月1日の労働時間規則が、労働者との書面による合意がある場合には週48時間労働原則の適用対象外となること(「個別的オプトアウト」)を認めたこと(4条1項)があげられる(幡野利通「イギリス」『諸外国のホワイトカラー労働者に係る労働時間法制に関する調査研究』(労働政策研究・研修機構〔労働政策研究報告書 No. 36〕、2005年)147頁以下、173頁以下等参照)。
12) 菅野和夫『労働法〔第七版〕』(弘文堂、2005年)4頁以下等参照。
13) そのなかには女性の特別の保護を図る規定(深夜業規制等)もみられたが、1997(平成9)年労基法改正により女性一般の保護を図る規制は廃止された。

の柔軟化（労使協定や労使委員会の決議による例外創出）の流れであり，その背景には「人事管理の柔軟性・経済的効率性」の要請とともに「労使自治・自己決定」の要請が存在していたといえる。

3　考　察
(1) 労働時間政策の目的——5つの目的

以上のような労働時間政策の歴史的展開をみてみると，現在の労働時間政策には主として次の5つの目的があるといえる。第1に労働者の「身体」の保護，第2に「余暇」の保障，第3に「ワークシェアリング」の要請，第4に「柔軟性・効率性」の要請，そして第5に「労使自治・自己決定」の要請である[14]。

(2) 欧米と日本の比較

労働時間政策の目的という観点から欧米諸国と日本とを比較すると，ワークシェアリングを中心目的としたアメリカとは政策のスタンスが異なるものの，ヨーロッパ諸国と日本とでは基本的に類似した法的要請がはたらいているといえる。もっとも，失業状況の相対的な違いゆえに，ワークシェアリング（③）の要請は現在のところ日本よりもヨーロッパにおいてより強く現れているといえる。逆に日本では，過剰労働の問題がより深刻であるため，労働者の身体の保護（①）や余暇の保障（②）の要請は規範的にはヨーロッパ諸国よりも大きいといえよう。

(3) 5つの目的の関係

これらの5つの目的の関係を単純に捉えると，①身体保護，②余暇保障，③ワークシェアリングは労働時間を規制する（特に労働時間を短くする）ことを要請し，逆に，④柔軟性・効率性，⑤労使自治・自己決定は労働時間規制を緩和することを求めるもの——その意味で①・②・③と④・⑤は対立するもの——とみることもできる。しかし，事態はそう単純ではない。例えば，身体保護，余暇保障，ワークシェアリングは，その手法によっては，労働者のモラールの

---

[14]　学会の質疑の場で川口美貴会員（関西大学）から，これらの5つ以外に「公正競争基準の設定」という目的もある旨の貴重なご指摘を受けた。この目的は，これら5つの目的のうちの前3者に共通しそれらの背景にある法的要請として位置づけることができよう。

増進につながり効率性の向上に資することがあり，また多様な短時間労働等の組み合わせによって人事管理や労働時間編成の柔軟性が高められることもある。さらに，余暇保障と労使自治・自己決定とは，いずれも労働者の人間としての尊厳（「人間性」）の確保を目指している点で，同一の基盤をもつものと捉えることもできる。

これらのことからいえることは，労働時間政策のあり方を考えるときのポイントは，ある1つの目的を設定して単純にそれを追求するのではなく，これらの複雑に絡み合った法的要請を複合的に調整して実現していくための具体的な手法を考案していくことにある，ということである。

Ⅲ　どのようにして労働時間は規制されるべきか
――労働時間法制のあり方――

1　労働時間法制のあり方――3つのタイプの規制手法

労働時間を規制する手法としては，大きく次の3つの方法がとられてきた。第1に法令による一律の規制（ⓐ），第2に労使による集団的決定（ⓑ），第3に個別契約による自由な決定（ⓒ）である。

これらのうち，伝統的には第1の手法（ⓐ）が多く用いられていたが，1980年代以降の多様化・複雑化の時代趨勢（柔軟性の要請）のなかで第2の手法（ⓑ）が台頭し，また，競争激化（効率性の要請）のなかで第3の手法（ⓒ）をとるべきとの主張も強まっている。いずれにしても実際にはこれらの手法の組み合わせで具体的な法制度が形作られている。

以下では，ホワイトカラー労働者層の労働時間規制に焦点を当てて，諸外国の労働時間法制のあり方をみてみる。

2　諸外国の労働時間法制のあり方
(1)　ドイツ[15]

ドイツでは，①事業所またはその部門に雇用されている労働者を，自己の判断で採用および解雇する権限を有する者，②包括的代理権または業務代理権を

有する者,および,③これら以外の者で,企業もしくは事業所の存続と発展にとって重要であり,かつ,その職務の遂行に特別の経験と知識を必要とするような職務を通常行う者については,「管理的職員」として労働時間法の適用から除外されている。ここでは,このような客観的基準によって適用除外者（ⓒに委ねられる者）の範囲が画定されている。

また,この「管理的職員」にまでは至らないがその活動からもはや協約の人的適用範囲には含まれない者については,「協約外職員」として協約の労働時間規制の適用外（労働時間法の規制はなお及ぶ。すなわちⓐとⓒの規制下に置かれる）とされている。

(2) フランス[16]

フランスでは,幹部職員が以下のように3つに分類され,それぞれ異なる労働時間規制の下に置かれている。

第1に,①労働時間編成上大きな独立性をもつような重要な責任を委ねられ,②自律性の高い方法で決定を行う権限を与えられており,かつ,③当該企業ないし事業場における報酬システムのなかで最も高い水準の報酬を得ている幹部職員は,「経営幹部職員」として労働時間規制の適用外とされている（ただし年次有給休暇規定は適用される）。

第2に,幹部職員であっても,その職務の性質ゆえに自らが組み込まれている作業場,部課,作業班に適用される集団的労働時間に従って勤務している者については,「労働単位に組み込まれた幹部職員」として一般の労働時間規制の下に置かれる。

第3に,これらの中間に位置する幹部職員については,労働時間規制は法定労働時間規制を含め適用されるが,その労働時間の長さを個別の合意によって（法定労働時間の総枠内で）概算的に設定することが認められている。

---

15) ドイツについては,橋本陽子「ホワイトカラーの労働時間に関するドイツの法規制」日本労働研究雑誌519号（2003年）23頁以下,同「ドイツ」前掲注11)報告書85頁以下等参照。
16) フランスについては,①水町勇一郎「フランスのホワイトカラー労働時間制度——オブリーとフィヨンがわれわれに語りかけるもの」日本労働研究雑誌519号（2003年）16頁以下,②同「フランス」前掲注11)報告書129頁以下等参照。

(3) アメリカ[17]

　アメリカでは，1938年公正労働基準法により，週40時間を超える労働に対して通常賃金の150％以上の賃金を支払うことが義務づけられているが，一定の要件を満たす「管理的被用者」「専門的被用者」「運営的被用者」等については，その適用から除外されるものとされている。

　この適用除外となるための要件は行政規則によって詳細に定められているが，その基本的な要件として，上記の3者については，俸給ベース要件，俸給額要件，職務要件の3つを満たすことが必要とされている[18]。これらの客観的基準を満たした場合には個別契約による自由な決定（ⓒ）に委ねるものとされている。

(4) イギリス[19]

　イギリスでは，1993年のEC労働時間指令（93/104/EC）を履行するために，1998年の労働時間規則によって週平均48時間労働（所定外時間を含む総労働時間）制などを定めた。しかし同時に，労働者との書面による合意がある場合には，この週48時間労働制の適用対象外とすること（「個別的オプトアウト」）が認められている。この個別的オプトアウトは，ホワイトカラー労働者に限らず労働者一般について認められているものであり，個別の同意という主観的基準によって個別契約による自由な決定（ⓒ）に委ねている点で特徴的な制度ということができる。

(5) まとめ──いくつかの特徴

　これらの4つの国の労働時間法制のあり方をみてみると，そこにはいくつかの特徴を見出すことができる。

　まず第1に，一定レベルの労働者までは法令（ⓐ）や労働協約（ⓑ）の規制対象とされているが，一定レベル以上の管理職等になると個別契約による決定（ⓒ）に委ねられている国が多いことである。その線引きの仕方については，客観的基準によることが多い[20]。この線引きの基準・水準は各国ごとに様々であ

---

17) アメリカについては，梶川敦子「アメリカ公正労働基準法におけるホワイトカラー・イグゼンプション──規制改正の動向を中心に」日本労働研究雑誌519号（2003年）28頁以下，幡野利通＝山川隆一「アメリカ」前掲注11)報告書25頁以下等参照。
18) その具体的な内容と意義については，本誌梶川論文参照。
19) イギリスについては，幡野・前掲注11)論文141頁以下参照。

るが，一般に，職位（管理監督的地位），職務の専門性・独立性，報酬の額・形態が用いられることが多い。すなわち，適用除外の対象となっている者の典型は，職責が高いため労働時間管理になじみにくく，職務の専門性・独立性ゆえ使用者から具体的な指揮命令を受けることもなく，かつ，適用除外（割増賃金をもらえない）の代償となるような高い報酬を受けている者といえる。[21] また，適用除外の範囲が広かったり（アメリカ），個別的オプトアウトをとっている国（イギリス）では，長時間労働の弊害が指摘されている点には注意が必要である。[22]

第2に，中間的な形態の管理職等については，法令（ⓐ），労働協約（ⓑ）と個別契約（ⓒ）が組み合わされて規制がなされていることがある（ドイツ，フランス）。しかし，そのような取扱いが法定されているフランスでは，制度が複雑であり法と実態が乖離しているとの批判がなされている[23]ことには注意が必要である。

第3に，Ⅱで指摘した政策目的との関係に着目してみると，一定以上の管理職等になると職位と職務の性格上その業務を分割しにくくなるためワークシェアリングの要請（③）は考慮されにくくなり，それに代わって労働時間管理の柔軟性・独立性（④）が重視されるようになる。また，一定の経済的地位にあることをも考慮して自己決定的側面（⑤）が重視され，個別契約による取決め（ⓒ）に委ねられているということもできよう。この場合，身体保護の要請（①）は，労働時間法制ではなく労働安全衛生施策のなかで考慮・対応されることになるが，余暇の保障（②）は年次有給休暇規定の適用（年次有給休暇を保障する法令のないアメリカを除く）という形でなお残っている。中間的な形態の管理職等については，これらの法的要請が複合的にはたらき，単純に個別契約

---

20) イギリスでは個別同意という主観的基準によっているが，この点についてはEC労働時間指令の改正をめぐる動きのなかで批判・再検討の対象とされている（例えば，個別的オプトアウトの段階的廃止を盛り込んだ2005年5月の欧州議会における同指令改正案については *liaisons sociales,* Bref social, No 14380, 13 mai 2005 参照）。

21) 山川隆一＝荒木尚志「調査研究の目的と結果の概要」前掲注11)報告書22頁にも同様の指摘がある。

22) アメリカについては，幡野＝山川・前掲注16)論文79頁以下，本誌梶川論文，イギリスについては，幡野・前掲注11)論文173頁以下等参照。

23) 水町・前掲注16)②論文136頁以下参照。

(ⓒ) に委ねるのでなく，法令（ⓐ）や労働協約（ⓑ）を複合的に適用する例もみられる（ドイツ，フランス）。

3 日本の労働時間法制のあり方
(1) 現行法制

わが国の現行法では，「管理監督者」等について労働時間規制の適用除外が定められている（労基法41条）。「管理監督者」の射程について，行政例規は「労働条件の決定その他労務管理につき経営者と一体的立場にある者」をいうとしており[24]，その具体的判断基準としては，裁判例上，①労務管理上の使用者との一体性のほか，②労働時間管理を受けているか，③基本給や手当面でその地位にふさわしい処遇を受けているかといった点が考慮に入れられている[25]。

また，専門的業務従事者や企画立案等業務従事者については，法律上定められた客観的な要件を満たし，労使協定や労使委員会決議がなされる（かつ企画業務型裁量労働制では労働者の個別の同意を得る）ことを要件に，労働時間のみなし制の下に置くことが認められている（労基法38条の3，38条の4）。

(2) 欧米諸国との比較

この日本の現行法制と欧米諸国の法制を比較した場合，一定範囲の者について適用除外制度が存在しているという共通点が認められる。また，中間的な形態の労働者について複合的な制度がとられている点はドイツやフランスと共通する点である。なお，法令でこのような複合的な手法を定めた場合，制度が複雑なものとなり実態との乖離が生じるという点はフランスと共通した問題といえよう。

これに対し，適用除外の線引きの仕方や範囲の点では一定の違いがみられる。

---

24) 昭和22・9・13発基17号，昭和63・3・14基発150号。また，上下の指揮命令系統（ライン）に直属しないスタッフ管理職も，ライン管理職と同格で経営上の重要な企画立案等の職務を担当する場合には，適用除外の対象となるとされている（昭和63・3・14基発150号）。

25) 例えば，静岡銀行事件・静岡地判昭和53・3・28労民集29巻3号273頁（銀行支店長代理の管理監督者性を否定），風月荘事件・大阪地判平成13・3・26労判810号41頁（カラオケ店店長の管理監督者性を否定）参照。

すなわち，線引きの基準において，職位，職務や報酬のあり方等が問われている点は欧米諸国と類似しているともいえるが，それぞれの基準の内容や位置づけがあいまいであり，それゆえ法と実態の間の乖離・混乱が生じている点は，日本の大きな特徴といえる。[26] 適用除外の範囲の広さについては，日本は，その範囲が限定的なドイツ・フランスと相当に広いアメリカの中間に位置づけられる。[27] また，労働時間規制への集団の関与（ⓑ）のあり方でも，労働組合ではなく法定の労使協定・労使委員会制度を用いている点は日本的な特徴であるといえる。

Ⅳ　むすび——ありうべき改革の方向性——

以上の検討を踏まえて，日本における改革の方向性について考えていきたい。ここではまず，日本の労働時間法制を考えるうえで留意すべき点について述べる。

1　日本の法制を考えるうえでの留意点

第1の留意点は，日本において「管理職」となるホワイトカラー層の潜在的な広さである。日本企業の昇進管理の特徴とされる「遅い選抜」システムでは，ホワイトカラー労働者については入社後かなり長い間大きな差がつけられることなく年功的に昇進していくため，少なくとも課長レベルにまで昇進する人の範囲はかなり広いとされている。[28]

第2に，管理職等を含む日本の労働者の長時間労働の実態とその深刻さである。その極限状況では過労死・過労自殺に至るなど，日本における過剰労働の問題は欧米諸国に比べてかなり深刻であることが認識されており，[29] 特に近年，労働時間の二極化傾向のなかで週35時間未満労働者とともに週60時間以上働く

---

26) 同様の指摘をするものとして，山川＝荒木・前掲注21)論文19頁以下がある。また，日本における「管理監督者」の実態を調査研究したものとして，島田陽一ほか『管理監督者の実態に関する調査研究報告書』（日本労務研究会，2005年）がある。

27) 山川＝荒木・前掲注21)論文20頁参照。

者が増加している点には注意が必要である[30]。

　第3に，このような実態の背景にある日本の旧来の企業社会の閉鎖性・不透明性にも思いを致す必要がある。過労死・過労自殺という現象は，日本の共同体社会における集団による個人の抑圧・埋没の典型的な例ともいえるからである[31]。

　これらの点を考慮すると，欧米諸国の議論を単純に日本に及ぼすことは危険であることがわかる。欧米と日本でのこれらの実態の違いを勘案すると，労働時間政策における様々な法的要請の意味や重さは大きく異なってくるし，単純に個別契約による自由な決定（ⓒ）に委ねた場合，アメリカやイギリスでみられる長時間労働の弊害が日本の旧来の企業共同体のなかでより広く深刻なものとして顕在化することが予想されるからである。もっとも，ここでは同時に，法令による詳細な規制（ⓐ）では，社会の多様で複雑な実態に適応することが難しいことも考慮に入れなければならない[32]。

---

28) 例えば，1995年から97年にかけて行われたアンケート調査では，幹部候補生のためのキャリアルートを入社時点もしくは入社後しばらくした時点で設けているとした企業は，アメリカでは48.5％，ドイツでは38.1％であるのに対し，日本では8.8％にすぎなかった。また，昇進の見込みのない人が5割に達する時期は，アメリカで平均9.10年，ドイツで平均11.48年であるのに対し，日本では平均22.30年とかなり長い（佐藤博樹「キャリア形成と能力開発の日独米比較」小池和夫＝猪木武徳編著『ホワイトカラーの人材形成』（東洋経済新報社，2001年）249頁参照）。このほか，小池和男『仕事の経済学』（東洋経済新報社，1991年）181頁以下，今田幸子＝平田周一『ホワイトカラーの昇進構造』（日本労働研究機構，1995年）41頁以下，山本茂「従来の諸研究」小池＝猪木・前掲書55頁以下等参照。

29) 山川＝荒木・前掲注21)論文20頁以下等参照。

30) 超過労働時間（残業時間）が月に50時間を超える超長時間労働者の割合は，20代男性で30.5％，30歳男性で33.1％と高いが，40代男性でも26.0％とかなり高く，また，課長クラス，部長クラスでそれぞれ29.7％，23.8％と高い数字を示している（小倉一哉＝藤本隆史『日本の長時間労働・不払い労働時間の実態と実証分析』（労働政策研究・研修機構（労働政策研究報告書No.22），2005年）48頁以下）。

31) CORIAT (B.), *Penser à l'enver : Travail et Organisation dans l'Entreprise japonaise*, Paris, Christian Bourgois, 1991, pp. 104 et s.；山田鋭夫『レギュラシオン理論』（講談社，1993年）145頁以下，井上達夫「個人権と共同性——『悩める経済大国』の倫理的再編」加藤寛孝編『自由経済と倫理』（成文堂，1995年）305頁，村上淳一『「法」の歴史』（東京大学出版会，1997年）181頁以下，水町・前掲注2)書261頁以下等参照。

32) 水町・前掲注2)書185頁以下参照。

2 改革の方向性

Ⅲ3(2)で指摘した日本の現行法制の問題点を踏まえると，改革の柱は，適用除外制度改革と裁量労働制改革の2つにあるといえる。

第1に，適用除外制度については，諸外国で用いられている基準を参考にしながら，その判断基準を明確にすることが必要であろう。その1つとしてアメリカにみられるように「報酬額」要件を導入することも考えられるが，ここでは画一的な基準では多様で複雑な実態に対応できないことも考慮に入れなければならない。これらの点を勘案すると，「報酬額」を1つの基準としつつ，その線引きに労使が参加することを促すような制度とし，職場ごとの多様な実態とニーズを反映しながら集団的なチェックを可能とすることを検討していくべきであろう[33]。また，前記のような日本の過剰労働の実態（それが管理職層に広くひろがっていること）を考慮すると，適用除外者の健康確保を図るために労働安全衛生上の措置を講じていくことも重要な課題といえる[34][35]。

第2に，その他の幅広いホワイトカラー労働者層については，一般の労働時間規制が適用されることを前提としつつ，多様な形態を内包しつつ多様な法的要請を調整できる集団的決定のあり方を検討すべきである。そこでは，現行の労使協定や労使委員会制度を根本的に見直し，多様な意見を吸収・反映できるような集団的協議・調整の場を法的に構築することが最優先課題となる。また同時に，労働者の生命・身体・心理などの問題について外部の専門家がチェックやサポートをする仕組みを制度的に組み込んでいくことも重要な課題となろう。

根の深い問題に対処するためには，構造的に問題を解決し問題発生を予防す

---

[33] 本誌梶川論文参照。
[34] 本誌三柴論文は，労働者の内面にある問題（ストレス等）に着目し，心理学的なアプローチからこの問題を解決することを志向したものとして評価することができる。
[35] 欧米の管理職等で過労死・過労自殺が大きな問題となっていない1つの要因として，長時間労働をしていても休暇をとりメリハリのある仕事をしていることがあげられている（山川＝荒木・前掲注21）論文24頁等参照）。このことからすると，適用除外者に対して休日保障や年休消化促進策を講じることも1つの方策として考えられよう。ただし，類似の措置を講じたフランスでは法と実態の乖離が生じていること（水町・前掲注16）②論文135頁以下参照）にも注意が必要である。

るアプローチをとることが重要である。[36]

(みずまち　ゆういちろう)

---

36)　水町勇一郎『集団の再生——アメリカ労働法制の歴史と理論』(有斐閣, 2005年) 参照。

個 別 報 告

雇用における年齢差別の法理──アメリカ法を中心に── 柳澤　武
スペインの従業員代表制度 大石　玄
ドイツにおける企業再編と労働法 春田吉備彦
ドイツにおける労働者の個人情報保護
　　──労働法における「個人情報の保護に関する法律」(平成15.5.30法57)
　　の位置づけのために── 緒方　桂子

雇用における年齢差別の法理
―――アメリカ法を中心に―――

柳　澤　　武

（名城大学）

I　はじめに――「年齢」という要素の位置付け[1]

　年齢という要素には，必ず上昇していくという「不可逆性」が認められ，誰もが全く平等に「加齢」していくという揺ぎ無い事実が存在する。それゆえ，社会的な利益・不利益の付与基準として「年齢」という要素を掲げることは，一面において平等かつ合理的であるようにも思われる。
　ところが我々は，この「加齢」という言葉が持つ響きに，自然的意味以上に，一種の偏見を持ってしまう危険性があるのではないだろうか[2]。例えば，老年医学の見地からも，加齢に伴う能力低下についての多くは，単なる偏見であるとの指摘が存在する。とりわけ，本学会が対象とする「労働」の場面においては，人を「年齢」によってカテゴライズすることによって，評価の過ちを犯してしまうかもしれない。「若すぎるから要職に就けない」という古典的な日本型雇用社会の風潮も，若者の（時には潜在的な）卓越した労働能力を見誤ることになろう。

---

1) 柳澤理論（年齢差別アプローチ）の学術的水準については，柳澤武『雇用における年齢差別の法理』（成文堂，2006）として発表する。年齢差別についての主要な情報や引用文献等については，柳澤武「雇用における年齢差別」〈http://webs.to/takeshi〉に掲載しているため，注釈を大幅に割愛したことをご理解いただきたい。
2) さらには，何歳以上・何歳以下に偏見が生じるかといった「絶対的」な基準を想定することは困難であり，いわば年齢という基準の「相対性」という議論も避けがたい。これらの課題に，筆者とは全く異なる角度からの研究に取り組んでおられる櫻庭涼子（神戸大学・助教授）の論考が，以下の雑誌に連載中である。櫻庭涼子「年齢差別禁止の差別法理としての特質（1）（2）（3）――比較法的考察から得られるもの――」法学協会雑誌121巻12号1頁（2004），122巻3号1頁，122巻5号76頁（2005）。続稿に期待したい。

個別報告①

　こうした純理論的な難題はさておき,近年の雇用における年齢差別をめぐる主要先進国の政策は,予想を遥かに上回るスピードで具現化しつつある[3]。また,この日本でも雇用における「年齢」差別についての議論が大きな注目を浴びていることについては,改めて述べるまでもない[4]。

　かかる状況下で,アメリカ法に注目する意義について若干述べておこう。アメリカでは1967年に「雇用における年齢差別禁止法(The Age Discrimination in Employment Act of 1967, 以後 ADEA と呼ぶ)[5]」が制定され,以後は雇用の場面における40歳以上の者に対する年齢に基づく差別が禁じられており,同法の下で様々なタイプの年齢差別訴訟が提起され,独自の判例法理が形成されてきた。しかも,ごく近年に射程を絞っても,冒頭で提示したような「年齢というものをどう考えるべきか?」という素朴な疑問に立ち返らざるを得ないような,連邦最高裁の大判決が立て続けに出されている。こうした一連の動向からも,改めてアメリカの連邦法である ADEA の下における判例法理を考察しておく必要があるのではないかと考えた次第である。

　以上の問題意識により,本稿ではアメリカ雇用社会におけるエイジズム(=年齢に対する肯定的・否定的な偏見)の起源を確認の上(Ⅱ),四半世紀にわたるADEA の下における判例法理の動向を分析する(Ⅲ)。さらに同じアメリカ社会の中でも異なったモデルを形成した各州法との対比を行い(Ⅳ),連邦法であるADEA の特質の解明を試みる(Ⅴ)。

Ⅱ　雇用における年齢差別禁止法(ADEA)の制定

1　アメリカ社会における年齢規範の推移

　18世紀中葉までのアメリカは,基本的には農業国であり,各地域が細かく分

---

3) 近年の諸外国の動向については,櫻庭涼子「雇用における年齢差別　アメリカおよびEU の状況」ジュリスト1282号119頁(2005)。
4) 岩波ブックレットにまで,雇用における年齢差別というテーマが登場したことは極めて象徴的である。玄幡まみ『年齢差別──仕事の場でなにが起きているのか──』(岩波書店,2005)。
5) Age Discrimination in Employment Act of 1967, Pub. L. No. 90-202, 81 Stat. 602.

断された地方型の社会であった。このような社会において，高齢者は長年の経験により，多くの場面で若年者を統括・支配する立場にあった。こうした高齢者層は人口比からすると限りなく少数派であったにもかかわらず，多くの土地の所有者であり，各組織において高い地位に就任し，人々から尊敬される立場にあり，大きな経済的・政治的影響力を保っていた。要するに，年齢を理由とする否定的な偏見や差別は，むしろ「若い世代に向けられていた」というのがエイジズム研究者の有力な見解となっている。[6]

しかしながら，①年功的権威の失墜，②驚異的スピードの技術革新，③高齢者（退職）人口の増加といった，いくつかの要因が複合的に影響し，「高すぎる年齢」という要素が徐々にネガティブな意味合いを持つようになり，やがて否定的エイジズムとして定着していった。とりわけ「雇用」の場面における，構造的な年齢差別を認識した各団体は，各種実態調査や支援活動に取り組むようになる。一例を挙げると，鉄道，石油，自動車，ゴム製造，鉄鋼業など当時のアメリカが誇った主力産業で，技術を持たない労働者は40歳で，技術を持つ労働者でも45歳程度で年齢制限に直面していたとのことである。また，1929年の大恐慌以降に雇用情勢が厳しくなると，40歳を過ぎた幹部クラスの再就職を支援する団体として「40歳以上の会（40Plus）」が結成され，ニューヨークでの活動を開始している。[7]そして，第二次大戦後の1958年には，後に最も強大で著名な高齢者団体となるアメリカ退職者協会（AARP）が登場することになる。

さて，アメリカの雇用社会における「高すぎる年齢」という規範が，肯定的なものから，否定的なものへと移り変わったことを見てきたが，それは1967年ADEA制定に至る広い意味でのバックグラウンドや土台となったとしても，制定の直接の契機になったわけではない。そこで，通常の意味での制定史――つまりはADEAが制定された直接の契機――についての検討を行う必要があ

---

6) 代表的な論者として，JUDITH C. HUSHBECH, OLD AND OBSOLETE: AGE DISCRIMINATION AND THE AMERICAN WORKER 1860-1920 (Garland Pub. 1989). ERDMAN B. PALMORE, AGEISM: NEGATIVE AND POSITIVE (Springer Pub. Co. 2nd ed. 1999).

7) http://www.40plus-dc.org/history.htm (visited Dec. 1, 2003). なお，現在は削除されている。

個別報告①

ろうが、ここは日本でも優れた先行研究が多く蓄積されているため割愛する。[8]
公民権運動によって公民権法第七編が制定されたが、ここでは年齢差別の制定について議論され、最終的には労働長官の報告書を契機として「高齢者雇用の促進」という要素が強い法律として ADEA が制定されたことを確認するにとどめておこう。

2　ADEA の法構造

1967年に制定された ADEA は、幾度かの改正を経て、今現在では概ね以下のような条文構造となっている。

(1)　原則：40歳以上の被用者に対する年齢差別の禁止

§623 によって、雇用のあらゆる場面における、40歳以上の被用者に対する年齢を理由とする差別が禁止される。この禁止規定は、公民権法第七編の文言をスライドさせたものであり、40歳という年齢の下限については、一度も動いていない。採用、解雇、報酬、雇用期間、労働条件、雇用上の特典という雇用のあらゆるステージをカバーしている。

(2)　例外規定：年齢以外の合理的な要素・正当な事由

ADEA の下における判例法理を理解するうえで、最も重要な抗弁規定といえるのが、§623(f)(1) にある「年齢以外の合理的な要素に基づいている場合は、いかなる措置を講ずることも違法ではない。[9]」という条文である。この、「年齢以外の合理的な要素（Reasonable Factors Other than Age, 以後は RFOA と呼ぶ）」は、使用者にもっとも頻繁に行使される抗弁であるといわれており、現に重要な判決では RFOA 抗弁を重視するものが数多く見られる。まさに「年齢」差別禁止法（ADEA）独自に認められた、極めて強力な抗弁規定であるといえよう。[10]

---

8)　とりわけ、中村（櫻庭）涼子「雇用における年齢差別の禁止――米国の法規制の基本趣旨――」本郷法政紀要第9号83頁（2000）が丹念な研究を行っている。同論文が引用する、各文献も参照のこと。

9)　29 U.S.C. §623(f)(1).

(3) 例外規定：特定の職務（経営幹部・連邦公務員など），真正職業資格（BFOQ），真正な先任権制度，真正な給付プラン，訴権放棄契約

そのほか，一定の職務については定年制度についての例外が認められており，また先任権制度による取り扱いは違法とはならない。さらに，1990年に成立し，ADEAの中に組み込まれた「高齢労働者給付保護法（Older Workers Benefit Protection Act）」によって，訴権放棄契約については厳格な要件が課された。具体的には，弁護士への相談の推奨だとか，考慮期間などの要件を満たすことが必要であり，かつ「約因（consideration）」（具体的な例としては退職金の上乗せなど）が存在する場合にのみ，当該被用者の早期退職は「自発的」なものであったと認定される。こうした厳しい手続を経た場合に限り，有効な訴権放棄契約が成立し，以後は年齢差別訴訟を提起することができなくなる。救済については，採用命令，現職復帰，バック・ペイ，定額損害賠償などが可能である。

III　ADEAの下における年齢差別禁止法理の展開

1　立証責任のルール[11]

年齢差別に限らず，雇用差別においては，いかなる立証責任のルールが認められているのかという点を確認しておく。立証ルールは，大きく「差別的取扱い」と「差別的インパクト法理」に分けられる。差別的取扱いによる場合，使用者の差別意思の証明が必要となる。この差別意思の証明のために，間接的な証拠を用いることも可能であり，McDonnell Douglas/Burdine testといった独特の立証ルールが形成されている。差別的インパクト法理の場合，差別意思の証明は不要となる。

---

10) 同じ§623には「正当な事由（good cause）によって労働者個人に解雇またはその他の懲戒処分を行うことは違法ではない」という抗弁も規定されている。この正当な事由の抗弁は，RFOA抗弁とは異なりさほど行使されてこなかったし，まれに同抗弁が行使されたときには，裁判所はRFOA抗弁と同様の議論を展開している。よって，RFOA抗弁についての議論は，基本的にこの「正当な事由」の抗弁にも該当するものと考えて良い。
11) 柳澤武「雇用における年齢差別禁止法理の変容――アメリカ年齢差別禁止法の下におけるインパクト法理――」九大法学81号544頁（2001）に掲載のシェーマを参照のこと。

個別報告①

2 差別的取扱いによる証明
(1) 年齢相関要素についての判例法理

　立証ルールの発展とともに，差別的取扱いにおける年齢差別の法理も徐々に形成され，とりわけ年齢と深く関わる如何なる要素による取扱いが年齢差別となりうるかという点が明確になってきた。これを，柳澤説では「年齢相関要素」と名づけて整理するが，判例・裁判例とも相当な数があるため，本稿では「賃金コスト[12]」と「資格過剰[13]」という，かつて控訴審レベルでは認められていた２つの代表的あるいは象徴的な判例のみを紹介する。

　まず，1987年のMetz事件[14]は，賃金コストを理由の１つとして，高年齢労働者が若年者に代替された事例であり，「賃金コスト」と「年齢」差別の成否についてのリーディング・ケースとなった。これは，54歳の労働者が解雇され，半分の年収である年齢が低い者（43歳）に代替された事案であるが，第７巡回控訴裁判所は，勤続年数と賃金とに相関関係がある場合，若年者との代替はADEAの趣旨に反する，と結論付けた。この結論を導くにあたっては，RFOA抗弁の存在が前提となっていて，McDonnell Douglas/Burdine testの第２段階で使用者側が持ち出す非差別的な理由——つまり年齢以外の合理的な要素——に「賃金コスト」が該当するかどうかを検討すべきであるという枠組みを示した。のみならず，第３段階の口実証明において，当該労働者に対して一度も賃金の切下げを申し出ていないという当該事実関係の下では，賃金コストを理由とする使用者側の抗弁は認められないという結論を導いた。この事件の他にも，当時のアメリカの雇用事情を反映し，人件費削減を目的とするダウンサイジングに際し，年齢差別の成否が争われた事案は相当数存在する。これらの裁判例でも，Metz事件のようなスタンスが一般的であったので，この時期の判例法理として確立していたといってもよいだろう。

---

12) 詳細については，柳澤武「賃金コストを理由とする解雇・採用拒否と年齢差別——アメリカADEAにおける判例法理を手がかりに——」季刊労働法201号172頁（2002）。
13) この「資格過剰」という言葉の意味については，柳澤武「人事採用における資格過剰（overqualified）と年齢差別の成否——アイルランドとアメリカの調停・裁判例を素材に——」名城法学54巻１・２合併号１頁（2004）。
14) Metz v. Transit Mix, Inc., 828 F. 2d 1202 (7th Cir. 1987).

次に,「資格過剰」を理由とする採用拒否についての事案として,出版部門で30年の経験を持つ労働者が,新しい職務での再雇用を拒否された事案,Taggart 事件を取り上げる。同事件では,①資格過剰というのは無資格と同義ではない,②資格過剰という抗弁を許容すると,年齢差別という理由を覆い隠すことになる,という2つのロジックを判示した。つまり,能力や経験がありすぎるから不採用だったのであって,年齢差別ではないといった形での抗弁を,安易には認めなかったのである。これらの事件に代表されるように──あくまで控訴審レベルにおいてだが──年齢相関要素を理由とする取扱いについてまで年齢差別であるとして積極的に認定していこうとする判例法理が形成されていった時期があった。

(2) 「年齢」以外の要素を排除──1993年 Hazen Paper 事件[16]

ところが,1993年の Hazen Paper 事件連邦最高裁判決によって,以後の判例法理は大きく揺れ動く。同事件は,年金受給権の取得を数ヶ月後に控えた62歳の労働者が解雇されたという事案で,以後は「雇用における年齢差別」というテーマ全体に強い影響力を持ち続けることになる。同事件の判旨は,「年齢」と「年齢以外の何らかの特性」を,いわば純理論的に区別してしまい,合理的な要素という RFOA 抗弁の文言を軽視するような解釈を示した。その結果,以後の下級審判決では,年齢相関要素についての判例法理が逆転することになり,例えば先述の Metz 事件は先例性を失ってしまったとする裁判例が同じ第7巡回区にも登場している。いうなれば,Hazen Paper 事件最高裁判決によって,差別的取扱いにおける年齢差別の成立範囲が狭められてしまったとも表現できる。以上が,差別的取扱いについての大きな潮流である。

(3) 高齢労働者の優遇は差別ではない──2004年 Cline 事件[17]

この差別的取扱いについての,もう1つの根本的な論点が争われた判例として,2004年の Cline 事件連邦最高裁判決に言及せざるを得まい。そもそも

---

15) Taggart v. Time, Inc., 924 F. 2d 43 (2nd Cir. 1991).
16) Hazen Paper Co. v. Biggins, 507 U. S. 604 (1993).
17) Gen. Dynamics Land Sys. v. Cline, 540 U. S. 581 (2004). 櫻庭涼子「判例紹介:General Dynamics Land Systems, Inc. v. Cline, 540 U. S. 581, 124 S. Ct. 1236 (2004)」[2004-2] アメリカ法 (364頁)。

個別報告①

　ADEAは40歳以上の被用者に対する差別を禁止しているため，差別禁止法として素直に解釈するならば，「40歳以上の被用者を，年齢に関わりなく平等に取扱いなさい」というのが，常識的な考え方のようにも思える。現に，EEOC（雇用機会均等委員会）の規則には，はっきりそう書いていたほどである。ただ，こうした高齢労働者の優遇——例えば50歳の労働者を40歳の労働者よりも優遇する——において，年齢差別が成立するかどうかという問題は，下級審レベルでは不透明であった。むしろ差別が成立しないという裁判例が，有力であったといってよい。そこで，2004年になって，この問題に決着をつけたのが冒頭のCline事件である。

　もっとも，かかる根本的な問題が，昨年まで連邦最高裁レベルで詰められていなかったという事実自体に，本稿の読者は驚きを禁じえないのではないだろうか。改めて，「年齢」差別であるがゆえに抱える難題についての考察を迫る重要判例であったと位置付けておきたい。

3　差別的インパクト法理による証明
(1)　差別的インパクト法理とは

　次に，もう1つの立証ルールである，差別的インパクト（Disparate impact）法理に関する年齢差別法理の形成について確認しておく。差別的インパクト法理とは，形式的には中立的な慣行や基準であっても，保護される集団にとって不利益な効果を及ぼす場合には差別が成立するという判例によって形成された法理である（いわゆる間接差別の法理に類似）。同法理は，人種差別の事案において連邦最高裁が認めた1971年のGriggs事件が発端となっており，現在では公民権法第七編ではルールの一部が明文化されており，性差別や人種差別を争う訴訟においては確立した立証方法となっている。ところが，これがADEA，つまり「年齢」差別を争う場合に適用可能かどうかということについて，判例法理や学説上の大論争があった。ここに2005年の連邦最高裁判決に至るまでの長い道のりがある。

(2)　差別的インパクト法理の承認期——人種差別から年齢差別へ

　初期の代表的な控訴審レベルの判例として，差別的インパクト法理の適用を

認めた1980年のGeller事件がある。これは，経験年数と俸給がリンクしている賃金体系を持つ高校で，一定俸給以下となる教員を募集した事案であった。多数意見は差別的インパクト法理がADEAの下でも適用可能であると述べ，さらには結論としても差別的インパクト法理による年齢差別の成立を認めた。同事件は，第2巡回控訴裁判所の事案だが，そのほかの巡回区でも，少なからぬ数の下級審裁判例がADEAの下における差別的インパクト法理を認めている。やや古いテキストを紐解くと，ADEAの下で差別的インパクト法理は適用可能であると断言しているものもある。

(3) 下級審の迷走：分断された巡回区——1993年Hazen Paper事件による影響

ところが，すでに差別的取扱いのところで触れた1993年のHazen Paper事件において，連邦最高裁は差別的インパクト法理の可否について，判断を留保した。しかも，「本法廷の［多数］意見のいずれの部分も，公民権法第七編の『差別的インパクト』法理が，ADEAの文脈の中に取り入れられるものとして読んではならない。」という同法理に対して否定的な同意意見まで付されたのである。

これを受けて，以後の下級審では，各巡回区で同法理の可否についての判断が分かれることになった。象徴する裁判例として，第1巡回控訴裁判所のMullin事件を取り上げておこう。同事件では，Hazen Paper事件を引用の上で，あくまでADEAは年齢を重ねたことによって生産性が落ちてしまうといったステレオタイプから引き起こされる差別的取扱いのみを禁じているのだといった論拠によって，差別的インパクト法理の適用自体を否定した。第1巡回区でも，かつては差別的インパクト法理を認めてきたが，そこが自らの先例を否定し，反対の結論を出したことは衝撃的である。

その他にも，差別的インパクト法理に対して否定的な見解を示す巡回区があ

---

18) 例えば，原書である第3版が絶版にて手に入らなかったが，マック・A・プレイヤー著，井口博訳『アメリカ雇用差別禁止法』127頁（木鐸社，1997）など。

19) Mullin v. Raytheon Co., 164 F. 3d 696 (1st Cir. 1999). 柳澤武「判例紹介：Mullin v. Raytheon Co., 164 F. 3d 696 (1st Cir. 1999)」[2001-2] アメリカ法（487頁）。

個別報告①

る一方で，差別的インパクト法理の適用を認める巡回区，あるいは態度がどちらともいえない巡回区といった形で，控訴審レベルでの判断が3つに分断されることになった。この状況を，「迷走」と呼ばずにはいられまい。

(4) ADEAにおいて，差別的インパクト法理は限定的に適用可能——2005年Smith事件

連邦最高裁は，長年にわたって沈黙を守ってきたが，ADEAの下においては限定的な形で差別的インパクト法理の適用を認めるという結論を，2005年3月末になってようやく打ち出した。これから多くの論者によって多角的な評釈が行われるであろうSmith事件である。[20] 同判決は，「ADEAの下でも，差別的インパクト法理を認めるべきである」と述べた上で，「公民権法第七編と異なり，ADEAの場合は差別的インパクト法理の適用範囲が狭い」という絶妙な判断を示した。この「狭い」と論じた部分では，年齢差別独自の立証ルールの再構成の方向性が一応示されたが，では具体的にどのように「限定的に」適用されるのかという詳細については，RFOA抗弁の活用という抽象的な方向性を示すにとどまった。よって，Smith事件の意義を正確に論じるためには，下級審裁判例における規範の「あてはめ」を待つしかない。

次に，こうした連邦法であるADEAの特質を浮かび上がらせるため，州法レベルの動向との対比を試みることにする。

Ⅳ　各州法との対比

1　概　要

現在では，アメリカ全州において，各々が独自の年齢差別禁止法あるいは何らかの年齢差別禁止規定を持っており，ここ数年に限定しても判例法による年齢差別基準の変動や立法府による法改正が活発におこなわれている状況にある。これらの州法は，連邦法と重畳的に適用される。また，ADEAとの比較において，表1のような類型化が可能であるように思われる。

---

[20] Smith v. City of Jackson, 2005 U.S. LEXIS 2931 (2005).

表　1

①年齢そのものを対象とする州	14州
②若年者まで含むことを明示する州	5州
③ADEAと全く同じ州	20州
④ADEAより狭い範囲の州	7州
⑤私企業の労働者は規制しない州	3州
⑥範囲の確定が困難な州	2州

ここでは，全米レベルでも注目されたという意味で，代表的な2つの州のみを取り上げることとする。

2　「賃金コスト」と年齢差別の成否を巡る新立法──カリフォルニア州

同州で年齢差別を規制する「公正雇用住宅法（The Fair Employment and Housing Act, 以後 FEHA と呼ぶ）[21]」は，1961年から年齢差別を禁止しており，連邦法である ADEA より歴史が古い法律である。FEHA では，ADEA と同じく「40歳以上」の者に対する，雇用のあらゆる場面における年齢差別を違法であると規定している[22]。この FEHA の下で，49歳の労働者が，社内の別の職務に採用されずに解雇されたことを争った事案が，1997年の Marks 事件である[23]。事案そのものは，何も「賃金コスト」ということが問題となるものではなかったが，州地裁の裁判官が陪審員に対して，「当該労働者の選択が，賃金に基づいているものである限り，年齢差別とはならない」という説示を行ったことについて，その是非が，州の控訴裁判所で争われた。そこで控訴審判決は，「たとえ若い被用者を選ぶ結果になろうとも，使用者は低い賃金の被用者を選ぶ権利がある。選択が賃金に基づいている限り，それは年齢差別とならない。」と判示した。要は，高賃金を理由に労働者を解雇することは年齢差別たりえないとの判断を示したのである。

このような Marks 事件の結論は，予想されたように様々な反響を呼ぶこと

---

21) The Fair Employment and Housing Act, Cal. Gov. Code §12900-.
22) Cal. Gov. Code §12941(a) (1999).
23) Marks v. Loral Corp., 1997 Cal. App. LEXIS 611 (Cal. Ct. App. 1997).

個別報告①

になった。州内外のメディアも同判決を取り上げ、さらには一部の議員によって同法を覆すための法案提出が繰り返された。ところが、当時の Wilson 知事（共和党）は、こんな法律ができると「使用者は、常に40歳以上の被用者を選ぶしか窮地を脱する方法がなくなる」として、法案を否決した。

しかし、年齢差別の禁止を推進する支援者たちはロビー活動を諦めず、労働組合との連携を強め、複数の議員による再三の法案提出の末、新しい州知事である Davis 氏（民主党）の署名で成立の運びとなった。それが、1999年 FEHA §12941.1 である。[24]

このカリフォルニアでの立法は、ADEA と同様に40歳以上の者に対する年齢差別を禁止するという基本構造を維持しつつ、「差別的取扱い法理」における「年齢相関要素」の位置付けについては「対照的」な法モデルが展開した例であるといえよう（＝差別的インパクト法理については、この限りではない）。

3　若年者差別についての州最高裁判決——ニュージャージー州

ニュージャージー州法は、特に年齢の範囲を定めることなく差別を禁止している。[25] 同州では若すぎるという差別を争う事件が現実に起こっていて、かつ州最高裁は Sisler 事件で若年者差別が禁じられていることを明確に認めた。[26] 他の州でも若年者差別を争った事案は存在するが、州最高裁レベルで明確な判断を下したという意味ではニュージャージー州が代表格であろう。こうした若年差別を禁じる州が現実に存在することについても、目配りが必要である。

---

24) Cal. Gov. Code §12941.1 (1999). ただし、2005年現在での条文番号は §12941 (2005) である。
25) N. J. Stat. §10：5-1-. より正確には、「高齢者に対する住宅供給」差別の禁止については「55歳以上」という年齢範囲の規定が存在するが、「雇用」における年齢差別については範囲の定めが欠如している。
26) 若年者差別についての注目すべき先行研究として、藤本茂「州最高裁が示した『副社長』解雇における若年者差別の判断基準」労働判例794号96頁（2001）。その政策論については、藤本茂「年齢差別禁止立法化の前提——経済企画庁『雇用における年齢差別禁止に関する研究会中間報告』を読んで」労働法律旬報1493号4頁（2000）。

V 結びにかえて

最後に，連邦法である ADEA の下での判例法理の特質を総括し，アメリカの雇用社会における ADEA の役割について言及しておく。

1 ADEA の下における判例法理の総括
(1) 立証の困難性——とりわけ採用段階における抗弁

使用者側は「RFOA 抗弁：年齢以外の（合理的な？）要素」を持ち出すことによって，労働者側の訴えを退けることに成功している。ここで，あえて「合理的な」，という4文字を過度に強調して「？」マークを打ったのは，本当に「合理的な」という基準を活用しているかどうか，かなり議論があるからである。とりわけ，1993年の Hazen Paper 事件連邦最高裁判決以降の裁判例では，要するに「年齢以外の何らかの特性」であれば使用者側の抗弁として広く認められる傾向にある。こうした判例法理の現状においては，「採用」段階において，年齢差別を争うこと自体が困難となろう。雇用の入り口で差別の立証が困難であるという現状は，ADEA の立法趣旨の一部（＝高齢者の長期失業への対応）を実現していないといえるかもしれない。

(2) 年齢相関要素についての射程距離

二番目として，最初の論点とも関わるが，「年齢相関要素についての射程距離」について総括したい。例えば，特定の時期には，勤続年数とリンクする賃金体系の場合に，「賃金コストの高さ」を安易な正当化理由として認めないケースなどが先例となっていたが，その射程範囲は特定の事実関係に限定されていたものであり，その限定された判例法理ですら Hazen Paper 事件最高裁判決以降は完全に覆されつつある。

これに対して見事なコントラストを描いているのが，カリフォルニア州での新たな立法である。同条文の制定に至る背景や，制定法の文言自体からも，年齢差別についても「人種」差別や「性」差別と同様のスタンスで規制して行こうとする姿勢が看取できるのである。「年齢」差別の問題は，古典的な差別禁

個別報告①

止類型以上に，当該社会におけるコンセンサスが強く影響するのではないかということを強烈に推定することができよう。

(3) ADEA の下における差別的インパクト法理の可否

三番目に，「ADEA の下における差別的インパクト法理の可否」というアメリカの雇用差別全体の中でも大議論となったテーマについてである。差別的インパクト法理を巡る判例法理の「迷走」は，実効的な雇用における年齢差別の禁止を行うことの難しさを浮き彫りにした。2005年3月末の Smith 事件は，ADEA の下においては限定的な形で差別的インパクト法理の適用を認めるという結論を出したが，残された課題として，これを受けて今後の下級審はどのように展開するのか，州レベルの立法・判例法理に及ぼす影響の有無，といった点を注意深く見守っていく必要があろう。

(4) まとめ

以上の判例法理の総括より，年齢差別規制の先進国であるアメリカ，この僅か一ヶ国のみを検討対象とした場合でも，雇用における「年齢」差別の禁止というのは，そんなに生易しいものではなく，少なくとも「性」差別や「人種」差別とは異なった差別禁止モデルとして展開する可能性があることだけは確認できた。ここには，単にアメリカ法であるからだとか，社会的背景や文化が異なるといった条件のみならず，兎にも角にも「年齢」差別であることに起因する固有の課題が数多く含まれているのであり，この限りにおいては，これからの日本の政策にとっても十分に示唆的であるといえよう。

2 アメリカの雇用社会で，ADEA が果たしてきた役割

近年の ADEA の下における「年齢差別の法理」は，一見すると脆弱であるという印象を受けてしまわざるを得ない。確かに，公民権法第七編の下における差別禁止法理との相対的な比較についてみるならば，そうしたイメージも誤りとまではいえないだろう。しかしながら，アメリカ合衆国の歴史という巨視的な観点からは，20世紀初頭より否定的エイジズムが強まったアメリカ雇用社会にとって，ADEA が1967年から今現在まで「雇用における年齢差別」を様々な小法理（ここでは個々の判例を意味する）の結合によって禁止し続けてき

たことを，あまりに過小評価すべきではなかろう。

　また，近年になっても，EEOCへの申立ては相当数に上っている[27]。訴訟にまで至っているのは，そのうち数十件であるとはいえ，性差別などの事件数との比較においても，少なからぬ数の被用者が年齢差別を申し立てていることが分かる。そして，放棄契約によって，自由な意思による退職が保障されているというシステムとも関連し，人種・性差別や障害者差別などに比べて，年齢差別の場合には訴訟に至る前段階あるいは裁判外（つまり和解や仲裁）で決着することが多いという指摘もみられ，この際に高額な退職金に相当するような金銭が被用者側に支払われることも少なくない。かかる金銭的な代償措置による解決は，日本と同様に高齢化が確実に進んでいくアメリカ社会にとって，高齢者に対する生活保障という観点からも影響力を増していくであろう。こうしたADEAがもたらす実体的・多面的な影響力についても無視すべきではないことを最後に付言しておこう[28]。

（やなぎさわ　たけし）

---

27)　*See* EEOC, *U. S. Equal Employment Opportunity Commission Home Page* 〈http://www.eeoc.gov〉．
28)　高齢者に対する法政策の問題として研究すべきであるとの指摘を行う先駆的業績として，井村真己「高齢者の退職に伴う放棄契約の締結と雇用差別禁止法――アメリカにおけるADEAの改正を契機として――」季刊労働法182号152頁（1997）．

スペインの従業員代表制度

大　石　　　玄
(北海道大学大学院)

I　はじめに

1　はしがき

　拡大と成長を続けるEUの中にあり，第4の規模を誇る国でありながら，スペインの法制度については殆ど注目されてこなかった[1]。これはひとえに，つい30年前まで前時代的な国家体制が温存されていたという政治状況に由来するものであろう。しかしながら1975年に始まる民主化を経て，スペインの法制度はかなりの充実を見ている。
　本稿は，これまで顧みられることの少なかったスペイン労働法を取り上げるものである。わけても特徴的な従業員代表制度に焦点をあて，その解明を試みたい。

2　制度の概観

　まず最初に，スペインの集団的労使関係法システムの全体を概観しておくことにする。大まかに，次の3点が特徴として挙げられよう。

---

[1] スペイン労働法に関する先行研究としては，大和田敢太「スペインの労働事情――労働者憲章法（Estatuto de los trabajadores）を中心として」高知論叢22号（1985年），岡部史信「スペイン憲法の労働関係諸条項」創価法学22巻1号（1992年），サントス＝ルエスガ「労働市場」戸門一衛・原輝史編『スペインの経済』（早稲田大学出版部，1998年），国際労働法フォーラム編『企業内労働者代表の課題と展望――従業員代表法制の比較法的検討』中村涼子執筆部分（財団法人労働問題リサーチセンター，2001年），マリア・シルビア＝アロンソ＝サインス「スペイン労働法の形成と展開」千葉大学法学論集17巻4号137頁（2003年）などがある。

(1) 制定法による従業員代表の選出

スペインでは，制定法により従業員代表を選出することが定められている。スペイン労働法の中心を為すのは，「労働者憲章法」（ET）[2]である。この法律の規定に従って選出される従業員代表のことを「統一代表」と称する。

(2) 二重の代表システムの採用

スペインにおいて，労働者を代表するものとしては2つの主体が並立している。前述の統一代表と，労働組合である。企業を単位とする集団的労使関係についてみれば，後に述べるように統一代表が根幹に据えられているところが最も特徴的なところである。労働組合のみならず統一代表にも，団体交渉（negociación colectiva）をしたり，労働協約（convenios colectivos）を締結する権限が付与されている。

(3) 広範囲に及ぶ従業員代表の影響力

スペインの統一代表システムは，企業単位の労使関係のみならず，企業より広い範囲も含めて構築されている。ある地域ないし産業の分野で労働組合がどのような権限を行使しうるのかは，企業単位において選出された統一代表をどれだけ確保したかによって決まるのである。これを組合の「代表性」として把握する。統一代表を確保することができないために代表性を備えることができない労働組合には，法定の労働協約を締結する権限を与えないところにスペインの労使関係法の特色がある[3]。

3 本稿の構成

本稿は，上記のような特色を備えるスペインの制度を把握しようとするものである。以下，統一代表と労働組合の各々について法制度の概要を紹介し（ⅡとⅢ），両者が制度的に連動していることを述べる（Ⅳ）。そのうえで，このよ

---

2) Real Decreto Legislativo 1/1995, de 24 marzo, Estatuto de los Trabajadores. ETは「委任政令」（Decreto Legislativo）という法形式をとっているが，これは黒田清彦「新スペイン憲法試訳」南山法学3巻1号（1979年）188頁では「立法政令」，アロンソ前掲注1）論文150頁では「委任命令」として紹介されている。

3) 「法定の」労働協約とするのは，ETの定める手続に従って締結されるものを指してのことである。法定協約の効力については，アロンソ前掲注1)論文154頁以下を参照。

うな制度が生まれた歴史的背景について触れ（V），次いで制度の運用実態を労働協約の締結に着目して明らかにする（VI）。

II　従業員代表（統一代表）

1　統一代表の概要

　企業ないし事業場（centros de trabajo）の規模や形態により，スペインの従業員代表組織は4種類に区分される。そのうち主要なものとしては企業委員会（comités de empresa）と従業員代表委員（delegados de personal）がある[4]。従業員数50人以上の中・大規模な企業ないし事業場においては企業委員会が（ET 63条），従業員数50人未満であれば従業員代表委員が選出される（ET 62条）。なお，従業員が11人以上の場合には代表の選出が義務づけられているが，従業員数が6〜10人の場合において選出は任意であり，従業員の過半数の同意によって設置することになる。これらを総称して，統一代表（representación unitaria）と呼ぶ。

　従業員数の計算にあたっては，常用雇用ではない者も組み入れられる。この場合，契約期間1年未満のパートタイム労働者は，延べ実労働日数200日につき常勤労働者1人に相当するものとして算入される。

2　選出手続の開始

　統一代表を選出するにあたっては，選挙を行う。選出手続については，「企業における労働者代表組織の選出規則を承認する政令」（REORTE）[5]に定めがある。

　有権者は，勤続期間が1か月以上で，16歳以上のすべての従業員である。

　他方，候補者となるためには，勤続6か月以上で，18歳以上であることを要

---

[4]　他には，複数の事業場をまたがって設置される合同企業委員会（comité de empresa conjunto）や，企業委員会の集合体である統合企業委員会（comité intercentros）がある。

[5]　Real Decreto 1.844/1994, de 9 septiembre, por el que se aprueba el Reglamento de elecciones a órganos de representación de los trabajadores en la empresa.

表　従業員数と被選出代表者数の対応

従業員数	統一代表	職務執行時間*	組合代表委員
6～30	1	15時間	
31～49	3		
50～100	5		
101～250	9	20時間	
251～500	13	30時間	1
501～750	17	35時間	
751～1000	21	40時間	2
1001～2000	23		
2001～3000	25**		3***

(注)　*　Ⅱ5(2)を参照。
　　　**　以降，1000人につき2名を加える（最大で75名）。
　　　***　5000人以上の場合は4人。

件とする。加えて，推薦を取り付けることが必要である。ここで特徴的なことは，労働組合に対しては有利な扱いが為されていることである。設立の要件を満たした労働組合であれば，規模の大小にかかわらず候補者を推薦することができる。それに対し，組合の支持を受けずに候補者となるためには，議席数の3倍にあたる数の従業員から推薦を得ることが必要とされている（ET 69条2項）。

　また，手続を遂行するにあたり，選挙の発議をするものとして労働組合が想定されている。直前の選挙で統一代表を多数獲得した組合があれば，次の選挙においてリーダーシップをとる。もし，そのような組合が無いような場合には，従業員の過半数の同意を得た者が発議者となる。

　上記の2点において労働組合の役割を強く認めているところに，スペインの制度の特徴が垣間見られる。

　選挙を実施することになると，発議者は使用者と行政機関[6]に対して通知し，

---

6) 労働問題を担当する行政機関とは，労働・社会保障省（Ministerio de Trabajo y Asuntos Sociales）のことである。この組織の概略については，岡部前掲注1）論文264頁以下を参照。

個別報告②

選挙管理委員会（mesa electral）を編成する。選管のメンバーは3名で，勤続年数の最も長い者，最も高齢である者，最も若い者の組み合わせで構成される。

3 投　票

統一代表の選挙にあっては，小規模な事業場の場合（従業員代表委員）と中規模以上の事業場の場合（企業委員会）とで，手続面における様々な差異が認められる。その中で最も決定的なところは，投票方式の違いである。

従業員代表委員の場合には，投票用紙には候補者の名前が記されており，個人に対して投票する。投票する者は，当選させたいと思う者に対し，選出されるべき代表者の数（1または3名）だけチェックを入れて票を投じる。

それに対し企業委員会の場合には，人に対してではなく所属グループに対して1票を投じ，得票数に応じて議席を配分する方式を採る。候補者は「組合A」「組合B」「無所属」といったリストに優先順位をつけて掲載されており，投票者はどのグループ（一般的には，どの組合）を支持するのかが問われる。

投票は，事業場内において，就業時間中に行われる（ET 75条1項）。投票に際しては，投票の自由と秘密が保証されている（ET 69条1項）。投票後，直ちに開票が行われ，報告書が作成される。この報告書に選管のメンバーが署名をし，使用者や候補者に交付される（ET 75条4項）。選挙結果に異議がある場合に備え，行政機関による裁定手続がある（ET 76条，REORTE 28条以下）。裁定の内容に不服がある場合には，裁判所への訴え提起も可能である[7]。

代表の任期は4年で（ET 67条3項），辞職し，または罷免された場合は権限を失う。代表を罷免しようとする際しては有権者の3分の1をもって発議が行われ，絶対過半数（mayoría absoluta）の賛成があれば罷免される。罷免にあたって理由を挙げることは必要ではないが，労働協約の交渉中に罷免することはできず，また前回の罷免要求から6か月を経過していない時期に行うこともできない。

7）訴訟の遂行については，「労働手続についての委任政令」（Real Decreto Legislativo 2/1995, de 7 de abril, porel que se apurueba el Texto Refundido de la Ley de Procedimiento Laboral）の127条以下に定めがある。

代表に欠員が生じた場合は，繰上げによって補充される。この際，投票方式の違いが作用する。従業員代表委員であれば，得票数で次点であった候補者が繰り上がる。企業委員会の場合は，候補者名簿で次の順位にあった者が繰り上がる。すなわち，グループに対して投票する仕組みをとる企業委員会の場合には組合間の勢力バランスは保たれるが，個人に対して投票した従業員代表委員の場合には委員の構成に変動の生じることがある。

従業員数が変動した場合には調整が行われる。人数が増加した場合には，補欠選挙が行われる（ET 67条1項5号）。他方，人数が減少した場合には，議席が削減される（REORTE 13条2項）。原則は投票結果に比例させて議席の再配分を行うが，労使間の協定により，これと異なる方法で調整することも許容されている。

4　統一代表の権限

企業委員会と従業員代表委員は，選出方式に違いが見られるものの，選出後に行使しうる権限は同じである。具体的には，次のような権限を有している（ET 64条1項）。

(1)　労働協約の締結権

スペイン法の特徴は，企業（ないし事業場）を単位とする労働協約を締結する権限が，従業員の代表たる統一代表に付与されているところにある。交渉の対象となる事項は，賃金，労働時間，労働条件の変更，職能資格制度，集団的に行われる配置転換などである。

(2)　意見聴取権

従業員への影響が大きい施策を実施するに先立ち，使用者は統一代表に意見を求めなければならない。意見聴取が必要となる事項は，従業員の削減，労働時間の変更，教育訓練制度（formación profesional）の改変，労務管理システムの構築などである。

(3)　情報アクセス権

統一代表は，使用者に情報開示を求めることができる。例えば，生産計画や雇用計画，決算書，雛形として用いられている労働契約書（copia básica de los contratos)，懲戒（sanciones），労働災害の発生状況，個別的に行われる配転や労働条件変更など多岐にわたる。

(4) 監視活動

良好な職場環境を確保するために安全衛生委員会（comités de seguridad y salud）が設置されているが，その監視活動を補佐することも統一代表の役割である。また，私物検査を行う必要が生じた場合には，統一代表が立ち会うことになる。司法機関ないし行政機関に対し，必要に応じて法的措置を求めることも統一代表が担う。

(5) 参加・協力

福利厚生事業の実施にあたっても，統一代表は従業員の利益を代表する。

5　統一代表たる地位の保護

統一代表が活動を行うに際し，独立性と実効性を確保するため，代表の職にある者の地位の保護と便宜の提供を行っている（ET 68条）。

(1) 地位の保護

まず，統一代表の職にある者を重大な過失を理由として解雇ないし処分しようとする場合，当該代表者に弁明の場を設け，他の代表に対しても意見陳述の機会を与えなければならない。この手続は，現に代表の地位にある者だけでなく，選挙期間中の候補者や，代表の任期を満了してから1年以内の者に対しても同様に適用される。

さらに，経済的な理由による解雇，一時休職，あるいは配転の場合，代表者は一般の労働者よりも有利な取扱いがなされ，当該事業場に優先的に留まることができる。なお，この保証は代表選挙への立候補者に対しては適用されない。

もっとも，代表たる地位の保護は絶対的なものではない。暴力を行使したり秘密を漏洩した場合は，代表としての活動に伴うものであっても解雇ないし処分が正当化される場合がある[8]。職務上の秘密（siglo profesional）については守秘義務が定められており，目的外の利用は許されていない（ET 64条1項）。

---

8) 最高裁判所判決　STS 20 febrero 1990, Ar. 1121.

(2) 便宜提供

　代表としての職務に従事するにあたり，各々の代表者に毎月一定の範囲で有給の職務執行時間（crédito horario）が与えられる[9]。付与される時間数は従業員数に応じて定められている（表を参照）。

　支給額の算定にあたっては，通常の労働に従事した場合と同様に取り扱われ，基本給のみならず各種手当についても受給できる。

　職務執行時間を利用するに際しては，使用者へ事前に通知することが必要であるが（ET 37条3項），許可を求めることまでは必要とされていない。職務執行時間は統一代表としての活動を行うために付与されるものであるから，職務執行時間を私的な理由で利用するといった不正利用が認められる場合には，正当な理由のない欠勤として解雇を含む懲戒の対象とすることができる。

　この他，情報宣伝活動を行うことも便宜提供の一種として保証されている。具体的には，掲示板の利用（ET 81条）や，出版物の自由な配布（ET 68条c）がある。

(3) 実効性の確保

　上述のように統一代表に対しては様々な便宜提供が図られているが，その実効性は行政罰によって担保されている。すなわち，情報提供義務が遵守されなかったり，統一代表への意見聴取を怠った場合，あるいは職務執行時間を付与しなかったような場合，使用者には重大な過失（faltas graves）があったとして行政罰に処せられることがある[10]。

III　組合支部と組合代表委員

　前章では法が強制的に設立を命じる統一代表についてみてきた。しかしながら，スペインにおいては労働組合も重要な役割を担っている。

---

9) 職務執行時間は，労働協約の交渉に加わる労働組合代表に対しても付与される（LOLS 9条2項）。
10) ET 95条7項ないし8項，「社会指令に関する違反とその処罰に関する委任政令」（Real Decreto Legislativo 5/2000, de 4 agosto: LISOS）7条7項。

個別報告②

　労働組合の活動を保証する根拠規定は，スペイン憲法の第28条1項にある。ここでは「すべての者が自由に労働団体に加入する権利を有する」とし，続けて「労働団体の自由は，労働団体を結成する権利，その選挙に参加する権利（中略）を含む。何人も労働組合に加入することを強制されない」と定めている。また，組合活動の自由を保障するため，1985年には「労働組合の自由に関する組織法」（LOLS）[11]が制定されている。

　スペインでは，他のヨーロッパ諸国同様，労働組合は産業別に組織されるのが一般的である。そこで労働組合は，組織の最小構成単位として，各企業（あるいは事業場）ごとに組合支部（sección sindical）を設けることになる[12]。

　労働組合が企業ごとに活動を展開する場合，組合支部を代表する「組合代表委員」（delegados sindicales）が組合員のなかから選ばれる（LOLS 10条）。組合代表の選出が必要となるのは，当該組合が統一代表を擁しており，かつ，従業員数が250名以上の事業場においてである。選出されるべき組合代表委員の最低数は，従業員数によって1〜4名となっている（**表**を参照。なお，統一代表選挙において10%未満の得票率しか得られなかった場合は常に1名に限られる）。

　法的手続に則って選出された組合代表委員に対しては，統一代表に与えられているものと同等の権限ないし保証が用意されている。

Ⅳ　統一代表制度と労働組合の連動

　スペインにおける集団的労使関係法制の最も特徴的なところは，従業員代表（統一代表）制度と労働組合とを連動させているところにある。労働組合が行使しうる権限は，組合が擁立し獲得した統一代表の数（シェア）に応じて段階的に付与されていく仕組みになっている。

　労働組合は，統一代表のシェアによって4つのレベルに分類される。以下，両者の関連について述べていく。

11）　Ley Orgánica 11/1985, de 2 de agosto, de Libertad Sindical.
12）　組合支部は企業ないし事業場を単位として設立されるが，そのどちらの形態を取るかは組合規約によって定めることができる。

(1) 全国レベルの代表的組合

まず,最も高い支持を得ている組合が行使しうる権限についてである。LOLS 6条1項および2項では,統一代表に選出された者を全国集計したときに,全体の10%以上を占めている組合に対し特別な取扱いをするものとしている。このレベルの代表性を備えたものを,代表的労働組合（la mayor representatividad sindical）と呼ぶ。現在,かかる特別な扱いを受けている全国的な労働組合（ナショナル・センター）は,CC.OO.[13]とUGT[14]の2つがある。

全国レベルの代表的組合が有する権限は,LOLS 6条3項に掲げられている。これによると,国土の全域・全職種に及ぶ事柄について使用者団体と交渉をする,行政との関係で対話の相手になる,あるいは労働仲裁機関に委員を送り込むといった幅広い活動が展開できるようになる。

(2) 自治州レベルの代表的組合

次いで,自治州の単位でみたとき,選出された統一代表の15%を占めており,かつ,その数が1500人に達する場合,当該自治州における代表的組合とされる（LOLS 7条1項）。行使できる権限は,全国レベルの場合と同様である。現在この認定を受けているものは,バスク州とガリシア州に存在している。

(3) 産業部門レベルの代表的組合

地域単位ではなく,特定の産業分野において代表を10%以上獲得している場合に代表性が認められることもある（LOLS 7条2項）。これに当てはまるものは,航空,鉄道,医療,教育といった分野にみられる。

(4) 代表性を備えていない組合

統一代表を十分に獲得しておらず,上記の3つに該当しない労働組合は,行使しうる権能が限られたものとなる。労働組合であれば無条件に行使できる権利として挙げられているものは,①組合支部の設立,②組合集会の開催,③情報アクセス権である（LOLS 8条1項）。また,④統一代表の候補を擁立するこ

---

13) CC.OO.は,la confederación sindical de Comisiones Obreras（労働者委員会）の略称。組合員数は約85万人で,統一代表に占める割合は38.4%。
14) UGTは,la Unión General de Trabajadores（労働者総同盟）の略称。組合員数は約75万人で,統一代表に占める割合は37.4%。

個別報告②

とも組合の持つ権限の1つと言える。労働者憲章法の規定によると，組合組織に依らずに候補者となるためには推薦人を集めなければならないことに比して，労働組合は有利な扱いを受けているからである。

V 労使関係法の成立史

これまで概観してきたような特徴を持つスペインの労使関係は，どのような経過を経て誕生したのであろうか。その沿革について，ごく簡単に触れておく。

従業員代表組織が団体交渉や労働協約をも担当する，という制度が構築された理由は，民主化前の施策に求めることができる。スペインでは，1939年からの37年間，将軍フランコによる独裁が行われていた。この時期には労働に関する自由は制限され，労働組合を結成して団結することは認められていなかった。1940年には，労働者と使用者のすべてが加入させられる翼賛団体（CNS 全国中央労働組合）が設立されている。1958年4月24日の法律[15]により労働協約による労働条件決定が承認されたが，その交渉の場となったのが CNS であった[16]。

フランコは1975年に死去したが，フアン＝カルロス1世が国王に即位して王政復古を遂げると，積極的な民主化が推し進められることになった。1978年12月29日に，現行の民主化憲法が公布・施行されている。現行スペイン労働法の根幹を為す ET が1980年3月10日に[17]，LOLS は1985年に制定されている。

こうしてスペインの法制度は民主的なものへと改まっていった。しかし，フランコ時代にあった労使関係の枠組みである《全従業員を代表する者に，労働協約の締結と団体交渉を担当させる》という発想は受け継がれ，今日みられるようなスペインの統一代表制度が構築されたのだと推察される。

ET が制定された当初，1980年時点の規定では，候補者名簿を提出することができるのは労働組合だけに限られていた。そこに「組合に所属していない労

---

15) la Ley de Convenios Colectivos Sociales, de 24 de abril de 1958.
16) アロンソ前掲注1）論文144頁。
17) Ley 8/1980, de 10 de marzo, del Estatuto de los Trabajadores. なお，この法律は1995年に大改正が行われ，前掲注2）へと改められた。

働者」というカテゴリーが付け加えられたのは，後の改正によってである。すなわち，スペインの統一代表システムは，労働組合をその内部に取り込んで機能していくことが，法システム設計のうえで予定されていたものである。換言すると，従前から労使関係の枠組みとして機能していた制度が，民主化を推し進めるなかで，労使関係法制を形作る実定法へと格上げされていった歴史とも言えよう。

VI 二重の代表システムの機能——労働協約——

では，実際のところスペインの労使関係は，どのように運営されているのであろうか。ここでは，労働協約の締結に向けた団体交渉について見ていくこととする。

1 労働協約法制の概要

協約の締結に際しては，まず交渉担当者会議（comición negociadora）が結成される。企業ないし事業場単位の場合には労使各々最大12名，地域別ないし産業別で締結される場合には最大15名で構成される（ET 第88条2項ないし3項）。各々の当事者の絶対過半数の賛成を以て協約を締結し，行政機関に送付して官報（BOE）に掲載されることで効力が生じる。すなわち，労働組合がリーダーシップを発揮しようとするには，統一代表選挙においてより多くの代表を獲得していなければならない。[18]

この際，企業単位で交渉が持たれる場合（すなわち統一代表が存在している局面）と，それより広い範囲を対象とする場合（産業別に労使団体による交渉が行われるとき）とで，状況は二分される。

---

[18] 代表性をもって労働組合の行使しうる権限を決するという制度になったのは，1977年に組合の設立が承認された際，組合が乱立した事態を収拾しようとしてのことらしい。中村前掲注1）論文148頁。

個別報告②

(1) 企業単位での団体交渉

ET 87条1項では,「企業ないしそれより狭い範囲を適用対象とする労働協約の交渉にあっては,企業委員会,従業員代表委員,労働組合を代表する者が交渉権限を有する」と定めている。すなわち,文言上は統一代表と労働組合の双方に団体交渉権が付与されている。もっとも,組合代表が交渉に臨むにあたっては統一代表の過半数を獲得していることを条件とすることが別に定められてており(ET 88条1項後段),これにより両者の競合は回避が図られる。

それでもなお,過半数を獲得した組合代表と統一代表の少数派とが競合する場合が起こりうる。その際には時間的な前後関係,すなわち先に交渉の申込みを行った者が交渉権を得ることになる。

統一代表の構成員は最大で75名に達するのに対し,交渉の場に臨めるのは最大12名と上限が課せられている。そのため,交渉担当者の選出に際しては,出身母体の構成比に合わせた比例配分を行うという取扱いが為されている。

(2) 企業より広い単位での交渉

次に,地域別ないし産業別で労働協約を締結しようとする場合についてである。この場合,労働者側の主体は常に労働組合である。しかし,ここでも統一代表のシェアが問題とされる。すなわち,協約が適用されることになる範囲において統一代表の過半数を獲得していなければ交渉担当者会議を結成することができず,ひいては労働者側の当事者となることができないのである(ET 88条1項後段)。

2 集団的労使関係の機能状況

(1) 協約の締結単位

スペインにおいて労働条件を実際に決定しているものは労働協約である。

ET 83条1項は,労働協約は適用対象下に置くこととされた地域ないし事業場の範囲内で効力を有すると定めている。ある統計資料によると,2001年には労働協約が全体で4,910件締結され,863万5,615人の労働者を協約の適用対象下に置いていた。このうち,企業単位で結ばれたものは3,618件(73.7%)と多いものの,協約の対象となる労働者の数でみると94万3,568人(10.9%)に過ぎ

ない[19]。

　また，1990年からの2001年までの12年間の状況を調べたデータによると，この期間に企業単位で協約が締結された割合は13.32％である。スペインで最も典型的な協約締結のパターンは，県単位で産業別に締結されるものであり[20]，過半数の53.75％を占めている[21]。ここからは，企業の外部にある労働組合が労働条件決定に深く関わっていることがわかる。

(2)　統一代表のカバー率

　多少古いデータであるが1990年の調査によると，当時900万人いた労働者のうち6割にあたる544万人が統一代表によって代表されているとされている[22]。前述のように，統一代表を義務的に選出しなければならないのは従業員11人以上の事業場においてである。スペインでは，これを下回る従業員10人以下の事業場が43％を占めている[23]。小規模な事業場では統一代表がそもそも存在していない，というところに機能的な限界があろう。

Ⅶ　おわりに

　最後に，スペインの統一代表システムについて若干の考察を加える。

　統一代表制度の運用を見ると，企業単位のみならず，企業の外部（地域単位ないし産業単位）においても協約の交渉に臨む者を公正に選び出す機能を果たしていることが指摘できる。また，その反射的な効果として，労働組合が行使しうる影響力を増幅するアンプリフターの役割を果たしているということも言

---

[19] Anuario de Estadísticas Laborales y de Asuntos Sociales. Ministerio de Trabajo y Asuntos Sociales. 2001.

[20] スペインには17の自治州（Comunidad Autónoma）があり，それがさらに50の県（provincia）に区分される。

[21] Carlos de Benito, *Relaciones Laborales,* aedipe, pag. 83（2004, ISBN84-205-4038-2）. ここで示されているデータは，Boletín Económico del Banco de España, Ministerio de Trabajo y Asuntos Sociales, abril 2003による。

[22] Modesto Escobar, *Spain : Works Couincils or Unions ?*, the University of Chicago Press, p. 168（1995, ISBN0-226-72373-6）. 中村・前掲注1）論文162頁も参照のこと。

[23] Carlos 前掲注21)書81頁。

個別報告②

えよう。
　スペインの労働組合組織率は約17％と低い。殊にスペインの場合，フランコ政権期に組合への強制加入をさせた反省から，消極的団結権（労働組合に加入しない自由）を憲法で承認していることも組織率低下の理由として挙げることができる。ところが，統一代表に選ばれた者の出身母体を見ると，2つの全国的な代表的組合から実に約75％もの人材が輩出されていることがわかる[24]。
　すべての従業員が関わる統一代表の選挙を経ることにより，形式的にとはいえ，集団的労使関係における民主性が確保されている。そして，統一代表選挙を通じて代表性を獲得した労働組合は，企業内に留まらぬ広い範囲で影響力を行使できるようになる。スペインの集団的労使関係制度の中では，労働組合は組織率に現れている以上に影響力を行使しうるのである。

（おおいし　げん）

---

[24]　資料出所は，http://www.jil.go.jp/kunibetu/kiso/2003pdf/sp.pdf

ドイツにおける企業再編と労働法

春 田 吉備彦
（国士舘大学）

は じ め に

　日本では企業再編類型に通じた労働法的規制はなされない。このことが法的紛争をより錯綜させ，見通しの悪いものとする。労働契約承継の問題に限っても，会社分割では「承継営業の主たる業務に従事する者」が分割計画書等に記載された場合，民法625条1項の「労務者の承諾」から逸脱した処理がなされている。営業譲渡の法的性質を特定承継と捉えた場合，特定労働者の労働契約不承継の問題が惹起される。かような問題は「実質的同一性論」等の判例法理で部分的に対応可能だが，判例法理で解決できない事案も存在する。法的紛争の増加，不安定な判例法理，解雇権濫用法理の明文化といった状況に鑑みれば，日本でも企業再編を通じた労働法的規制の導入が要請されている。

　EC指令は，周知のように，企業譲渡に関して，企業譲渡による労働契約の承継を定めるとともに企業譲渡を理由とする解雇を禁止した。その際，「譲渡」が全ての法律行為や法律に基づく行為を含むとすることで，あらゆる企業再編類型を対象とし，また，直接当事者間における譲渡に問わない等，極めて包括的な労働者保護を図っており，日本が参照すべき解決策を示唆するものであろう。他方では，EC型の立法構想に対しては，譲渡当事者の経済的自由を過度に制約し，営業譲渡の不成功や雇用喪失を招来するという批判もある。

　本稿はドイツ連邦労働裁判所（BAG）判決を素材に，現在，日本が直面する企業再編にかかわる法的規制の改革モデルとして，EC法的規制の機能と実情を検証しようとするものである。まず，Iでは，ドイツ法の概要と特質を概観し，IIとIIIでは，EC法的規制がもたらす2つの問題，すなわち，「事業」概

念をめぐる議論の混乱をドイツの裁判所がどのように解決したのか，事業譲渡を理由とする解雇を禁止する一方で，その他の理由に基づく解雇を許容する法的規制は，具体的解雇事案において明確な指標たりえているかを検討する。前者の問題は，事業譲渡を理由とする解雇を禁止したときの労働者による権利主張の拡大に対する歯止めの議論とすれば，後者の問題は，事業譲渡の成否を左右するだけに法的規制の実効性への疑問が投げかけられている法的問題である。

なお，事業概念にかかわるドイツ民法（BGB）613条a第1項1文と解雇にかかわる同条第4項1文および同項2文は，しばしばBAG判決では同時に争点となっており，いわば車の両輪のように密接不可分かつ相補的な規制であるが，本稿は両規制をそれぞれ別章で取り扱うこととする。

I ドイツ法の概要と特質

1 事業主交代時の労働契約存続保護（Bestandsschutz）原則の立法的解決

事業主交代時に労働契約と労働条件が承継されるか否かは，有力批判説が存したものの，立法前の通説は譲渡当事者と労働者の三者間合意の存する場合に限り，認められるとの理解であった。その意味で事業譲渡の法的性質は特定承継が出発点である。ドイツは1977年EC企業譲渡指令（譲渡指令）制定前に，事業主交代時の労働契約存続保護原則をBGB 613条aに挿入し，立法的解決[2]を図った。かような解決は，1972年経営組織法（BetrVG）改正時になされたが，本来BetrVG上の共同決定事項として挿入が予定されていた。結果的に，BGB 613条（権利・義務の一身専属性）の例外規定として明文化された。立法理由は，

---

1) ドイツ企業再編法制の先行研究として，小俣勝治「会社分割と労働関係（西ドイツの場合）」國學院大學大學院法研論叢11号85頁（1984年），毛塚勝利・和田肇「ドイツにおける企業組織再編と労働者保護」『企業組織等の再編に伴う労働者保護法制に関する研究報告書』（連合総合生活開発研究所，2000年）146頁，塚原奈保「企業組織の変動と労働関係——ドイツ法における労働関係の強行的移転の検討——」本郷法政紀要NO.9（2000年）39頁。
2) 立法前後の学説・判例の変遷は，今野順夫「営業譲渡と解雇——西ドイツにおける法理の展開」行政社会論集（福島大学）2巻1号1頁（1989年），上条貞夫「企業変動と労働者の権利」『司法と人権』（法律文化社，2002年）3頁。

事業譲渡前後の労働者地位の保持と事業譲渡前後の従業員集団の活動基盤保持[3]である。同条第1項1文は「事業の全部またはその一部が法律行為によって他の事業主に譲渡された場合，譲渡時において存在する労働契約上の権利・義務が右事業主に生じる」とし，同項2文は「これらの権利・義務が労働協約または経営協定によって規制されている場合，新たな事業主と労働者間の労働関係の内容となり，かつ譲渡後1年経過前は労働者の不利益に変更することはできない」と定めている。

2 労働者の異議申立権および労働者への通知義務の明文化

2001年，BGB 613条aに5項の新・旧事業主の労働者への通知義務と6項の労働者の異議申立権[4]に関する条項が挿入されたが，このことは1974年10月2日BAG判決[5]で定式化され，積み重ねられた判例法理の確認の意味がある。BAGは，労働者の自己の選択によらず，別の使用者のもとで働くことが強制されることは，人間の尊厳（基本法1条），人格の自由な発展の権利（基本法2条），自由な職場選択の権利（基本法12条）に矛盾すると述べた。

日本の営業譲渡時の「承継される不利益」[6]問題は，ドイツでは異議申立権の法的性質が解決する。異議申立権は形成権かつ拒絶権であり，その行使は譲渡人のもとでの労働関係の存続保護と譲受人への労働契約譲渡阻止という複合的効果を導く[7]。むしろ，事業譲渡の結果として，職場が存しない場合の異議申立権の行使と解雇の有効性判断が問題となっている[8]。異議申立権の行使に資する

---

3) BT-Drucks. VI/1786.
4) 異議申立権立法前の状況は，根本到「営業譲渡における労働契約の自動承継と労働者の異議申立権」労働法律旬報1351・52号66頁（1999年）。
5) BAG-Urteil vom 2.10.1974, AP Nr.1 zu §613a BGB.
6) 拙稿「会社解散による解雇の効力と営業譲渡に伴う雇用承継」労働判例805号19頁（2001年）。
7) Willemsen, Übertragung von Arbeitsverhältnissen nach §613a BGB, Willemsen/Hohenstatt/Schweibert/Seibt, Umstrukturierung und Übertragung von Unternehmen, 2003, S. 888.
8) 中内哲「会社分割時における労働者の異議申立権の行使――ドイツ法との比較・検討の試み――」西村健一郎・小嶌典明・加藤智章・柳屋孝安『新時代の労働契約法理論』（信山社，2003年）310頁。

個別報告③

ように，同条第5項は事業譲渡に関わる情報提供を新・旧事業主に義務づけている。

3 ドイツ企業再編の中核的規定としてのBGB 613条a

BGB 613条aは企業再編規制の中核的規定である。BGB 613条aが1994年組織変更法（UmwG）の組織変更類型[9]に適用されることは，UmwG 324条の「BGB 613条a第1項および第4項は，合併，分割，財産譲渡の登記の効力によって影響をうけない」という条文から明らかである。事業譲渡規制が，合併，分割，財産譲渡に援用され，企業再編類型を通じて機能することは，日本のモザイク的対応と比したドイツ法的特質である。

合併には，ある法主体が全ての資産を他の法主体に譲渡する（吸収合併）と2つ以上の法主体がその資産を新設の法的主体に譲渡する（新設合併）がある。

財産移転は，株式等の持分権の交換が認めらない公的法人や公法上の保険会社における変更方式で，全部譲渡が合併に，一部譲渡が分割に相当する。

形式変更は，法主体が実質的に変更することなく，会社の法形式を変更することである。

分割には，法主体が残るが資本関係が切断される存続分割（Abspaltung），企業の背後にある持分所有者が譲渡価値に相当する部分の持分を譲渡する分離分割（Ausgliederung），法主体が消滅する消滅分割（Aufspaltung）がある。各分割類型に新設型と吸収型がある。

存続分割と分離分割は，事業単位で労働者の労働契約と労働条件が譲受ける法主体に譲渡されるが，旧使用者は存続し，労働者の異議申立権も認められる。このため，存続分割と分離分割は，労働契約承継において法律上の不利益が生じないと考えられる。一方，消滅分割は後述する労働者の人員配置にかかわる問題が指摘される。

---

9) UmwGは，合併（Verschmelzung），分割（Spaltung），財産移転（Vermögensübertragung），形式変更（Formwechsel）という4つの組織変更類型を定める。その法的性質は部分的包括承継である。

4 労働者削減リスクおよび労働者の人員配置問題に対応した従業員集団の関与

BGB 613条 a は事業譲渡時の労働契約承継原則を定める。一方，ある事業で労働者の人員削減が不可避となる場合，労働者代表としての経営協議会の関与が前面に出る。[10] この場合，BetrVG 112条の事業変更（Betriebsänderung）[11] 手続において，経営協議会と使用者との間の利益調整協定と社会計画の策定が用意されている。[12] BAG 判決を紐解くと，しばしば，事業譲渡事案に事業変更手続が介在しているが，本来，事業譲渡と事業変更は別の労働法的リスクに対応するシステム[13]である。

旧使用者が消滅する消滅分割で生じる人員配置問題も，利益調整協定によって，解決が図られる。例えば，A社がB社・C社・D社の3社に消滅分割され，譲受ける3社が各々A社の事業の一部を配分する場合，A社の労働者Xの人員配置は，UmwG 323条2項の「合併，分割または財産譲渡の際に，利益調整協定が成立し，組織変更後に特定の事業または事業の一部に配置される労働者の氏名が表示された場合，労働裁判所は重大な瑕疵がある場合にのみ，労働者の配置を審査できる」という規制によって解決される。[14]

さらに，事業変更にかかわる規制は，1999年1月1日施行の倒産法（InsO）[15]においても援用される。しかし，原則は事業譲渡が倒産手続上も貫徹することである。[16] と同時に，倒産企業の更正のためには，債務者と譲受人にとって，事業に必要で適切な人員を残しながら，労働者の削減を図ることが不可欠な要請となる。このため，雇用関係の終了に関する迅速な判断のための幾つかの修正

---

10) BetrVG 111条は，常時20人を超える選挙権を有する労働者を擁する企業の事業主に対して，従業員全員または大部分に重大な不利益をもたらす可能性のある事業変更計画について，経営協議会に適時かつ包括的な通知と経営協議会と協議を義務づける。

11) BetrVG 112条は「(1)事業主と経営協議会の間で……利益調整協定が成立した場合，それは書面で記録され，事業主と経営協議会によって署名される。……事業変更の結果，労働者に生じる経済的不利益を補償または緩和することに関する合意も同様である（社会計画）。社会計画は経営協定としての効力を有する……」と規定する。

12) 事業変更上の利益調整協定や社会計画については，荒木尚志『雇用システムと労働条件変更法理』（有斐閣，2001年）106頁。

13) Röder/Baeck, Interessenausgleich und Sozialplan, 2001, S. 55.

14) Willemsen, a. a. O., S880.

15) ドイツ倒産法については，木川祐一郎『ドイツ倒産法研究序説』（成文堂，1999年）1頁。

と事業変更に関わる法的整備がなされている。すなわち，事業変更に際して労働者を解雇するという経営協議会と倒産管財人との間の利益調整協定が成立した場合，①事業所属年数，②年齢および扶養義務，③労働者の均整の取れた人的構成を維持または形成していること，という3つの重大な瑕疵阻却事由を除いて，労働裁判所は事後的審査を行えない。[17]

II 事業概念の拡大と限定

1 事業概念について

BGB 613条 a には事業概念の定義が存しないこともあり，事業譲渡成立の出発点として，専ら，事業概念に議論が集中している。プライスによれば[18]，伝統的に事業概念は人が人的・物的・非物的手段を用い，一定の労働技術上の目的を継続的に追求する組織的まとまりと定義され，事業譲渡上の事業概念は，物的事業手段あるいは非物的事業手段（この中に労働者は含まれない）を用いて，ある労働技術上の目的の追求を可能にする事実的まとまりと定義されている。一方，企業（Unternehmen）概念は経営上または理念上の目的が追求される組織的まとまりで，主に法主体たるまとまりと定義されている。[19] ドイツでは，日本のように事業概念において法人格の別異性は重要視されない。

---

16) InsO 128条は次のように規定する。
「(1)第125条から第127条の適用は，利益調整または確認申立の基礎となる事業変更が譲渡後にはじめて実施されることで排除されない。第126条に従った手続に対しては，事業譲受人がこれに参加する。
(2)事業譲渡の場合には，第125条1項1文による推定または第126条による裁判上の確認は，雇用関係の解雇が事業譲渡を理由として行われたものではないことにも及ぶ。」
17) InsO 125条は次のように規定する。
「事業変更が計画され，倒産管財人と経営協議会間で解雇される労働者が指名された利益調整協定成立時には，解雇制限法第1条は次の基準をもって適用されなければならない。
(1)指名労働者の労働関係は，当該事業における継続雇用または労働条件の変更なくして，継続雇用を妨げる差し迫った経営上の理由によるものと推定される。
(2)労働者の社会的選択は，事業所属期間，年齢および扶養義務の考慮において，かつその限りで重大な瑕疵についてのみ事後審査がなされうる……」。
18) Preis, Erfurter Kommentar zum Arbeitsrecht, 2001, S. 1504.
19) Preis, a. a. O., S. 1341.

2 譲渡概念の特徴

ドイツ法の譲渡概念の特徴は，①狭義の事業譲渡（日本の営業譲渡），②営業賃貸借，③破産管財人の事業売却，④UmwGの合併・分割・財産譲渡，⑤外注化（アウトソーシング）等の広範な法的取引が対象となる点である。さらに，二段階やそれ以上の当事者を踏んだ譲渡行為，あるいは譲渡当事者間に直接的な契約関係や明示の契約が存しなくても，それらの法的関係に法的連鎖が認められれば，譲渡となる。[20]

3 譲渡指令改正および譲渡指令条文整理について

1998年6月2日，ドイツ法の事業譲渡概念の拡大化をもたらした譲渡指令が改正され，2001年3月12日，譲渡指令条文整理がなされた。現行譲渡指令1条1項は，次のように規定する。

「(a)企業，事業または企業，事業の一部の法的譲渡または合併から生じる，他の使用者への全ての譲渡について適用される。

(b)(a)号以下の本条の規定を条件として，同一性を保持する経済的実体の譲渡がある場合に，本指令の意義における譲渡があるものとする。経済的実体とは，その活動が中心的か副次的かを問わず，経済活動を遂行することを目的とする，諸資源の組織的な配置のことをいう」。

(a)号の企業譲渡概念は，(b)号が明確にする。(b)号の「中心的か副次的かを問わず」という文言は，1994年4月14日Schmidt事件判決[21]の企業の副次的業務のアウトソーシング事案および1997年3月11日Ayse Süzen事件判決[22]の業務委託先のアウトソーシング事案も捕捉可能な形で，定式化された。「諸資源の組織的配置」の資源という概念は，財産だけではなく，労働力をもその概念に含むものである。したがって，労働力が重要な役割を果たす，清掃・警備・食堂等の労働集約型事業の諸活動を経済的実体の同一性の成立から排除しない文言選択がなされた。すでに，譲渡指令改正の経緯や分析に関して，先行研究が存[23]

---

20) Wank, Münchener Handbuch Arbeitsrecht Band 2, 2000, S. 245.
21) AP Nr. 106 zu §613a BGB.
22) AP Nr. 14 zu EWG-Richtlinie. Nr. 77/187.

在するが，Schmidt事件判決およびAyse Süzen事件判決は，譲渡指令がアウトソーシング事例を捕捉可能とする企業譲渡概念の拡大化を導いたEC裁判所先行判決であった。

両判決が適用対象の拡大化にかかわる判決であったこともあり，企業譲渡前後の活動の類似性の判定基準が重要となる。この点にかかわるEC裁判所判決が，1986年3月18日Spijkers事件判決[24]である。そこでは，7要素を総合考慮し，経済的実体の同一性の成立を認定する手法が定立された。それは，①企業や事業の種類，②建物や動産等の有体財産が譲渡されたか，③譲渡の時点における無体財産の価値，④従業員の多数が新使用者に承継されたか否か，⑤顧客が承継されたか否か，⑥譲渡前後の活動の類似性の程度，⑦もしあるとすれば，その都度中断された期間である。BAGはAyse Süzen事件判決の引用という形をとりながら，Spijkers事件判決における7つの諸要素の総合考慮という命題に即し，事業の一体性判断を行っている。

BAGは，Ayse Süzen事件判決の「単に競業者に業務を奪われた場合，つまり」，譲渡前後の活動の類似性が認められないかあるいは僅少な場合を機能承継（Funktionsnachfolge）の問題として整理する。事業譲渡は，譲渡人が構成し，事業機能を有した「事業組織としてのまとまり」を譲受人が獲得し，そこから利潤を得ることが必要である。したがって，前任者の組織した事業組織，とりわけ労働組織の再利用が認められない場合が機能承継事例であり[25]，この場合，事業譲渡性は否定される傾向にある。

4　BGB 613条aの適用事例と限界事例

Ⅲで後述するように，事業譲渡を理由とする解雇規制の適用問題の困難性は，倒産・事業閉鎖事案に発生する。それを除けば，同規制の適用の限界事例はア

23）　荒木尚志「EUにおける企業の合併・譲渡と労働法上の諸問題──企業譲渡指令にみるEC労働法の一断面──」北村一郎編『現代ヨーロッパ法の展望』（東京大学出版会，1998年）81頁，本久洋一「EU法における企業組織変更と労働関係」『企業組織等の再編に伴う労働者保護法制に関する研究報告書』（連合総合生活開発研究所，2000年）101頁。

24）　AP Nr. 7 zu EWG-Richtlinie. Nr. 77/187.

25）　Willemsen, a. a. O., S. 840.

ウトソーシング事案に生じる。この点、BAG は、EC 法の企業譲渡概念の拡大化を受けて、事業としての一体性概念を再整理しつつある。

1997年5月22日判決[26]は、その後の判例法理の展開を決定づけるものとなる。同判決は、伝統的な事業概念を修正し、両当事者間で引き継がれた「労働者の専門知識や資格、労働者の総数」という労働者そのものに着目する手法を採用した。このことは、労働力が重要な役割を果たす労働集約事業あるいはサービス事業での事業の一体性判断の柔軟化・拡大化をもたらす契機となった。と同時に、どのような基準でその限界の線引きを行うかという新たな問題を提起することになる。事実の概要は次の通りである。

衣服小売業会社A社が破産し、A社O支店は閉店した。破産管財人は労働者全員を解雇した。別会社のY社がO支店所有者から「むき出しの」不動産を賃借りし、内装工事終了後、A社の労働者全員を譲受けることなく、新店舗を開店した。XはY社にBGB 613条a第1項に基づく雇用承継を主張し、訴訟を提起した。

BAGは「事前の事業閉鎖は事業譲渡を排除する。……経済的実体の同一性が成立するか否かを判断するためには、事業活動の中断という判断要素の考慮が必要で、……6ヵ月間の販売活動停止は、相当期間の事業活動の中断を意味する。……BAG判決は、従業員承継をBGB 613条aの法律効果であり、法律要件ではないと解してきたが……今後、本法廷は……EC裁判所判決に従い、……同等な地位の従業員の譲受がみられるかどうかを出発点とする。……小売業では共同作業に継続的に結び付く労働者総体としての人的労働力が重要で、その譲渡が認められる場合、経済的実体の同一性の成立が推定される。……床敷物と天井化粧張りを除去した店舗の『むき出しのまま』の賃貸は事業譲渡性を否定する」と述べた。

事業組織と従来の事業目的を保持したまま、単に事業の場所が移動した場合、BGB 613条aの適用は肯定される。学説があげるモデル・ケースは、次の例である[27]。V社はマインツで賃借りした建物で、プレゼント・カードを製造してい

---

26) BAG-Urteil vom 22.5.1997- AP Nr. 154 zu §613a.
27) Willemsen, a. a. O., S. 860.

たが，カード・製造用機械・在庫カードをフランクフルトのK社に売却した。K社はV社よりより安く広い事業建物の賃借りに成功した。商品等の引渡日以後，K社は全ての機械と在庫を含めた商品をそこに搬入し，数週間後のカード生産再開の準備を行った。K社は労働者70名の大部分は引受けるが，15名を余剰人員であり，解雇を行うことを考えた。

かような事例は，日本法では許容されることになると思われるが，ドイツ法では典型的な BGB 613条 a の潜脱行為と考えられている。

Ayse Süzen 事件型のアウトソーシング事案に規制が及ぶとした BAG 判決として次のものがある。1997年12月11日 BAG 判決は，労働集約型事業で，事業方法と事業組織を保持したまま，基幹的従業員の譲受がある事例である。[28]

Xは清掃会社である Y_2 社で就労し，A大学の建物に投入されていた。Y_2 社は建物清掃委託のため，労働者70名を雇用していた。労働者は一定グループで，特定の清掃担当場所をチーム・リーダー指揮のもと就労した。Y_2 社への清掃委託終了後，A大学は競業会社である Y_1 社に新たな委託を付与した。Y_1 社は Y_2 社の労働者70名中チーム・リーダーを除く労働者60名を採用し，……清掃作業を継続したが，Y_2 社の清掃用器材等は再利用されなかった。Y_2 社はXを解雇し，Y_1 社もXを採用しなかった。Xは Y_1 社に事業譲渡による労働関係の存続あるいは Y_2 社での再雇用を求め，訴訟を提起した。第2審（第1審の帰結不明）はXの請求を棄却した。

BAGは「Xの労働契約は Y_1 社で存続する。……（Ayse Süzen 事件判決引用）……労働集約的部門……では，人的労働力が重要であり，労働者総体としての活動の継続性が経済的実体の同一性の成立を判断するうえで重要な意味をもつ。……委託は……事業の一部でも遂行できる。建物の清掃や警備業といった特定のサービス事業では，譲受けた労働者の人数と職務の質が重要である。……Xはチーム・リーダーとして Y_2 社の基幹的従業員として職務に従事していたと認められ，Y_2 社は基本的に Y_1 社の勤務シフトやチーム編成方法を受継いだ」と述べた。

---

28) AP Nr. 171 zu §613a BGB.

他方，適用されない例は，Schmidt事件型の企業の副次的業務のアウトソーシング（古典的アウトソーシング）事案の場合である。[29] 学説があげるモデル・ケースは，次の例である。通信会社T社がコールセンター事業をA社に委託し，T社は同事業で雇用した従業員を解雇した。A社は自社空間で，独自の技術による設備とA社の従業員を用い，業務を遂行した。A社はいかなる物的・非物的事業手段も譲受けておらず，譲渡前後の活動の類似性（機能承継）だけが認められる。T社従業員の雇用は，解雇制限法（KSchG）1条の経営上の必要性に基づく解雇の問題として判断される。

裁判例で問題となるのは，次のようなAyse Süzen事件型の機能承継事例である。1998年12月10日判決は，[30] BGB 613条aの適用が否定され，解雇規制が及ばないとしている。

XはL社の労働者としてM病院で就労していたが，業務内容は病院内の雑用業務であった。Xを含め労働者8名が就労した。M病院はL社との委託を解約し，Y社と新たな委託契約を締結した。Y社はL社の元従業員の一部（8名中6名の労働者）を採用したが，Xは採用されなかった。Y社は経営組織計画や従業員の配置シフトを独自のものとして行い，何ら清掃器材等の事業手段をL社から譲受けなかった。

XのY社に対する雇用承継の主張に対し，BAGは「事業譲渡は生じない。……広範な活動の遂行の譲受（機能承継）は事業譲渡ではない。Y社は……新たな労働プロセスと労働組織を構築している。……譲渡前後の活動に類似性はない。……（Ayse Süzen事件判決引用）……労働者の人数・専門知識に応じた本質的部分の譲受が重要で……8名中6名の従業員の譲受は事業譲渡ではない。職能資格（Qualifikationgrad）の低い労働者多数を譲受けても，以前の労働組織は存続しない」と述べた。

アウトソーシング事例においては，相対的に職能資格が低位で，交換可能な従業員の大部分が譲受けられた場合には，BGB 613条aの適用が肯定されるが，反対にその者の譲受が小人数に止まる場合，その適用は否定されるといえよう。

---

29) Willemsen, a. a. O., S. 850.
30) AP Nr. 187 zu §613a BGB.

個別報告③

このほか，BGB 613条aの適用が否定された事例は次のようなものである。
①　1997年4月24日 BAG 判決[31]

電子データ処理サービスを業とするY社は，システム・プログラマーであるXら11名の従業員を雇用していた。Y社は事業閉鎖を理由にXらを解雇した。XはY社に対し，BGB 613条a第4項1文に違反した解雇であるとして，訴訟を提起した。その過程で，第三者であるB社とG社がY社のデータとプログラムを譲受け，Y社の顧客に継続的にサービスを提供した。かような状況から，追加的に，XはB社とG社に対するBGB 613条a第1項に基づく雇用承継を主張した。第1審と第2審はXの請求を棄却した。

BAGは「ラント裁判所は解雇が事業閉鎖に基づくもので，……差し迫った経営上の必要性に基づく解雇と判断した。……B社もG社もY社の事業手段を……譲受けておらず，……Y社の商品納入契約や商品引取契約に参入していない。……顧客や営業上の保護権，業務用文書，顧客リストも譲受けていない。……データとプログラムの譲受はB社とG社にとって重要ではない。Xが従事したシステム・プログラミングは労働技術的な事業部門の目的ではない。……BGB 613条aは，……事業の一部譲渡も対象とするが，譲受人がこれまで独自に有していた事業組織にその事業の一部を組み込み，その事業を拡張する場合，この限りではない。……（Ayse Süzen事件判決引用），……Xは単独でコンピュータ・システム構築やプログラム基礎作成作業に従事したが，それはさらに上級プログラマーの最終点検と仕上げが必要で……XはY社のもとで重要な職務を遂行しておらず，……事業譲渡としての一体性の成立は認められない」と述べた。

②　1997年9月11日 BAG 判決[32]

XはホテルのA社レストラン事業で就労する顧客係であった。レストラン事業はドイツ料理をメインとし，A社がホテル所有者から借り受け，営まれた。A社の破産後，Xら従業員全員が解雇された。Y社がホテルのスペースとレストランを借り受け，部分的改築とレストラン施設の一部を再利用し，アラビア

---

31) BAG-Urteil vom 24.4.1997, NZA 1998, 253.
32) BAG-Urteil vom 11.9.1997, NJW 1998, 1253.

風エスニック・レストランを開店した。XはY社にBGB 613条a第1項に基づく雇用承継を主張し、訴訟を提起した。

BAGは「(Ayse Süzen 事件判決引用)……経済的同一性は単なる活動として理解される必要はない。約6ヵ月間のレストラン閉店は活動の継続の中断を意味し、閉店から約6ヵ月後の開店は経済的同一性の保持を意味しない。……レストラン事業では、ドイツ料理屋から異国風カフェへの変更、店の雰囲気の根本的変更は、EC裁判所の判例に基づけば、事業方法と労働組織変更を意味し、経済的同一性の保持は認められない。レストラン施設の譲渡は決定的な意味をもたない。Y社は管理的従業員や他の従業員を譲受けていない。……Y社は新たな顧客係を雇入れ、Y社支配人の兄弟のもとでコックであった者を投入した。譲渡性判断のためには、顧客係がレストラン事業では重要な意味をもつ。……さらに重要な意味をもつのは、専門知識の担い手であるコックが譲渡されたか否かであるが、本件ではコックの譲渡はなされていない」と述べた。

③ 1999年1月21日 BAG 判決[33]

H (私立) 学校は賃借した教室で職業安定所の訓練生に再就職用の職業訓練再教育を行っていた。しかし、職業安定所の助成金が縮小され、H学校は倒産手続を開始し、全講師を解雇した。H学校は従来賃借りしていた教室を縮小し、大部分の生徒と関係を終了した。H学校は新学校を設立し、16のビデオルームを再利用し、机・いす・事務用什器を購入し、10名中3名の講師を雇用した。新設学校は、連邦保険庁のための職業訓練教育を実行するものであった。採用されなかった講師が訴訟を提起した。

BAGは「労働集約型のサービス事業で、机・いす・事務用什器、賃借りした教室、ビデオルームは、重要な意味をもたない。職業安定所の委託はその後の連邦保険庁の委託と比べて教育構想が異なることをラント裁判所は見過ごしており、……空間的観点から、類似の活動性を導くが、教育コースについては機能承継だけが認められる。10名中3名の採用 (30％の譲受) は、基幹的従業員の譲受としては十分ではない。被告はその教育構想に基づき、新たな労働組

---

33) AP Nr. 5 zu §325 ZPO=NZA 1999, 648.

織に対応する人員を個別的に引受けている」と述べた。

　④　1999年8月26日 BAG 判決[34]

　Xは運送事業を営むN社で運転手として就労していた。Y社はトラック22台と車庫を有しており，労働者22名を雇用し，運送事業を営んでいた。Y社は，N社からトラック3台と運転手6名をその事業に編入し，以前から行っていた独自の事業組織に編入した。N社の破産後，Y社事業に編入されなかったXは，BGB 613条a第1項1文に基づき，Y社に雇用承継を求め，訴訟を提起した。

　BAG は「Y社はN社から，トラック3台と運転手6名を……『事業の一部』として譲受けていない。トラック3台は個別的な事業手段としてみなしうるだけで，事業の一部に密接に関係する物的事業手段ではない。……譲受人は，譲渡された3台のトラックで，大手顧客のための委託を拡張したが，……かような事実は重要ではない。……譲受人は譲渡人の構成した人と物とからなる組織的統一体を承継していない。譲受人は……トラック3台と運転手6名を事業に編入し，……以前から存在した独自の事業組織に編入した。……委任の継続は機能承継の問題と評価される」と述べた。

　このように，①の同様なサービスを提供しているものの事業組織が全く別のものに構造変更している例や，②の飲食店などの小売事業の営業賃貸借契約において予め事業閉鎖がなされ，前任者の事業が除去されている例，③の本質的に事業目的が変更されている例，④の労働者のみを譲受け，すでに存在する譲受人の事業に編入する例などでは，BAG は機能承継にすぎないとして BGB 613条aの適用を否定する。

　いずれの事案も倒産・事業閉鎖といった事業継続が困難な事案であるが，BAG は，労働者の雇用に配慮しながらも，譲受人の事業組織あるいは事業目的の構築という視点から，機能承継にすぎないものを排除することで，「事業」概念の拡大に対して歯止めをかけているということができよう。

---

34)　AP Nr. 196 zu §613a BGB.

III 事業譲渡を理由とする解雇の禁止とその他の理由に基づく解雇の関係

1 事業譲渡を理由とする解雇の禁止の趣旨

譲渡指令の国内法化のために，1980年には BGB 613条 a 第4項が挿入された。同条第1項1文に基づき，事業譲渡時に労働契約承継がなされるとしても，譲渡人や譲受人による事業譲渡を理由とする解雇が可能であれば，同条の保護目的は無意味となる。このため，同条第4項1文は，「事業の全部または事業の一部の譲渡を理由とする，旧事業主または新事業主による労働者の労働契約の解雇は無効」と規定する。このため，KSchG 1条1項の6ヵ月の期間要件や KSchG 23条の事業規模の人員要件をみたさない場合でも，同条第4項1文は適用される。かような規制は，事業譲渡を理由とする解雇潜脱のために締結された，通常解雇，変更解雇，解消契約にも適用される。

しかし，BGB 613条 a 第4項1文は事業譲渡を理由とする解雇を禁止するとともに，同項2文は，事業譲渡以外の理由による解雇を許容する。したがって，両者の関係は，実際には複雑である。解雇が事業譲渡に前後して行われた場合，当該解雇が事業譲渡を理由にするものであるかを判断するのが困難と思われるし，倒産時を考えれば，事業譲渡時の解雇を排除することは事業譲渡をかえって困難にするともいえるからである。

この点，BAG は1983年5月26日判決において，倒産時にも解雇禁止が及ぶとした。

事実の概要は以下の通りである。X は R 社の事業で就労していた。R 社が破産し，Y が破産管財人に選任された。Y は X を解雇した。その後，D 社に事業譲渡がなされた。X は訴訟を提起したが，第1審，第2審とも，X の請求を棄

---

35) 譲渡指令4条1項は，以下のように規定する。
　「企業，事業，または企業あるいは事業の一部の譲渡は，それ自体として，譲渡元および譲渡先による解雇の理由とはならない。この定めは，雇用に変更をもたらす経済的，技術的，組織的理由により行われる解雇を妨げない」。
36) Preis, a. a. O., S. 1538.
37) AP Nr. 34 zu §613a BGB.

個別報告③

却した。

　BAG は「BGB 613条 a 第 4 項 1 文が，破産時の事業譲渡において適用されることは，……職場の保護に特別な意味をもつ。……その適用がなければ，譲受人は労働者の排除を意図するし，……譲渡人の義務を免れさせ，……労働者の職場喪失をもたらす。Yによる事業譲渡を理由とする解雇は，……譲受人がXの譲受を望まないという理由である。……特定労働者の譲受によって事業売却ができないとして，譲受人の拒否を理由としてなされた破産管財人の解雇は，同条第 4 項 1 文の規制に該当する。……Yは，……ただXの給料が高すぎて経済的でないことを理由とする。……場合によっては，特定労働者の譲受を理由とした譲受人の拒否によって事業譲渡が失敗に帰す場合もあろう。が，このことは同条第 4 項 1 文の規制目的から甘受されなければならない帰結である。……しかし，本件ではYはD社以外の会社とは交渉せずに……全労働者の譲渡を行う努力を怠った。……一方，旧使用者が実施する個別の職場に関する合理化措置は想定されるし，場合によっては，同条 4 項 1 文の保護目的を損なうことなく，譲渡人が事業譲渡前の解雇を行いうる」と述べた。

　同判決が，すでに学説上指摘されていた事業譲渡前の解雇可能性に言及した[38]点は，注目に値する。そして，どのような場合に事業譲渡前の解雇が許容されるかの判断は，次の BAG 判決の出現をまつことになった。

2　事業譲渡前の解雇が認められる場合

　他方，事業譲渡前の解雇が，BGB 613条 a 第 4 項 2 文により，経営上の必要性に基づく解雇の要件をみたす場合，許容されるとしたものが1996年 7 月18日 BAG 判決である。[39]

　Xは，Y社の法的前任者である VEB（旧東ドイツの国営企業）B社に採用され，就労していた。Y社は事業停止状態にあり，300人の労働者は操業短縮下にあった。信託公社（Treuhandanstalt）は事業の売却を試み，3 社の応募があった。信託公社はY社の競争力維持と事業存続を図り，資産価値を高めるため，

---

38)　Grunsky, ZIP 1982, 772, 776 : Timm, ZIP 1983, 225, 228.
39)　AP Nr. 147 zu §613a BGB.

労働者150名の雇用を確保する事業構造計画を策定した。Y社は経営協議会と利益調整協定の締結と社会計画を策定し、Xを解雇した。Xは解雇がBGB 613条a第4項1文に違反するとし、訴訟を提起した。第1審はXの訴えを認容、第2審はYの控訴を棄却した。この過程で応募企業の1社に事業は譲渡された。

BAGは「解雇は……無効ではない。……BGB 613条a第4項2文に基づき、他の理由からする解雇は許容される。……解雇が……それ自体で、解雇を根拠づける客観的な理由が存在し、事業譲渡が外観上の理由にすぎず、解雇が本質的理由からなされる場合、解雇は可能であり……、譲渡人が事業譲渡を睨んで、事業改善の合理化措置を遂行し、その目的のために解雇は……妨げられない。……解雇実施は売却のための事業改善であった」と述べた。

また、事業譲渡時の解雇が認められるとして、学説があげるモデル・ケースは次の例である。[40]

P社は債務超過に陥り、自力更生は難しい状況であり、P社のメインバンクは追加的融資を停止した。倒産手続開始直前に、P社は事業を事業譲渡によって譲受けようとするI社を見つけた。P社は自力で、経営協議会と利益調整協定の締結や社会計画策定を図っていない。I社はP社事業の労働者179名を63名に削減するまで、事業譲渡を延期すると告げた。そのため、P社は経営協議会と事業変更手続と経営上の必要性に基づく解雇を実施した。その後、事業譲渡は成功した。

譲受人の構想（Erwerberkonzept）に基づく譲渡人による解雇可能性は、学説も認める。[41] ドイツは、フランスのように事業譲渡前の解雇を禁止し、譲受人の解雇を待つという法政策的選択（包括承継的処理）を取っていない。これは、BGB 613条aは事業譲渡に伴う予見可能な雇用喪失を防止するもので、労働関係を人為的に延長し、譲受人による解雇を要請することで、事業譲渡が失敗に帰すというリスクを引受けるものではない点、解雇を先送りしても結果的に譲

---

40) Willemsen, Kündignungsrechtliche Fragen, Willemsen/Hohenstatt/Schweibert/Seibt, Umstrukturierung und Übertragung von Unternehmen, 2003, S. 990.
41) Preis, a. a. O., S. 1541.

渡人が事業閉鎖を理由として経営上の理由に基づいた解雇を行うことになるからであろう[42]。

このように，結局のところ，事業譲渡前ないし事業譲渡時における解雇可能性を認めることになった。しかし，このことが譲受人による恣意的な選択可能性を認めることではないことも看過されてはならない。

結　　び

ドイツ法的知見からは，日本法に次の示唆は求められよう。第1に，ドイツでは，サービス社会化や産業構造の転換に柔軟に対応し，BAG の「事業の一体性」判断は，労働力が事業の中核となる労働集約型の事業類型に対応する方向で，労働者保護の実行性の確保を図っている。その前提は，通常型の事業譲渡には BGB 613条 a の規制が包括的に機能する点にある[43]。そして，倒産・事業閉鎖・アウトソーシングといった局面で，BGB 613条 a の適用に対する限界事例が議論されている。一方，日本では，判例法理上，ドイツ法的・大陸法的系譜の「実質的同一性論」とアメリカ法的系譜の「法人格否認（濫用）論」との同一視がしばしばなされ，営業譲渡にかかわる実質論的考察ではなく形式論的考察にとどまっているようにも見受けられる。第2に，営業譲渡の法的性質を特定承継と捉えても，労使間の不均衡な交渉力に着目しながら，実質的な労働者意思の回復を図る立法措置は可能である。ドイツ法の事業譲渡規制は，特定承継から出発し，事実上の包括承継による法的構成となっているが，究極的段階では特定承継の性格は残存している[44]。つまり，ドイツ法は経営上の必要性に基づく解雇の要件をみたす場合，使用者に対して，事業譲渡前後の解雇だけでなく，事業譲渡時の解雇も許容し，その一方で，労働者に対して，異議申立

---

[42] Vossen, BB 1984, S. 1560ff.
[43] 毛塚勝利「倒産をめぐる労働問題と倒産労働法の課題」日本労働法研究雑誌511号4頁（2003年）において，すでに倒産法制下の営業譲渡と通常型の営業譲渡の峻別の必要性が指摘されている。日本の立法構想においても不可欠な視点である。
[44] 毛塚勝利「企業組織再編をめぐる労働法的規整の課題」『企業組織等の再編に伴う労働者保護法制に関する研究報告書』（連合総合生活開発研究所，2000年）190頁。

権とそれに資する情報提供を保障する。さらに，労働者の雇用削減のリスクに対して従業員集団の関与を保障することで，譲渡当事者の恣意的な労働者選別に歯止めをかけている。

　この点が，日本の立法構想に資するドイツ法的特徴であろう。

　BAG は，BGB 613条 a にかかわる膨大な判例法理を積み重ねている。本稿は，その一部をとりあげ，素描したに過ぎない。本稿で積み残された課題として，譲渡指令改正前の判例法理の検討が十分ではないと考える。引き続き，判例法理の展開を解き明かし，事業譲渡の法的規制の実効性がどのように歴史的に拡充されてきたのかをより明確にすることが今後の課題である。

　　　　　　　　　　　　　　　　　　　　　　　　　（はるた　きびひこ）

ドイツにおける労働者の個人情報保護
——労働法における「個人情報の保護に関する法律」
（平成15.5.30法57）の位置づけのために——

緒 方 桂 子
（香川大学）

I はじめに

　2003年5月に成立した「個人情報の保護に関する法律」（以下，個人情報保護法という）は，2005年4月1日から全面的に施行されている。同法は，個人情報を扱う者を「個人情報取扱事業者」として，その負うべき責務等を規定した法律であるが，ここでいう個人情報取扱事業者にはその雇用する労働者の個人情報を取り扱う使用者も含まれる。

　同法は，たしかに，他の比肩しうる諸外国の個人情報保護法に比較して，未だ精緻なものとはいえない。しかしそれでも，労働法にとって，同法が制定されたことの意味は大きいと思われる。このことは，職場における労働者の私的領域の保護にとって意味があるというにとどまらない。同法が個人情報の収集にあたって利用目的の提示を義務づけたこと，あるいは，個人情報の対象者に対し，開示請求権，訂正請求権および利用停止請求権を付与したことは，従来，私生活にまで及ぶあらゆる個人情報の収集対象でしかなかった労働者が，個人情報の「主体」となって，使用者による個人情報収集，保管，利用をコントロールする側に回る可能性を生み出すだろう。そして，それは，労働者の職場における自律を確立し拡大する契機ともなりうる。

　しかし，同時に，同法の未熟さは多様な解釈を導く可能性を有しており，場合によっては，職場における労働者の個人情報保護にとって実質的な機能を果

---

1) ただし，扱う情報の個人数の合計が過去6ヶ月以内のいずれの日においても5000を超えない者は除外されている（同法2条3項5号及び同法施行令2条）。

たしえないおそれもある。そういった危険性を回避するためには，今般制定された個人情報保護法が労働法においてどのような位置づけをもつ法律であるかを明らかにする必要がある。

本稿は，その作業の1つとして，ドイツの連邦データ保護法（Bundesdatenschutzgesetz, BDSG）を労働法の観点から検討するものである。同法は，1977年に制定されて以来，1990年および2001年の2度にわたる大改正を経て発展してきた。同法は，その適用対象について日本の個人情報保護法とほぼ同一の内容をもっており，私企業における労使関係に適用がある点でも類似している。また，2001年に行われた同法の改正は，世界的に高い水準の保護を規定する1995年のEU指令を受けて行われたものである。こういった点に照らし，ドイツ法を素材に検討を進めていくことは有意義であると考えている。

本稿では，まず，ドイツにおいて個人情報保護がいかなる法的基礎をもつものであるかを明らかにし（Ⅱ），次に，連邦データ保護法に則して，個人情報の収集，保管，利用等の許容性の要件について検討する（Ⅲ）。それらを踏まえて，労働法における個人情報保護法の位置づけについて試論を示す（Ⅳ）。

Ⅱ 自己決定の前提としての個人情報保護

1 情報に関する自己決定権の確立

ドイツにおける個人情報保護の法的基礎は「情報に関する自己決定権」（Recht auf informationelle Selbstbestimmung）にある。この概念は，以前から主張されていたが[2]，その内容や法的根拠が明確に示されたのは1984年に連邦憲法裁判所が出した国勢調査判決においてであった[3]。

そのなかで，連邦憲法裁判所は「自己の個人情報をいつ，誰に，どのような目的で開示するかを自分自身で決定する個人の権限」として情報に関する自己

---

[2] 1970/71年の冬に出された，内務省委任に基づくシュタイン・ミューラー教授らの個人情報保護法に関する鑑定意見書参照（Steinmüller, Grundfragen des Datenschutzes, BT-Drs. Ⅵ/3826）。なお，同鑑定意見書において，すでに「私的領域」（Privatsphäre）は保護法益を定義しえない概念であると指摘されている。

決定権を定義するとともに，その法的根拠をドイツ基本法に定める「人間の尊厳の不可侵」(§1 Abs. 1 GG)と結びついた「人格の自由な発展への権利」(§2 Abs. 1 GG)から導かれる一般的人格権に求めた。

　一般的人格権（allgemeines Persönlichkeitsrecht）は，一般的行為自由（allgemeine Handlungsfreiheit）と並んで，ドイツ基本法2条1項から導かれる基本権である。一般的行為自由は個人に行動の自由を保障し，一般的人格権は個人の不可侵性を保障すると理解されているが，この2つの権利は，一般的人格権が一般的行為自由の前提条件を形成するという関係に立つ。また，一般的人格権は，①私的領域や内密的領域を保護することによる自律的な自己展開の可能性の保障，②外部へ向けた自己表現の保障，③①②に先立つ人格の自由な展開のための基本条件の保障の3つに区分されるが，情報に関する自己決定権はこのうち③に分類されている。

　このように，同権利は人格の自由な展開ないし一般的行為自由のための基本条件として位置づけられるが，連邦憲法裁判所がこういった権利概念を生み出したのは，現代的な情報処理技術をめぐる状況のなかに，個人がその自己決定を抑制してしまう危険性をみたからである。この点について同判決では次のように述べられている。すなわち，コンピュータなどの情報処理機器の発展により，個人に関するあらゆる情報が無制限に蓄積され瞬時に呼び出され，さらに他の情報を結びつけられて部分的にあるいは完全な個人像を作り上げることが可能になった社会においては，「自分に関するどのような情報が自分を取りまく社会的な関係のなかで知られているかを十分な確実性をもって見通すことができない者や，コミュニケーションの相手方となりうる者が何を知っているかを相当程度に推測することができない者は，自分の自己決定に基づいて計画を

3）　Volkszählungsentscheidung, BVerfGE 65, S. 1 ff. 国勢調査判決については，鈴木庸夫＝藤原静夫「西ドイツ連邦憲法裁判所の国勢調査判決（上）（下）」ジュリスト817号（1984年）64頁以下・818号（1984年）76頁以下，藤原静夫「西ドイツ国勢調査判決における『情報の自己決定権』」一橋論叢94巻5号（1985年）138頁，平松毅「自己情報決定権と国勢調査」栗城壽夫＝戸波江二＝根森健編『ドイツの憲法判例（第2版）』（信山社，2003年）60頁以下など。

4）　Dreier, Grundgesetz Kommentar, hrsg.Dreier, S. 304.

5）　Dreier, a. a. O. (4), S. 329.

したり決定を行うことを本質的に抑制されてしまう」と。

2 私法上の労使関係への適用

ところで,情報に関する自己決定権が基本権の1つであるということから,学説上では,同権利が私人間の法的関係である労使関係においても適用されるかが大きな論争となった[6]。いわゆる基本権の第三者効の問題である。しかしながら,連邦労働裁判所は,ほとんどためらいなく,情報に関する自己決定権を労使関係のなかにも適用している[7]。それは,ドイツにおける基本権保護義務の考えに拠っている。たとえば,この点について連邦労働裁判所は1986年10月22日判決[8]において次のように明確に述べている。すなわち,私法上の関係における情報に関する自己決定権の射程を決定するのは,第一次的には立法者の任務であるが,しかし,裁判所も,私法上の諸規定を解釈する際に基本権秩序の客観的な内容を考慮に入れなければならない,と。そして,個人情報をめぐって対立する労使間の利益は比例原則に基づく利益衡量によってはかられることを明らかにしている。

---

6) 否定的見解の論者として Zöllner, BB 1984, S. 246 が挙げられる。しかし,学説の多くはこの問題を肯定的に解している。たとえば,Simitis, NJW 1984, S. 400; Müller, BB 1984, S. 477. なお,情報に関する自己決定権と労働関係におけるその法的影響を分析したものとして,倉田原志「ドイツにおける労働者のプライバシー権序説」立命館法学299号(2005年)1頁以下,特に11頁以下。

7) たとえば,採用されなかった志願者が自分で記入した人事アンケートの破棄を請求した1984年6月6日決定(BAG NZA 1984, S. 321)では,第三者効の問題に触れることなく,情報に関する自己決定権が適用され,また,1984年9月14日のランク・ゼロックス決定(BAG 14.9.1984, NJW 85, S. 450)においては,労働者の情報に関する自己決定権を意識して労働者の行為や業績を監視する技術的な装置を導入する際の事業所委員会の共同決定権を肯定した。

8) BAG U. v. 22.10.1986, DB 1987, S. 1048.

個別報告④

Ⅲ 連邦データ保護法と労働法

1 連邦データ保護法の労働法への適用
(1) 連邦データ保護法の展開

ドイツにおいて，連邦レベルで個人情報保護を規定している法律は連邦データ保護法である。同法は，1977年に「データ処理における個人データの濫用防止に関する法律」として制定された。この77年法は，個人情報について保護に値する当事者の利益を処理の過程で規制することを目的とした法律であった。しかし，1984年に，先述した国勢調査判決が情報に関する自己決定権という概念を定立し，個人には自己の個人情報の開示および利用について自らが決定する権限が基本法によって保障されていることを明らかにしたことを受けて，1990年に「データ処理およびデータ保護進展のための法律」として大きく改正された。90年法は，収集，保管，変更，譲渡，利用停止，削除という，個人情報に関する一連の取り扱いに際して，個人を人格権侵害から保護することを目的とする。この90年法によって個人情報保護の枠組みが規定された。

そして，1995年，EUが「個人データの処理にかかる個人の保護および当該データの自由な流通に関する指令」[9]を出し，加盟各国に対しこの指令に従うために必要な法律，規則および行政上の規則の制定を義務づけたことを受け，このEU指令に適合させる形で，2001年に90年法は改正された。

(2) 連邦データ保護法の適用対象

連邦データ保護法が保護の対象としているのは，「特定のあるいは特定しうる自然人の人的または物的関係に関するすべての情報」である（§3 Abs. 1 BDSG）[10]。また，私企業において同法は，個人情報の収集，処理等が情報処理機器による場合のほか，そういった機器を用いていなくても，一定の法則に従い整理され（たとえばABC順など），特定のメルクマールに従ってアクセスすることが可能な場合にも適用される（§1 Abs. 2 Nr. 3 und 3 Abs. 2 BDSG）。

---

9) ABl v. 23.11.1995, Nr. L 281/31.

連邦データ保護法は，補完的機能を有する制定法である。そのため，他の連邦法および州法に規定がある場合には，それらの法規定が連邦データ保護法に優先する（§1 Abs. 3 BDSG）。しかし，労働法に関していえば，労働者の個人情報保護のための特別法はほとんどないので，連邦データ保護法が適用されることになる。

連邦データ保護法における，労働者の個人情報保護のための重要な柱は大きく3つある。第1に，使用者がいかなる要件の下で労働者の個人情報を収集，処理，利用することができるかという許容性の要件を定めていること，第2に，情報主体である労働者について，個人的な権利を認めていることである。これには，開示請求権，修正権，削除請求権，利用停止請求権の4つがある。第3は事業所内データ保護監督員の選任義務である。以下では，第1の柱に重点をおいて検討していく。

2　3つの許容性の要件

連邦データ保護法は，次に挙げる3通りの場合に限って，個人情報の収集，利用等を許している（§4 Abs. 1 BDSG）。すなわち，①連邦データ保護法，あるいは，②その他の法規定が許しているか命じている場合，そして③本人が同意を与えている場合である。

(1)　連邦データ保護法以外の法規定が許容している場合

(a)　法律に基づいた個人情報の収集および保管　　これに該当するのは，社会保険や税金徴収等，行政機関への提出のために必要とされる個人情報の収集

---

10)　労働者の個人情報の例としては，名前や住所，生年月日，家族状況のような事実に関する個人情報のみならず，その評価に関する情報やIDカードで入退室管理が行われている場合のその記録，ビデオによる監視映像，職場電話利用時に記録される情報（相手先電話番号，通話日時，時間，費用等），個人に電子メールアドレスが与えられている場合の送受信記録，内容等も含まれる（Gola/Schomerus, BDSG Kommentar, 7. Aufl., S. 107.）。
11)　人事記録簿の閲覧権を保障する事業所組織法83条は連邦データ保護法の定める閲覧権に優先して適用される場合がある。
12)　なお，2001年連邦データ保護法の仕組みについては，日本労働研究機構『労働者の個人情報保護と雇用・労働情報へのアクセスに関する国際比較研究』調査研究報告書 No. 55（日本労働研究機構，2003年）189頁以下〔緒方桂子執筆部分〕。

である。また，経営上の必要性に基づく解雇の際に使用者は，被解雇者の選定にあたり「社会的観点」を考慮しなければならず，また，労働者が請求した場合には，選定を導いた理由を開示しなければならないことが規定されているため（§1 Abs. 3 S. 1 KSchG），労働者の家族状況や配偶者の就業状況等に関する個人情報の収集が許可され，またそれを使用者が開示することも許されると解されている。[13]

(b) 労働協約および事業所協定に基づく個人情報の収集および利用等　労働法において問題となるのは，労働協約あるいは事業所において事業所委員会と使用者との間で締結される事業所協定がここでいう「その他の法規定」にあたるかである。これは難しい問題を含む。なぜなら，労働協約や事業所協定を根拠に個人情報の収集等を許容することは，労働者の極めて個人的な権利である情報に関する自己決定権を集団的な規範によって抑制することに結びつく可能性があるからである。

この点について，連邦労働裁判所は1986年5月27日決定で次のように述べた。[14] すなわち，「その他の法規定の枠内に連邦データ保護法を逸脱した個人情報の処理を許す労働協約および事業所協定を含めることは有意義であり必要でもあるように思われる」と。つまり「その他の法規定」に労働協約や事業所協定が含まれることを認めるとともに，その内容が連邦データ保護法の規定する保護の水準を下回るものであっても有効と認める見解を示したのである。

連邦労働裁判所がこういった見解をとったのは，労使関係において労働者の個人情報の処理を統一的に行うことの必要性と，労働協約や事業所協定が規定する内容は集団レベルで労使間の利益衡量が行われた結果であるとの理解による。同決定以前から，判例および学説の多数は，連邦データ保護法にいう「その他の法規定」に労働協約および事業所協定が含まれることについては認めていたが，連邦データ保護法の保護の水準を下回る労働協約および事業所協定を許容する点については学説から強い批判が投げかけられた。[15]

しかしながら，同決定をより詳細に読むと，無条件に労働協約および事業所

---

13) BAG U. v. 24.03.1983, AP Nr. 12 zu §1 KschG 1969, betriebsbedingte Kündigung.
14) BAG v. 27.5.1986, DB 1986, S. 2080.

協定の規定の有効性を認めているわけではないことがわかる。同決定は，労働協約や事業所協定について，それらの規定が規則定立自治の枠内で設定され，かつ，この自治に適用される基本法上の価値，強行法規，一般的な労働法の諸原則から導かれる制限に拘束されるとし，その観点から当該規定の内容審査を行っている。つまり，集団的な規範も，法が定める保護の水準を逸脱するとしても，その逸脱の程度は人格の自由な展開や一般的行為自由，情報に関する自己決定権などの基本法上の価値に照らし許容される程度でなければならない。

(2) 連邦データ保護法が許している場合

(a) 労働契約の目的への拘束と比例原則　連邦データ保護法によれば，個人情報の収集，保管，利用等は「契約関係または契約類似の信頼関係の目的に寄与する限りで許される」（§28 Abs. 1 Nr. 1 BDSG）。労働関係に即して言えば，個人情報の処理等が労働契約関係の目的に役立つ場合に限って許されるということである。この目的は具体的に確定されていなければならない（§28 Abs. 1 S. 2）。

ここで問題となるのは，「労働契約関係の目的に寄与する」の意味である。一般的には，労働契約関係から生じる権利あるいは義務を具体化するために必要な限りで，ということができよう。しかし，場合によっては，その使用者側の必要性は，労働者側の「秘匿しておきたい」という感情と真っ向から対立することがある。特に当該情報が労働者の私的な領域に深く関わる個人情報である場合にはそのことが生じやすい。その際いかなる判断枠組みで労使間の利益対立を解決するかが問題となる。

この点について，連邦労働裁判所は，先に言及した1986年10月22日判決において，労働者の有する情報に関する自己決定権を私法上の諸規定を解釈する際にも考慮しなければならないとの見解を示したうえで，個人情報の保管が労働関係の目的の範囲内にあるかどうかは，比例原則に基づき，労使間の利益を比較衡量して審査されるとの判断枠組みを示した。つまり，問題となる個人情報

---

15) Gola / Wronka, Handbuch zum Arbeitnehmerdatenschutz, 3. Aufl., 59; Latendorf / Rademacher, CR 1989, S. 1105; Wohlgemuth, CR 1988, S. 1005.
16) Gola/Wronka, a. a. O. (15), S. 89.

個別報告④

が，労働者の「秘匿しておきたい」と考える情報であればあるほど，それを使用者が収集，保管，処理等を行う際には，より高度の必要性を有することが要請されることになる。

(b) 労働法の領域において発展した審査基準の組込み　もっとも，労働法の領域においては，労働者の個人情報の収集に際して生じる労使間の利益対立を，比例原則によって判断するということは，連邦データ保護法制定以前から行われていた。その典型的なものとして，使用者の質問権の制限が挙げられる。使用者が採用面接の際などに行う質問については，①使用者が当該情報の収集に関して正当かつ保護に値する利益を有しており，かつ，②その使用者の利益が，労働者の有する人格権の保護や私的領域の不可侵性という利益との比較において客観的に優越するものでなければならないとの原則が判例上確立されている。この原則にしたがって，たとえば，妊娠の有無，身体障害者であるか否か，あるいは犯罪前歴に関する質問等の正当性が審査され，正当性がないと判断されれば，使用者からの質問に対して事実を秘匿するなどの「嘘をつく」労働者の行為は詐欺にあたらないと判断されている。

先に述べたように，連邦データ保護法は個人情報の収集から始まるすべての段階について契約の目的に拘束されること，および，それをあらかじめ特定することを義務づけている。労働法の領域で独自に発展してきた審査基準は，当該基準が対象としていた個人情報の収集の段階にとどまらず，収集から始まるすべての情報処理を規制する基準として連邦データ保護法の解釈のなかに組み込まれることになる。

(3) 許容性の要件としての労働者の「同意」

(a) 労働者の「同意」が求められる場合　個人情報の収集，処理等は，情報主体である労働者の同意がある場合にも認められる。労働者の同意が取りつけられる場合としては大きくふたつある。1つは，当該個人情報が特別な種類の情報いわゆるセンシティブ・データにあたる場合であり，収集，処理等に際して本人からの同意を得ることは法律上の義務である（§4a Abs. 3. なお，§28

---

17) たとえば，BAG v. 7.6.1984, AP Nr. 26 zu §123 BGB.
18) 〈Recht zur Lüge〉（嘘をつく権利）という（z.B. BAG AP Nr. 2 zu §123 BGB）。

Abs. 6 BDSG)。もう1つは，先に述べた「契約の目的に寄与する」という概念ではカバーできないような（その可能性を含む）個人情報を収集，処理等行う場合である。[20]

(b) 「同意」に対する連邦データ保護法の規制　連邦データ保護法は，同意の法的正当性を確保するために5つの要件を定めている（§4 a Abs. 1 BDSG）。すなわち，①その同意が本人の自由な決定に基づくこと，②収集，利用等の目的について知らされること，必要な場合あるいは請求に応じて③同意を拒否した場合にもたらされる結果について知らされること，④文書によること，⑤その他の意思表示と一緒に同意が求められる場合には当該同意は強調されることである。[21]

①以外は手続的な要件である。これらの要件を欠く場合，個人情報の処理等はその法的根拠を失うことになり，当該個人情報の処理等は違法になる。[22]このうち③の要件は労働関係にとって大きな意味を持つと考えられる。労働者が同意を拒否することがどのような結果を導くか知りえない場合や，拒否することが使用者に対する不誠実の顕れとして受け取られる可能性に怯える場合には，①にいう自由な決定など行うことはできないからである。

(c) 同意の自発性　(i) 問題の所在と学説　次に，先に挙げた①が要請している，自由な意思決定に基づく同意であることの要件，すなわち同意の自発性の要件についてみていく。[23]

一般に，労使関係においては，労使間に厳然として存在する非対等性，人

---

19) 連邦データ保護法において「特別な種類の情報」と規定されているのは，人種，民族の出自，政治的見解，宗教的あるいは哲学的信念，労働組合所属，健康および性生活である（§3 Abs. 9 BDSG）。
20) たとえば，顧客向けに従業員の個人情報（たとえば顔写真や経歴など）が会社のホームページで公開される場合などが考えられる（Däubler, Gläserne Belegschaften? 4. Aufl., S. 88.）。
21) ⑤の要件は，同意事項を羅列した定型文書を用いて同意が取りつけられる場合を想定した規定である。小さな文字で印刷された定型文書に，その内容を知らないままに，本人が署名をしてしまうことを防止するために規定されている。⑤の要件を満たすためには，個人情報に関わる同意条項は，明確にそれとわかる場所に，その他の文章から浮き出るような印刷技術を用いて記載されなければならない（Gola/Schomerus, a. a. O. (10), S. 169.）。
22) Däubler, a. a. O. (20), S. 90.

的・経済的従属性に照らせば,たとえ先に挙げた手続要件が充足された状況のもとで労働者が同意を与えたとしても,それを安易に労働者の自発的意思に基づくものといってよいのか疑問である。

そこで,学説においては,労働者の意思形成が,不適切な状況(不意打ちや誘導的な助言がないことなど)や避けがたい不利益が提示された状況で行われない場合にのみ同意の有効性が認められるとの見解[24]も主張されているが,そういった状況がない場合であっても労働者が漠然とした不安から同意を与えた場合をも視野に入れ,労働者の同意に対する内容的規制の必要性を主張する見解もある[25]。

(ii) 同意に対する内容的規制　同意の内容的規制については,ドイツ民法が定める,同意が強行法規に反しないこと(§134 BGB)および適正性の原則に反しないこと(§307 BGB)の2つの法規定が重要な意味を持つ。

まず,前者については,制定法上の強行法規を逸脱する内容の同意は無効である[26]。また,前述したように,使用者の質問権に対しては判例上規制の法理が形成されているが,それを採用志願者から同意を取るという方法で逸脱することも許されないと解されている。それは採用志願者本人が自ら申告した場合であっても許されない[27]。

後者が想定する状況は,使用者が同意事項を羅列した定型文書をあらかじめ作成し,労働者がそれに署名をするという方法で同意が取りつけられる場合である。職場ではこの方法によって同意が取りつけられることが多いと思われる。

このように定式的約款の形式で同意が求められる場合には,ドイツ民法307条1項に基づき,それらの条項が労働者に対し信義誠実の原則に反する不適正な不利益を与えるものでないかが審査されることになる。

---

23) なお,この文言は,EU指令(前掲注9)2条hが,同意について「強制なく」と規定していることを受けて01年の法改正により新たに導入された。
24) Tinnefeld, DuD 2002, 233.
25) たとえば,Däubler, a. a. O. (20), S. 97.
26) たとえば,採用時に健康診断が行われた場合に,それに従事した医師の守秘義務を免除するような同意がこれにあたる。
27) Däubler, a. a. O. (20), S. 97; Gola/ Schomerus, a. a. O. (10), S. 166.

では，いかなる場合が「不適正な不利益」にあたるか。この点に関わって学説では，個人情報に関する同意は，当該個人情報が労働関係に関連し，かつ，それを知ることについて使用者が客観的に正当化しうる利益を有する場合に限られると解すべきであると主張されている[28]。

こういった解釈は，連邦データ保護法28条１項との均衡からも納得できるものである。先に述べたように，連邦データ保護法28条１項は，契約の目的に寄与する限りで個人情報の収集や処理等を許容しているが，それは労使間の利益を比較衡量して決定される。安易に労働者の同意の有効性が認められるならば，そしてそれを法的根拠とした個人情報の収集等が許容されるならば，連邦データ保護法28条１項を潜脱して，使用者がその正当性を立証しえない利益のために個人情報の収集等を行うことも可能になってしまう。

たしかに，本人からの同意は，個人情報保護の法理念である情報に関する自己決定権の保障にもっとも適合的な手段ではある。しかし，同意の内容によっては，当該権利が保障する利益（人格の自由な展開あるいは一般的行為自由）を本人自らが放棄することになる危険がある。このような危険性は一般的に存在する労使間の非対等性に照らせばかなり高いものと思われる。そうであれば，情報に関する自己決定権を労働法の特性に合わせて読み替えるこういった解釈は説得的であると考える。

IV　個人情報保護法に関する試論――ドイツ法の検討を踏まえて――

以下では，ドイツ法の検討を踏まえて，日本の個人情報保護法に対する試論を，ごく簡単ではあるが，示したい。

(1) 個人情報保護法の保護法益

今般施行された個人情報保護法は，「個人情報の有用性に配慮しつつ，個人の権利利益を保護することを目的」（同法１条）とし，個人情報を「個人の人格尊重の理念の下に」慎重かつ適正に取り扱うべきこと（同法３条）を基本理念

---

28) Blomeyer, Münchener Handbuch Arbeitsrecht, 2. Aufl., S. 2023; Däubler, a. a. O. (20), S. 100.

個別報告④

としている。しかし、いったい、同法にいう「個人の権利利益」や「個人の人格尊重」が何を意味しているのか、明確とはいいがたい。

　この点に関しては、個人の「プライバシーの権利」を保護法益とするとは一応言うことができるだろう。しかし、「プライバシーの権利」は一義的に理解できる概念ではない。日本の憲法学においては、プライバシーの権利を「情報コントロール権」[29]と理解する見解が通説であるが、プライバシーの権利概念を「個人の自律」ないし「自己決定権」として理解する見解も有力に主張されている。[30]

　この２つの見解のもっとも大きな違いはその保護法益の捉え方にある。情報コントロール権説は、いかなる情報に対するコントロール権なのかが不明であるとの批判に応える形で、その保護法益を個人の「人格」に関連する領域、具体的には個人の内的及び私的な領域に限定した。[31]これは、同権利の法的根拠を憲法13条「幸福追求権」とし、幸福追求権の直接的な保護範囲を「人格的利益」と捉えることからの論理的な帰結でもあった。これに対して自己決定権説は、幸福追求権を人格的利益ではなく一般的行為自由を保障する権利であると解し、これをプライバシー権概念で捉える。[32]その際、開示請求権等のコントロール権は、一般的行為自由の保障を現実化するための手段であり、法によって付与された権利として位置づけられることになる。[33]

　しかし、憲法学における一般論はともかくとして、労働法においてはどのように考えるべきであろうか。従来、労働法の学説の多くは、憲法学の通説に倣

---

29) 佐藤幸治『憲法〔第３版〕』（青林書院、1995年）453頁以下。
30) 阪本昌成「プライバシーと自己決定の自由」樋口陽一編『講座・憲法学』第３巻（日本評論社、1994年）。なお、プライバシー権概念をめぐる代表的な学説の分析については、松井茂記「プライヴァシーの権利について」法律のひろば42巻３号27頁以下（1989年）も参照。
31) 佐藤教授は「個人の道徳的自律の存在に関わる情報」と表現する（佐藤・前掲注29）。同「プライバシーと知る権利」法セミ1984年11月号23頁参照。
32) 阪本・前掲注30）。なお同教授が「行政機関の保有する電子計算機処理に係る個人情報の保護に関する法律」に関わって、同法制を自己情報コントロール権概念で構想することの困難性について論じたものとして同「個人情報の保護と自己情報コントロウル権」法律のひろば44巻５号26頁（1991年）がある。
33) 阪本・前掲注30）239頁。

い，自己情報コントロール権をプライバシー権として理解してきたと考えられる[34]。そして，先述したように，その論理的な帰結として労働者の職場における私生活領域の保護を重視した。これはある意味当然のことであったろう。なぜなら，使用者は，労働者の健康情報や私生活状況，思想信条など深く私的領域に関わる情報を収集し利用してきており，これを制限することの必要性が強く意識されていたからである。

　たしかに，こういった問題状況は未だ解決されているわけではない。しかし，私は，ドイツ法の検討を踏まえ，個人情報保護の保護法益を私生活領域の保護ではなく，労働者の行為自由と捉えるのが適切であると思う。そのように考える理由として以下の3点が指摘できる。第1に，職場における労働者の個人情報に関わってもっとも回避されるべきは，その私生活領域が侵害されることではなく，私生活領域も含めあらゆる情報が把握されることによって，労働者が使用者に全人格的に従属してしまう状況である[35]。使用者が自分について何を知っているかわからない，何が観察され，記録されているかわからない，そしてそれがどのように利用されるかわからない，そういったなかでは，労働者は萎縮し自己の有する諸権利の行使を抑制してしまうおそれがある。労使関係がそうあってはならないと考えるとき，個人情報保護は労働者の職場における自由

---

34) 山田省三「職場における労働者のプライヴァシー保護」日本労働法学会誌78号（1991年）40頁以下，竹地潔「ネットワーク時代における労働者の個人情報保護」季労187号（1998年）40頁，名古道功「労働者のプライバシー」西谷敏＝中島正雄＝奥田香子編『転換期の労働法の課題』（旬報社，2003年）164頁，島田陽一「情報と労働法」日本労働法学会誌105号（2005年）12頁，砂押以久子「情報化社会における労働者の個人情報とプライバシー」日本労働法学会誌105号（2005年）56頁など。これに対し，道幸教授は労働法上のプライバシー概念に自己情報コントロール権は転用困難と述べている（道幸哲也『職場における自律とプライバシー』〔日本評論社，1995年〕29頁）。もっとも，道幸教授も，プライバシー保護を「職場における私的領域の確保」ないし「秘匿しておきたい私事の保護」と捉えており，私的性の有無を保護対象区分の基準としていることでは他の見解と同じであると考えられる（最近の文献として同『成果主義時代のワークルール』〔旬報社，2005年〕38頁以下）。

35) この観点から，関西電力事件大阪高裁平成3・9・24判決労判603号45頁が，「被用者は，使用者に対して全人格をもって奉仕する義務を負うわけではな」いから「使用者の被用者に対する観察或いは情報収集については，その程度，方法に自ずから限界」があると判示したことは示唆に富む。

な行為あるいは決定を保障する前提条件として把握されるべきであるとの考えに行き着く。

　第2に，私生活領域の保護を保護法益と捉えるならば，当該個人情報が「私的か否か」で保護の対象を区分することになる。しかし，そういった区分の方法が適切とは思われない。労使関係における個人情報は多様であり，私的な側面と同時に業務上有用な情報という側面を持つ場合も多い。また，個人に関わる情報ではあるが私的とは言い難い情報もある。たとえば，私用電子メールが禁止されている職場における送受信者名や内容は私的な情報とはいえないだろう。しかしだからといって，この場合に使用者は労働者の送受信する電子メールを無条件に閲覧することが許されると考えるべきではない。そうでなければ労働者は無制限の監視にさらされ，人としての尊厳が侵害されてしまう。「私的性」による保護対象の区分はそういった問題を引き起こす危険性を孕んでいる[36]。

　第3に，このように理解することは個人情報保護法が「個人に関わるあらゆる情報」を保護の対象としていることと適合的である。多くの個人情報が電子的に処理され，瞬時の検索や諸情報の結合が容易になった情報社会においては，もはや些末な情報や重要でない情報はありえない。「個人に関わるあらゆる情報」が保護の対象とされているのはこういった認識に基づくものである。とするならば，それを活かすような保護法益を設定すべきである。

(2)　個人情報保護法が規定する許容性の要件について

　上述した観点に立ち個人情報保護法について以下の点を指摘したい。

(a)　「利用目的」に対する制限　　これについては以下の2点が指摘できる。まず，第1に，個人情報保護法では，収集の段階において利用目的の特定が義務づけられている（同法15条）が，特定されるべき利用目的の内容については

---

[36] 同様の問題意識に基づき，「現実に許容されるべき私的行為が存在する」ことを理由に本稿と同じ結論を導くものとして砂押・前掲注34) 66頁。1つの考え方ではあるが，根拠としては薄弱に思われるし，「私的性」の有無を基準とすることには疑問がある。個人情報の「私的性（の程度）」は，保護対象の区分基準ではなく，当該個人情報に関する使用者の情報収集の必要性と労働者の利益との比較衡量において「私的性」が高ければ高いほど使用者側の必要性も高くなければならないという評価の基準としての機能を有すると考える。

規制されていない。しかし，利用目的を特定しさえすれば無条件にあらゆる個人情報が収集できると考えるべきではない。第2に，労働者は利用目的の開示を請求することができるが（同法24条），この利用目的開示請求権は使用者の権利または正当な利益を害するおそれがある場合には制限される（同2項2号）。使用者の権利または利益が広く認められるならば，個人情報保護法の趣旨は没却してしまうだろう。そこで，同法の保護法益を労働者の行為自由の保護におき，その観点から利用目的の内容や利用目的開示請求に対する制限の許容性について解釈すべきである。

　(b)　「同意」に対する制限　　個人情報保護と労働者の同意との関わりに関しては，個人情報保護法が個人情報の目的外利用の許容性の要件としていること，および，労働者派遣法24条の3第1項但書ならびに職安法5条の2第1項但書が個人情報の収集，利用等の際の許容性の要件としていることが挙げられる。この「同意」については法律上何の要件も課せられていない。しかし，労使関係における「同意」をそのまま認めることは危険である。そこで，同意の法的効力は，①個人情報収集，利用等の目的の事前かつ具体的な提示，②同意を拒んだ場合の結果についての通知といった手続的規制と，③その目的が労働関係にとって必要であるか否かという観点からの内容的規制の下で認められるべきである。

　(c)　労働組合の関与のあり方　　労働組合の関与のあり方についてであるが，これに関しては特に次の2つの場合に問題となる。第1に，労働協約が，先の「利用目的」や「同意」を根拠づける場合である。第2に，個人情報保護法は，労働者個人に自己の情報に関する開示請求権を規定しているが（同法25条），当該個人情報の開示が業務の適正な実施に著しい支障を及ぼすおそれがある場合には開示の一部または全部を拒否できることを規定し，これを受けて厚生労働省は，使用者に対し非開示情報の範囲について労働組合等と協議することに努力する旨の指針を示している。労使間の協議や労働協約や就業規則によって非開示情報の範囲が広く設定されてしまうならば，個人情報保護法は骨抜きにさ

---

37)　厚生労働省「雇用管理に関する個人情報の適正な取り扱いを確保するために事業者が講ずべき措置に関する指針」（平成16年7月1日）第三（六）。

個別報告④

れてしまうだろう[38]。たしかに，職場において，労働者の個人情報は統一的に処理される必要があり，労働組合と使用者との間の交渉や労働協約は集団的なレベルで労使間の利益を調整する制度ではある。しかし，だからといって，労使自治の名の下に，労働者個々人の権利や利益を不当に侵害するようなことがあってはならない。

　個人情報保護法は制定までに紆余曲折を経た法律ではあったが，いったい何のための法律なのか，その保護法益の内実を明確にできないままに施行された感がある。しかし，冒頭に述べたように，同法は職場において労働者が自律性を獲得する契機となりうる法律である。そうであるならば同法の意義を失わしめないような法解釈のあり方が引き続き模索されなければならない。

　　〔付　記〕　本稿は，平成16年度科学研究費補助金（若手研究B）による研究成果の一部である。

(おがた　けいこ)

---

38) たとえば人事考課結果が非開示情報とされてしまうならば，労働者はいかなる情報がどう評価されているかわからず漠然とした不安から自由や権利行使を抑制したり放棄しかねない（現在多く存在する問題状況が継続することになる）。

回顧と展望

消化性潰瘍の業務上・外認定
　——神戸東労基署長（ゴールドリングジャパン）事件・
　　最三小判平16・9・7事件——　　　　　　　　　　　水野　圭子

労働組合法改正（2004年）　　　　　　　　　　　　　　本久　洋一

消化性潰瘍の業務上・外認定
―― 神戸東労基署長（ゴールドリングジャパン）事件・
最三小判平16・9・7事件 ――

水 野 圭 子

(法政大学)

I　はじめに

　本判決は，十二指腸潰瘍の既往歴を持つ労働者が，12日間という短期の海外出張中にせん孔性十二指腸潰瘍を発症した場合，業務上の疾病にあたるかどうか争われた事例である。海外出張業務が短期間であるにもかかわらず，海外出張業務の内容を検討し「特に過重な業務」であったとして，十二指腸潰瘍について，業務起因性を肯定した初めての最高裁判例であり，先例としての意義は大きいと考える。十二指腸潰瘍が療養補償給付を受けるためには，労基則35条別表第1の2第9号の「その他業務に起因することの明らかな疾病」に該当する必要がある。第9号にいう業務起因性とはどのようなものか，どういった場合に業務起因性が認定されるか，脳血管疾患・虚血性疾患を中心に様々な見解が主張されてきた。行政解釈は従来から「相当因果関係説」を採用し，業務起因性を肯定するには「業務と傷病による損害との間に一定の因果関係」が必要であるとしている（昭32・2・13基発116号）。最高裁判決も，「疾病と公務との間には相当因果関係のあることが必要」との判断を示している。本判決も，この判断枠組みをとるものである。しかし，平成12年7月には，後述の平成7年通達の判断基準とあきらかに矛盾する二つの最高最判決が出され，認定基準の見直しが必要となりとなり，「脳・心臓疾患の認定順に関する専門検討会」の検討結果をふまえて，新認定基準が出された。この結果，通達の認定基準はよ

1）　平17・2・28労経速1891号3頁。労判880号42頁。評釈として，水島郁子「業務上疾病と業務起因性――神戸東労基署長（ゴールドリングジャパン）事件」ジュリ1291号230頁。

回顧と展望①

り具体的になり、業務上認定も拡大の傾向にある。本判決は、このような近年の傾向の中で、「特に過重な業務」という観点から、「短期間の」業務の過重性を判断して、ストレス性疾患である消化性潰瘍の業務起因性を肯定したものである。

II 事実の概要

上告人は、昭和59年3月、貿易会社入社し、営業員として勤務し、海外顧客との通信文書の原文作成、商品製造業者との交渉、顧客に対する回答、新製品の探索、海外代理店への指示などに従事していた。所定労働時間は7時間30分で、年に約4回の海外出張があった。本件発症以前の1年間の時間外労働は約18時間であり、休日労働も3日間以内であった。

上告人は平成元年11月20日から同24日にかけて海外の顧客を伴い、国内出張した（労働時間は68時間、1日平均13.6時間。以下「本件国内出張」）。同月25日（休

---

2) ここでは、学説の詳細について触れることはできないが、たとえば相対的有力原因説に立つものとして、西村健一郎「業務上外認定基準」『労働災害・安全衛生（現代労働法講座第12巻）』（総合労働研究所、1983年）155頁。合理的関連性説に立つものとして、岡村親宜『過労死と労災補償』（旬報社、1990年）75頁。労災補償法の保護目的に即応した「合理的関連性」が認められれば、業務上災害と認めるとする保護法的因果関係説として、水野勝「業務上・外の認定基準」蓼沼謙一ほか編『労働法の争点　新版』（有斐閣、1990年）260頁以下。共働原因説に立つものとして、上柳敏郎「過労死の業務上外判断」日本労働法学会誌90巻194頁。過労死の認定基準・学説・判例・行政解釈を検討した論文は枚挙に遑がないが、例えば保原喜志夫「労災認定の課題」『健康・安全と家庭生活（講座21世紀の労働法第7巻）』（有斐閣、2000年）61頁以下、石田眞「作業関連疾患」『健康・安全と家庭生活（講座21世紀の労働法第7巻）』（有斐閣、2000年）88頁。
3) 労働省労働基準局編『労災保険業務災害及び通勤認定の理論と実際』（労働法令協会、1974年）79頁。
4) 裁判所の廷吏が公判中に脳梗塞で倒れ死亡した、熊本地裁社支部事件・最二小判昭51・11・12判時837号34頁。
5) 横浜南労基署長（東京海上横浜支店）事件・最一小判平12・7・17労判785号6頁、評釈として、岡村親宜「過労死労災認定と最高裁新判例の意義と課題」労判799号5頁。大型観光バス運転手の運転中に発症した高血圧性脳出血について業務と発症の間の相当因果関係が肯定された西宮労基署長（大阪淡路交通）事件・最一小判平12・7・17労判786号14頁。
6) 平成13年12月12日付基発第1063号「脳血管疾患及び虚血性心疾患等（負傷に起因するものを除く）の認定基準について」（以下平成13年1063号通達）。

日）は，本件国内出張の記録整理，海外出張の準備をし，翌26日から12月9日の予定で再び海外出張に出た（以下「本件海外出張」）。本件海外出張は大韓民国，台湾，シンガポール，マレーシア，タイ，香港の六か国であり，現地代理店の業務促進，営業等を行い取引拡大をはかる重要な出張であった。上告人は，社長（外国籍），英国の顧客企業の取締役らに随行し，商談，打合せ，接待，英文レポート作成等に従事した（労働時間は計144.5時間，1日平均13.1時間，時間外労働は62時間，休日労働2日）。12月7日，タイから香港へ向かう機内で上告人は腹痛を訴え（発症当時37歳），到着後，病院に搬送され，9日，穿孔性十二指腸潰瘍と診断され手術を受けた。上告人には，昭和44年，同55年に十二指腸潰瘍の罹患歴がある。また，同63年にも本件疾病と同一箇所に潰瘍ができたが，抗潰瘍剤投与等の治療を受け，自覚症状が消失した同年3月以後は，2回通院したのみで，本件発病まで通院や医師処方の抗潰瘍剤を服用していない。

　上告人は，被上告人（被告，被控訴人）に対し，療養補償給付を請求したが不支給処分決定を受けたため，その取消しを求めた。

　一審（平11・7・29神戸地判）は，出張中に大きなトラブルもなく，また，数回の海外出張経験がある原告（上告人）にとっては，「強度の精神的負担であったとまでは認めがたく」，他に精神的に負担を与える「異常な出来事」もないこと，当時60代半ばであった社長もほぼ同日程の出張をこなしていることから，業務過重性は認められないとした。原審（平12・7・31日大阪高判）も，業務は過重ではなく，治療の怠慢も発症の一因であるとして一審判決の認定，判断を維持し控訴を棄却した。特に，業務過重性については，平成7年の脳血管疾患・虚血性疾患の認定基準[8]を引用し，本件各出張が脳血管疾患・虚血性疾患の「認定基準において定義されているような『異常な出来事』に匹敵するような過重な業務であるとはいえ」ず，「強度の精神的負担であったとまでは認めがたい」と業務起因性を否定した。[9]

7）　労経速1891号9頁。
8）　平成7年2月1日付基発第38号（以下平成7年38号通達）。行政通達を分析した論文として，石田・前掲注2）論文92頁以下，行政通達，学説を分析した，小畑史子「過労死の業務場外認定——最高裁判決と行政通達」ジュリ1197号8頁以下。
9）　労経速1891号6頁。

回顧と展望①

Ⅱ 判　　旨

　基礎疾患と業務過重性については,「上告人が本件疾病の発病以前にその基礎となりうる素因又は疾患を有していたことは否定しがたいが,同基礎疾患等が他に発症因子がなくてもその自然の経過によりせん孔を生じる寸前にまで進行していたと見ることは困難である」。
　本件疾病を発症するまでの上告人の勤務状況は,4日間の本件国内出張をした後,1日おいただけで,取引拡大のために重要な意義を有する本件海外出張に,外国人社長,英国人顧客に同行し,14日間で6か国をめぐる過密な日程の下に,休日のない連日長時間勤務を続けるというものであった。したがって,本件国内出張,本件海外出張によって「上告人には通常の勤務状況に照らして異例に強い精神的及び肉体的な負担がかかっていたものと考えられる」。
　また,業務と発症の因果関係については,「本件各出張は,客観的に見て,特に過重な業務であったということができるところ,本件疾病について,他に確たる発症因子があったことは伺われない。そうすると,本件疾病は上告人の有していた基礎疾患等が本件各出張という特に過重な業務の遂行によりその自然の経過を超えて急激に悪化したことによって発症したものと見るのが相当であり,上告人の業務の遂行と本件疾病の発症との間に相当因果関係の存在を肯定することができる。本件疾病は労働災害補償保険法にいう業務上の疾病に当たるというべきである」。
　以上のように,業務の過重性,業務起因性を認定し,療養補償給付の不支給処分を取り消した。

Ⅲ 検　　討

1　本判決の業務過重性の判断とその特性

　本判決は,上告人の通常業務と出張中の業務とを比較し,その際,長時間労働,12日間の連続勤務,連夜の接待,英文レポートの作成等の出張中の業務内

容の他，外国人社長と共に，英国人顧客に随行する，重要な出張であることから生じる精神的緊張などの要素を重視し，「特に過重な業務」であると柔軟に判断した点，注目される。本判決は原審とは異なり，平成7年38号通達に言及していない。むしろ「日常業務に比較して，特に過重な業務に就労したこと」という平成13年1063号通達の短期間の過重業務についての認定要件に近い判断基準を用いたと思われる。

　これに対し，原審は，5日間という出張期間，東京—神戸という移動距離，宿泊日数から国内出張業務は過重ではないこと，大阪・三重へ出張は遠距離ではないこと，過去3か月間の勤務状況は休日勤務が2日あるだけで，疲労が蓄積した状態ではないこと等出張業務自体に着目して，上告人の海外出張歴から見て，本件海外出張は平成7年38号通達において「定義されている『異常な出来事』に匹敵するような過重な業務であるとはいえない」と判示した。すなわち，原審では，接待，英文レポートの作成，外国人社長，外国人顧客への随行といったストレス要素は「海外出張に不可避的な負担」であるとして重視されていない。この点が，原審と本判決との判断の違いを生じさせたと考える。

2　「特に過重な業務」について誰の日常業務と比較するのか

　本判決は，理由中の判断において，本件国内出張，本件海外出張が「上告人には通常の勤務状況に照らして異例に強い精神的及び肉体的な負担」がかかるような「特に過重な業務」であり，「ほかに確たる発生因子」がなく，「基礎疾患等が本件各主張という特に過重な業務の遂行により，その自然の経過を超えて急激に悪化したことによって発症したものと見るのが相当であ」るとして，業務の遂行と本件疾病との間に相当因果関係の存在を肯定している。したがって，比較されているのは，本人の日常業務と本件国内出張・海外出張であり原審が行ったような同行した上司と比較して，業務過重性を判断するという手法はとられていない。[10]この点，最高裁判決は妥当であろう。また，原審は上告人が治療を怠っていたことが本件発症の原因ではないかと疑問を呈しているが，

---

10)　原審は，上告人の上司である外国人社長と比較して，業務の過重性を判断しているが，この点疑問である。労経速1891号8頁。

本判決は，本人が治療を怠ったことについても，特に問題としていない。

3　ストレス性疾患であるせん孔性十二指腸潰瘍とは

　本判決で問題となっているせん孔性十二指腸潰瘍とは次のような疾病である。胃潰瘍と十二指腸潰瘍を総称して消化性潰瘍といい，胃酸やペプシンの消化作用によって，胃壁や十二指腸の粘膜が消化され，傷つきえぐられた状態をいう。また，せん孔性潰瘍とは，潰瘍が筋層や漿膜にいたる深い潰瘍になり，胃や十二指腸の壁に孔が空いて胃の内容物がもれ出てしまう症状をいう。せん孔性潰瘍になると腹膜炎を起こす可能性があり，死亡する可能性も生じる。消化性潰瘍の発症には，ストレスが大きく寄与するといえる。[11] 疾病の治療を行った医師らも，海外出張中の業務によるストレスが慢性十二指腸潰瘍を発症させ，穿孔が起こった可能性が高いとの見解を示している。原審と本判決の判断の差異は，本件各出張が，上告人に著しいストレスを与え，ストレス性疾患である本件疾病を発症させたかどうかとの評価の違いから生じたものである。本判決はこの点について肯定しており，妥当であると考える。

4　本判決の判断枠組みとその射程

　本判決が考慮する「特に過重な業務」とは，どのようなものであったのか，本件の特殊性を考慮し，本判決の射程を考察することとしたい。
　本案で問題となっている業務の期間は，4日間の本件国内出張のあと，1日おいてなされた12日間の本件海外出張という比較的短期間のものであり，発症に近接した時期に就労した「短期間の過重業務」であった。したがって，従来の認定において争点となってきた長期的な疲労の蓄積ではなく，[12] 発症に近接し

---

[11]　潰瘍が生じる原因は，粘膜を攻撃する「攻撃因子（胃酸やペプシンなどの消化液，喫煙，アルコール，ヘリコバクター・ピロリ菌）」と粘膜を保護する「防御因子（粘液，粘膜の抵抗力，粘膜内の血液循環など）」のバランスが崩れることである。バランスを崩す原因は，胃酸過多の体質，飲酒，喫煙，食習慣のほか，ストレスが大きな要因になると考えられる。ストレスは，胃酸分泌を亢進する一方で粘液の分泌を抑制し，胃粘膜に急激な血流障害を起こし消化性潰瘍を発症させるからである。

[12]　蓄積疲労の評価について，客観的指標の必要性を指摘する西村健一郎「法的問題としての過労死について」ジュリ1197号5頁以下。

た期間の業務によって，上告人に通常の業務以上の負荷がかかったかどうかが問題であった。したがって，比較すべきは，本人の通常の業務と本件各出張の業務である。本判決も，この場合の通常の勤務状況とは，上司である会社社長ではなく，上告人を基準として「通常の勤務状況に照らして異例に強い精神的および肉体的な負担がかかっていたものと考えられる」ので，「特に過重な業務」と判断している。[13]「特に過重な業務」であるかどうか具体的に判断する要素として，本判決は，労働時間の長さ，休日の有無，出張中の業務内容，移動手段，強いストレッサーである精神的緊張などの要素を考慮している。その上で，本判決は，異例に強い精神的および肉体的な負担をもたらす「特に過重な業務」を遂行することによって，基礎疾患が「自然の経過を超えて急激に悪化し」疾病が発症するということができ，ほかに確たる発症因子があったことは伺われないから，疾病と発症との間に相当因果関係を肯定できると判断している。このような論理からすれば，長期の疲労の蓄積が問題とならないストレス性の疾患においても，発症した本人の通常の勤務状況と，発症に近接した時期に就労した「短期間の過重業務」について，同様の要素を勘案することで，疾病と発症との間の相当因果関係を肯定し，業務上の疾病に当たると認定することが可能となろう。

Ⅳ　おわりに

短期間の過重業務について「特に過重な業務」という認定基準は，脳血管疾患および虚血性心疾患等の認定基準を定めた平成13年1063号通達において，規

---

13) 本人を基準に業務の過重性をはかるべきであるとする説として，良永彌太郎「職業病の認定」『労働災害・安全衛生（現代労働法講座第12巻）』（総合労働研究所，1983年）210頁。上柳敏郎「過労死の業務上外判断」日本労働法学会誌90巻194頁，同「脳・心臓疾患と最近の判例動向」季労175・176号合併号32頁。行訴における業務起因性論の中核要素は「業務過重性を誰と比較するのか」という点にあると指摘した中島士元也「職業性循環器系疾患死の因果関係論——業務外・公務外認定に対する行訴判決の構造」鈴木古稀記念『民事法学の新展開』（有斐閣，1993年）635頁。「通常の業務」と比較する際の問題点を指摘したものとして，水野勝「行動的原因と過労死の認定に関する理論的主要問題——労災補償の理論的加害のひとつとして」労旬1358号18頁。

定されているものである。もちろん，当然のことではあるが，脳・心臓疾患という疾病に対する認定基準が，消化性潰瘍という異なる疾病に対して，直接適用されることはない。しかし，脳・心臓疾患も，消化性潰瘍も，過重な業務というストレスによって，その発症の基礎疾患をその自然経過を超えて著しく増悪させるという共通性がある。とするならば，脳・心臓疾患以外の疾病であっても，ストレス性疾患であって，通常の勤務に照らして異例に強い精神的および肉体的な負担がかかる「特に過重な業務」である場合には，脳血管疾患・虚血性心疾患等に関する認定基準と類似した判断枠組みによって業務過重性の判断をなしうるということを本判決は示したといえよう。また，その際には，ストレスに対する個体差も十分考慮されるべきであろう。

(みずの　けいこ)

労働組合法改正（2004年）

本 久 洋 一

（小樽商科大学）

はじめに

本稿は，労働組合法の一部を改正する法律（2004年11月10日，第161回国会で成立。同年同月17日，平成16年法律第140号として公布。一部の規定を除き，2005年1月1日施行）による労働組合法改正（以下，「今回の改正」という）について，その経緯・概要を解説し，不当労働行為の審査手続に関する改正部分を中心に検討するものである（以下，改正労働組合法を「法」，平成16年政令第373号により改正された労働組合法施行令を「令」，平成16年12月1日政発第1201002号を「本省通達」，平成16年12月22日中央労働委員会規則第2号により改正された労働委員会規則を「規則」という）。[1]

I 経　　緯

「不当労働行為事件の迅速かつ的確な処理を図るため，労働委員会の行う審査の手続及び体制を整備する等の必要がある」という法律案提出理由（2004年3月閣議決定）から明らかなように，今回の改正は専ら不当労働行為制度の整

---

1) 立案当局による解説として，松永久「労働組合法改正の経緯と概要」ジュリスト1284号58頁（2005年）。法案段階の検討として，道幸哲也「労組法改正と労働委員会システムの見直し」日本労働法学会誌104号102頁（2004年）。宮里邦雄「不当労働行為審査制度の改革」労委労協593号11頁（2004年）等。法成立後に発表された解説・検討として，道幸哲也「不当労働行為の審査はどうなるか」労旬1591号68頁（2005年），村中孝史「不当労働行為制度の課題と労組法改正の意義」ジュリスト1284号63頁（2005年），盛誠吾「労組法改正と審査体制の新たな取組み」労委労協589号14頁（2005年），山川隆一・中山慈夫・宮里邦雄「改正労働組合法における論点と今後の課題」ジュリスト1296号84頁，等。

備を目的としている。制度発足以来，各労働委員会は，和解や命令を通して多くの事件を解決してきた。ところが，近年とくに[2]，労働委員会における審査期間が著しく長期化しており，命令に対する不服率・取消率は異常なほど高くなっている[3]。こうした問題については，労働委員会内部においても議論が積み重ねられてきた[4]。

しかし今回の改正の直接的な契機としては，司法制度改革審議会「意見書」（2001年6月）を受けて策定された司法制度改革推進計画（2002年3月閣議決定）が，労働関係事件への総合的な対応強化の一環として，労働委員会の命令に対する司法審査の在り方の検討を指示したことが大きい。これを受けて，厚労省に置かれた「不当労働行為審査制度の在り方に関する研究会」の報告（2003年7月）[5]，司法制度改革推進本部に置かれた労働検討会の「中間取りまとめ」（2003年8月）[6]等を踏まえ，厚労省労働政策審議会「労働委員会の審査迅速化等を図るための方策に関する部会」の建議（2003年12月）[7]が策定され，その内容は概ね今回の改正において具体化した。

以上について留意すべきは，第1に，司法制度改革審議会「意見書」の段階では，いわゆる「事実上の5審制」の解消など救済命令に対する司法審査の在り方が主に問題となっていたところ，議論が進行するにつれて，労働委員会の

---

2) 審査遅延問題そのものは，古典的なテーマである。労働省労政局労働法規課編著『不当労働行為事件審査の迅速化――労使関係法研究会報告書――』（日本労働協会，1982年）等参照。

3) 松永・前掲注1)論文58頁によると，1998年から2003年の平均で，審査期間は初審で791日，再審査で1457日，不服率（命令に対して再審査または取消訴訟が提起される率）は初審命令では76.5%，再審査命令では28.6%，取消率（再審査または取消訴訟において命令の全部または一部が取り消される率）は，初審命令では49.3%，再審査命令では28.6%である。

4) 全国労働委員会連絡協議会（全労委）の取組みとして，「労働委員会制度のあり方に関する検討委員会報告」（2000年7月）労委労協532号28頁所掲，「制度基本問題検討ワーキンググループ報告書」（2002年7月），「審査業務フォローアップ小委員会報告」（2004年9月）中央労働時報1023号20頁所掲等。

5) 労旬1562号42頁（2003年）所掲。

6) 労旬1567・68号31頁（2004年）所掲。解説として，豊川義明「労働裁判改革と不当労働行為制度」労旬1567・68号33頁（2004年）参照。

7) 労旬1567・68号43頁（2004年）所掲。

審査体制・手続の在り方へと焦点が推移したこと[8]。第2に，労働委員会の審査体制・手続の改革が，司法制度改革における民事裁判の充実・迅速化の諸施策（計画審理の推進・証拠収集手続の拡充・人的基盤の拡充）をいわばお手本にして，策定された傾きが見られることである[9]。

II 概　　要

1　労働委員会における審査体制の整備

(1)　都道府県労働委員会

不当労働行為事件の審査は自治事務とされているところ，地方労働委員会は，都道府県労働委員会（以下，「都道府県労委」という）へと名称変更され（法19条2項），都道府県の委員会であることが明確化された（具体的には，「北海道労働委員会」等，「労働委員会」の上に都道府県名を冠したものになる）。都道府県は，地域の実情に応じ，政令の定める委員定数（令25条の2および別表3）に対して，条例により委員の増員（公労使各2人を加えること）や常勤の公益委員の配置（公益委員の内2人以内）を行うことが可能になり，事務局の内部組織に関する規制も緩和された（法19条の12，令25条1項）。また，都道府県労委の規則制定権が新設された（会議の招集に関する事項，審査の期間の目標および審査の実施状況の公表に関する事項および都道府県労委の庶務に関する事項に範囲は限定されている。法26条2項，令26条の3）。

以上につき留意すべきは，第1に，今回の労働組合法施行令改正により，都道府県労委のうち，北海道と福岡のみが委員定数を削減されたこと（9名から7名に）[10]。第2に，都道府県労委の規則制定権の範囲が内部運営上の事項に限

---

8)　そこで今回の改正にかかる衆参両院の附帯決議（2004年10月29日，同年11月9日。労旬1591・92号75頁所掲）では，「審級省略及び実質的証拠法則については，引き続き積極的に検討を進めること」が確認された。

9)　「労働関係民事訴訟は近年審理期間が短縮化傾向にある上，更なる短縮化に向けた取組みが司法制度改革の一環として進められており，労働委員会においても，これらの問題への対応が一層強く求められる状況にある」（松永・前掲注1）論文59頁）。

10)　水谷研研「『国は地方の意見など聴く必要がない』のか——改正労組法『施行令』決定をめぐって——」労委労協585号54頁（2005年）参照。

定されており，審査手続等については規則を離れた独自の運営は許されていないということである。

(2) 部会による審査等

機動的な合議という観点から，資格審査および不当労働行為事件の審査等については，公益委員全員をもって構成する「公益委員会議」によらず，会長が指名する一定数の公益委員をもって構成する「部会」で審査などを行うことが可能になった（法24条の2）。

中央労働委員会（公益委員15人）は，原則として，部会（公益委員5人）で審査等を行い，例外的に，前例変更にあたる場合等について，公益委員会議により審査等を行うものとされた。都道府県労委においては，条例により，部会（公益委員5人または7人）で審査等を行うことができるものとされた。

2 不当労働行為事件の審査の手続

(1) 公益委員の除斥・忌避および回避

公益委員の除斥（法27条の2）および忌避（法27条の3）の規定が導入された。また，規則39条により，公益委員は，除斥または忌避の事由がある場合には，会長の許可を得て，審査職務を回避できることが定められた。忌避申立てについては濫用が懸念されるところ，本省通達は，公益委員の審査指揮への不満だけでは忌避事由には当たらないこと，審査の遅延のみを目的とすることが明らかな除斥・忌避の申立てについては公益委員会議・部会の決定によらず審査委員が却下できることを説示している。

(2) 審査計画（調査）

労働委員会は，審問開始前に，審査計画を作成することが義務付けられた（法27条の6第1項）。審査計画の記載事項は，1）調査を行う手続において整理された争点および証拠，2）審問を行う期間および回数ならびに尋問する証人の数，3）命令の交付の予定時期である（同2項）。審査計画の作成・変更（同3項）については，労働委員会は当事者の意見聴取が義務付けられているが，

---

11) 盛・前掲注1）論文16頁が指摘するように，「この程度であれば，労委内部の申し合わせで十分」である。

実務上，労使参与委員（法24第1項但書）との協議は必要不可欠である。審査計画は，計画に記載されていない証拠の申出を排除する効果（失権効）まではもたないものと解される（本省通達）が，当事者は審査計画にしたがった審査進行に協力することが求められる（法27条の6第4項）。審問を行うことなく和解を進める場合については，審査計画を作成する必要はない（本省通達）。審問開始後であっても和解勧奨はもちろん可能である（法45条の2）。

　審査計画作成義務を中核として，今回の労委規則の改正により，「不当労働行為事件の迅速かつ的確な処理」のモデルが示されていることに注意が必要である。審問開始前の調査手続は「争点及び証拠の整理，……審査の計画を定めるための調査」（規則41条の2第4項）と明確に位置づけられるとともに，人証については申出と同時にできる限り個別的かつ具体的に記載した尋問事項書の提出（規則41条の10），書証については当該文書の提出までに文書の表示・文書の作成者・立証の趣旨を記載した証拠説明書の提出（規則41条の17）が求められ，「審問は，できる限り，争点及び証拠の整理が終了した後に集中して行わなければならない」ものとされた（規則41条の7第5項）。にもかかわらず，審問は申立てのあった日から原則として30日以内に開始するという定めは，今回の改正によっても維持されたのである（規則41条の6）。以上の規則からは，迅速な争点整理により作成した審査計画に従った集中証拠調べによる審査というモデルが浮かび上がる[13]。

　なお，審査の迅速性に関する意識を高めるという趣旨で，各労働委員会が審査期間の目標を定め[14]，目標の達成状況その他の審査の実施状況を公表するものとされた（法27条の18）。

---

12) 盛・前掲注1）論文35頁は，審理計画作成に際しての参与委員からの意見聴取は，調査手続における労使委員の参与（規則41条の2第5項）の一環をなすものと解釈すべきであるとする。
13) 宮里・前掲注1）論文18頁は，審査計画書作成義務について，審査の迅速化のための「ショック療法」と評している。規則の示す審査モデルは，まさにこの評言が相応しい。
14) 「資料・各都道府県労働委員会における審査の目標期間の設定状況について」労委労協589号71頁（2005年）によると，目標期間については，1年6ヵ月が最も多く（26労委），1年がこれに次ぐ（14労委）。ちなみに北海道労委は180日である。

(3) 証拠調べ（審問）

　今回の改正により，証人については宣誓が義務付けられ（法27条の8第1項。宣誓拒否については30万円以下の過料の制裁〔法32条の2第3号〕），偽証については3月以上10年以下の懲役の制裁が定められた（法28条の2）。当事者については「宣誓をさせることができる」とされたが（法27条の8第2項），原則として宣誓をさせる必要があるものと解されており（本省通達），宣誓した当事者の偽証については30万円以下の過料の制裁（法32条の3）が定められている。宣誓の方式は規則41条の16に詳細な定めがある。

　物件提出命令および証人等出頭命令の新設は，今回の改正の目玉と評される重要部分である。

　物件提出命令とは，「事件に関係のある帳簿書類その他の物件であって，当該物件によらなければ当該物件により認定すべき事実を認定することが困難となるおそれがあるもの（以下「物件」という）の所持者に対し，当該物件の提出を命じ，又は提出された物件を留め置くこと」（法27条の7第1項第2号）であり，当事者の申立てまたは職権により行う（同1項本文）。物件提出命令の決定にあたっては，労働委員会は，個人の秘密および事業上の秘密の保護に配慮しなければならない（同2項）。物件提出命令は，調査手続においても行うことができる（同1項本文）。命令違反者については，30万円以下の過料の制裁（法32条の2第2号）ほか，救済命令の取消訴訟において「当該物件提出命令に係る物件により認定すべき事実を証明するためには，当該物件に係る証拠の申出をすることができない」という証拠提出制限の効果が定められた（法27条の21）。

　この証拠提出制限の効果は，物件提出命令にもかかわらず提出しなかった物件を取消訴訟で証拠提出することは，労働委員会で主張立証を尽くした相手方との関係で信義則に反するとともに，迅速な救済を図ることを目的とする不当労働行為事件審査手続の適正を阻害するということから認められたものである。したがって，法27条の21は，取消訴訟における物件の提出に関し特に信義則違反の度合いが著しいものについて定型的に定めたものであり，本条の要件に該当しない物件の提出が信義則違反と評価される場合がありうることは当然である（本省通達）。

証人等出頭命令とは，「事実の認定に必要な限度において，当事者又は証人に出頭を命じて陳述させること」（法27条の7第1項第1号）であり，命令違反者については30万円以下の過料の制裁（法32条の2第1号）が定められている。証人等出頭命令による証拠調べは，公開され，対審構造が担保されている審問廷で行われる必要がある（本省通達）ことから，審問手続においてのみ行うことができる（法27条の7第1項本文）。労働委員会は，審問を妨げる者に対し退廷を命じるなど，審問廷の秩序維持のために必要な措置を執ることができる定め（法27条の11）もまた，今回の改正によって新設された。

　物件提出命令・証人等出頭命令については，公益委員会議・部会の決定が必要であるが，その際，労使参与委員（法24第1項但書）に意見を述べる機会を与えなければならない（法27条の7第4項）。他方，物件提出命令の際の物件所持者の審尋（同7項）[15]，職権で証拠調べをする際の当事者に対する意見聴取手続（同5項）は，審査委員のみにより行う（本省通達）。

　物件提出命令・証人等出頭命令については，中央労働委員会への不服申立て（法27条の10）のほか，取消訴訟の対象となる（本省通達）[16]。

(4) 和　解

　今回の改正では，労委実務に大きな比重を占める和解について，「労働委員会は，審査の途中において，いつでも，当事者に和解を勧めることができる」（法27条の14第1項）との明文の定めが置かれるとともに，和解手続において極めて重要な役割を果たしている労使委員の参与についてもまた明文化された（法24第1項但書，規則45条の2第2項）。

　不当労働行為事件が和解によって解決する場合には，労委実務では，申立ての取下げ（規則34条）によって審査手続が終了することが一般的であるが，今回の改正により，救済命令が確定するまでの間は，会長・審査委員による和解の認定による終了が新たに設けられた（法27条の14第2項）。和解認定により，

---

15) 本省通達は，物件所持者の審尋は，公開され，かつ対審構造が担保されている審問廷で行うことを要しないと説示している。
16) この点，新たな審査遅延の原因となりうることは多くの論者が指摘する。最も直截かつ詳細な評価として，道幸・前掲注1）の第一論文107頁。

確定前の命令は失効する（同3項）。和解認定は，当事者双方からの書面による申立てを要する（規則45条の2第2項）。和解認定の主たる実益は，再審査における和解について，再審査申立てが取下げられても初審命令は失効しないが，和解認定によれば初審命令が失効すること等である（本省通達）。

また，和解に金銭の一定額の支払い等を内容とする合意が含まれる場合，当事者双方の申立てにより労働委員会が作成した和解調書は，強制執行に関しては債務名義とみなされ（法27条の14第4項・5項），書面による申立てにより（規則45条の4），労働委員会の会長が執行文の付与を行うものとされた（法27条の14第6項）。

(5) 罰則の強化

今回の改正により，確定判決によって支持された救済命令違反に対する罰金は100万円（法28条）に，確定判決によらずに確定した救済命令違反に対する過料は50万円（法32条）に引き上げられた。

III 検　　討

(1) 今回の改正については，とくに都道府県労委における審査手続の在り方をめぐって，学説の評価は二分している。日本労働法学会第107回大会のシンポジウム「労働関係紛争処理の新潮流」の記録には，「改正法による不当労働行為の審理手続の司法システム化を懸念し，地労委の役割として，救済命令による判定機能より調整的・教育的機能が重要」と説く見解と，「労働委員会の本来の役割は，迅速な審理と判定にあり，それによって法的ルールを提示することが重要」であるとして今回の改正を一定程度評価する見解との間の鋭い対立が記されている[17]。両者の論争は，法成立後においても，論文の形態で継続しており，とくに都道府県労委の調整的機能を重視する立場からの法に対する批判には，激烈なものがある[18]。

---

17) 土田道夫「シンポジウムの趣旨と総括」日本労働法学会誌104号81頁（2004年）。
18) 労委の調整的機能を重視する見解として，道幸・前掲注1)の両論文，盛・前掲注1)論文。判定的機能を重視する見解として，村中・前掲注1)論文，山川・前掲注1)論文。

この論争の背景には，どこから労働委員会を眺めるかという視点の所在も大きく関係しているものと考える。実際，労委の判定的機能を重視する見解は「迅速性の重視か，和解の重視か[19]」という問題設定をしているが，和解の実態に照らすと，むしろ「和解による早期解決か，命令による泥沼の長期戦か[20]」という問題の立て方がより適切であるように思う。また，「迅速性」という評価軸から眺めれば，今回の改正については，審級省略も実質的証拠法則の採用も見送られ，肝腎の物件提出命令・証人等出頭命令の新設も，それ自体が中労委への不服申立てや取消訴訟の対象となることを考えると，判定的機能を重視する見地に立っても，あまり肯定的な評価はできないのではないだろうか。

　むしろ問題は，和解なり命令なりに至る審査の「的確性」という評価軸である。前述のように，法および規則からは，〈迅速な争点整理により作成した審査計画に従った集中証拠調べによる審査というモデル〉が看取できるところ，この審査モデルは，労委実務における〈和解による早期解決〉という観点からは，迅速性・簡便性・柔軟性・当事者の納得のいずれをとっても否定的に評価せざるをえない。しかし，この審査モデルは，〈取消訴訟対策としての審査の「司法手続的性格」の確保〉という観点から眺めれば，それなりの合理性が認められるのである。判定的機能を重視する見解がいう「的確」とは〈司法手続に準じた正確な事実認定と判断〉という意味であるとすれば，調整的機能を重視する見解における「的確」とは，〈迅速・簡便・柔軟な手続による紛争の解決〉という意味であろう[21]。以上のようにして，今回の改正の評価をめぐる論争は，むしろ，不当労働行為の行政救済とは何かという根本的な議論が必要なところにまで来ている。

　また，行政救済の本質論に際しては，不当労働行為制度は誰のものかという議論が不可欠である。労働者・労働組合の観点から見れば，〈迅速な争点整理により作成した審査計画に従った集中証拠調べによる審査〉は，弁護士等への

---

19) 村中・前掲注1)論文66頁。
20) 道幸哲也『不当労働行為法理の基本構造』（北大図書刊行会，2002年）146頁以下は，内的視点による和解の記述として貴重である。
21) 盛誠吾「不当労働行為審査の的確化？」労判887号1頁（2005年）参照。

依頼なしには利用が極めて困難であるという意味で簡便とはほど遠く，審問開始後は集中証拠調べといっても物理的な限界があるという意味では決して迅速ではないという意味で（注14）参照），利用に相当の覚悟のいる制度である。そして，労働者・労働組合が費用と時間を投じて得た〈司法手続に準じた正確な事実認定と判断〉の後には，いわゆる「事実上の5審制」が控えている。今回の改正による審査モデルが実施された結果として，労働者・労働組合が従前にも増して〈和解による早期解決〉に傾いたとしても，それは制度の合理的利用の帰結であるというほかない。

(2) 今回の改正が，労働関係民事訴訟の審査期間の短縮化傾向や民事訴訟の新展開を多分に意識したものであることは，前述の通りである。不当労働行為審査手続の司法手続化の是非をめぐる議論を括弧に入れたとしても，大変に残念であるのは，司法手続化の内容が大変に外形的であることだ。

例えば，審査計画を例にとると，改正民訴法は，「訴訟手続の計画的な進行」をすべての事件に義務付ける（民訴147条の2）とともに，「審理すべき事項が多数であり又は錯そうしているなど事件が複雑であることその他の事情によりその適正かつ迅速な審理を行うため必要があると認められる」事件についてのみ審理計画を立てることを義務付けている（民訴147条の3第1項）。そのうえで，改正民訴法は，審理計画に，一定限度であるが失権効を付与し，攻撃防御方法の提出を却下できることを定めている（民訴157条の2）[22]。

これに対して，今回の改正による「審査計画」は，事件の複雑性のいかんを問わず，すべての事件について作成を義務付けられる（法27条の6第1項）ものであるが，その効力は計画的な審査のための努力義務の指針となる（同4項）にすぎず，前記のように，失権効は認められない。〈審査の計画的な進行〉と〈審査計画〉とは厳密に区別すべきであって，今回の法改正のように，法的効果の乏しい〈審査計画〉を全事件に義務付けることによって，〈審査の計画的な進行〉への努力なり意識覚醒を促すという手法は，論理的ではないばかりか，

---

[22] ただし，失権効の要件は極めて厳格であり，森宏司「計画審理の理論と実践」判タ1247号71頁（2004年）は，この規定で却下できる場合は民訴157条の時機に後れた攻撃防御方法としても却下できるのではないかとしている。

各労働委員会を子ども扱いしていることにもなりはしないだろうか。論理性に乏しい制度に対しては，各労働委員会は，むしろ「大人の知恵」による運用を余儀なくされる。今回の改正によって，実務と法との乖離がますます進行することが懸念されるところである。

　また，物件提出命令についても，改正民訴法における文書提出命令とは基本的な構造に違いがあることに注意が必要である[23]。文書提出命令制度においては，文書所持者には一般的に文書提出義務が課され，技術・職業上の秘密を記した文書や自己利用文書等については提出義務を免れる（民訴220条4号）。これに対して，「物件提出命令」制度においては，事実認定の必要性・困難性が要件とされており（法27条の7第1項第2号），物件所持者の物件提出義務が一般的に認められたわけではない。他方，「個人の秘密」または「事実上の秘密」が記載された文書に当たる場合であっても，物件所持者は当然に物件提出義務を免れるわけではなく，これらの事項の存在は，あくまでも物件提出命令の決定において労働委員会に「配慮」が要請される判断要素にすぎない（同2項。本省通達によると，「物件提出命令の必要性と秘密の保護の必要性とを比較衡量して判断する」）。この仕組みは，物件提出命令の対象を事案に即して画定することが可能となる反面，不服申立てを惹起しやすいということもできるだろう。物件提出命令に対する取消原因としては，事実認定の必要性・困難性（法27条の7第1項第2号）は命令の要件にかかり，秘密保護の要請（同2項）は命令の適不適に関わるという意味で，明らかに両者はレベルを異にしている。この点，今後が大変に注目されるところである。

（もとひさ　よういち）

23）　物件提出命令制度と民事裁判実務における文書提出命令制度との共通点を指摘するものとして，山川・前掲注1）論文88頁。

日本学術会議報告

浅倉　むつ子
（日本学術会議会員，早稲田大学）

1　学術会議第144回総会と新しい体制について

　日本学術会議は，2005年4月2日に「日本の科学技術政策の要諦」と題する声明を発表した。これは「21世紀の地球共通課題」を解決するために，日本の学術がなすべきことを包括的に示す文書である（http://www.scj.go.jp/ja/info/kohyo/pdf/kohyo-19-s1024.pdf）。

　4月19日から21日までの3日間にわたって，第144回総会が開催された。今回の総会は，日本学術会議が4月1日に内閣府に移管されてから初めての総会であり，2005年10月からの新体制発足を前に，日本学術会議の新しい体制のあり方に関する懇談会がとりまとめた「日本学術会議の新しい体制について」をテーマとして，熱心な議論が交わされた。その後，7月13日に開催された同懇談会において，新体制に関する最終報告書がとりまとめられた模様である。

　法学・政治学分野である第2部としては，学術会議の新しい体制のあり方と課題について，きわめて積極的に意見を述べてきた。第2部の意見とは，日本学術会議が75万人の科学者コミュニティーの代表機関としての使命を果たすために，学協会との新しい連携関係の構築が必要であること，そのために「パートナー学術研究団体」（仮称）の制度を設けて体制を準備すること，学協会も協力・共働関係を進めるために，それぞれの研究分野における連合組織の形成，独自活動の展開など，積極的なイニシアティブをとることが求められることなどを主要な内容としている（http://www.scj.go.jp/ja/info/division/2/pdf/taisei.pdf）。この見解が新体制の学術会議に少しでも採用されて，学協会との新たな連携が生まれることを期待したい。

2　講演会と提言活動

　学術の立場から政府と社会に向けて提言活動をすることは，学術会議の基本的役割である。これについては，第19期が終了するにあたって，現在でもなお，きわめて活発に多彩な活動が行われている。ここでは私が関わった委員会が作成した対外報告書について，ふれさせていただきたい。

　まず，7つの特別委員会の1つである「安全・安心な世界と社会の構築特別委員会」が2005年1月に公開学術講演会を開催したことは，すでに本誌105号に報告し

たところであるが，同特別委員会は，6月23日の運営審議会に「安全で安心な世界と社会の構築に向けて——安全と安心をつなぐ」と題する対外報告書を提出し，承認された（http://www.scj.go.jp/ja/info/kohyo/pdf/kohyo-19-t1030-4.pdf）。「学術と社会常置委員会」は，やはり6月23日の運営審議会に「現代社会における学問の自由」と題する対外報告書を提出し，承認された（http://www.scj.go.jp/ja/info/kohyo/pdf/kohyo-19-t1030-16.pdf）。また同常置委員会は，7月4日に科学上の不正行為をめぐる予防策と事後処理のあり方をめぐって，「科学におけるミスコンダクトの現状と対応策」と題する公開講演会を開催したが，これもまた対外報告としてまとめられる予定である。

また，私が委員長をしている「21世紀の社会とジェンダー研究連絡委員会」は，6月4日に神戸大学で，今期最後の公開シンポジウム（「政治学とジェンダー」）を終えたが，同研連は，第1部の「ジェンダー学研究連絡委員会」と共同で，6月30日の運営審議会に，「男女共同参画社会の実現に向けて——ジェンダー学の役割と重要性——」と題する対外報告を提出して，承認された（http://www.scj.go.jp/ja/info/kohyo/pdf/kohyo-19-t1030-12.pdf）。

第2部の活動としては，2005年2月18日に，第2部と「法学政治学教育制度研究連絡委員会」の共催による公開シンポジウム「法学部をどうするか——法学教育・研究の将来像」を行ったが，その内容は，法律時報2005年6月号に掲載されている。また，「法科大学院の創設と法学教育・研究の将来像」と題する第2部の対外報告が，7月21日の運営審議会で承認された（http://www.scj.go.jp/ja/info/kohyo/pdf/kohyo-19-t1031-1.pdf）。

2005年7月7日には，河野正輝会員のお世話で，熊本学園大学において，第2部主催の夏季公開シンポジウム「地域社会のエンパワメント——暮らしの中の福祉と安全」を開催した。

以上，私が関わっている委員会に関連する活動だけでも，学術会議はじつに多彩な活動を行っている。それだけに会員としての多忙さは並大抵なものではなく，私の場合，法科大学院の講義は休講が許されないため，とてもではないが，これら学術会議の会合に皆勤することはできなかった。それでも，数多くの公開シンポジウムや報告書をとりまとめる過程で，献身的にリーダーシップを発揮された戒能通厚副会長，広渡清吾第2部長，森英樹学術と社会常置委員会委員長はじめ，第2部の会員や他の部の会員の皆さんとの意見交換からは，通常ではとても望むべくもない勉強をさせていただいたと心から感謝している次第である。

(2005年8月18日記す)

◆ 日本労働法学会第109回大会記事 ◆

　日本労働法学会第109回大会は，2005年5月29日（日）慶應義塾大学において，個別報告，特別講演，ミニシンポジウムの3部構成で開催された。(以下，すべて敬称略)

1　個別報告
〈第1会場〉
テーマ：「雇用における年齢差別の法理」
報告者：柳澤武（名城大学）
司　会：野田進（九州大学）

テーマ：「スペインの従業員代表制度」
報告者：大石玄（北海道大学大学院）
司　会：道幸哲也（北海道大学）

〈第2会場〉
テーマ：「ドイツにおける企業再編と労働法」
報告者：春田吉備彦（国士舘大学）
司　会：毛塚勝利（中央大学）

テーマ：「ドイツにおける労働者の個人情報保護——労働法における「個人情報の保護に関する法律」（平成15.5.30法57）の位置づけのために」
報告者：緒方桂子（香川大学）
司　会：西谷敏（大阪市立大学）

2　特別講演
テーマ：「労働立法の現場に立って——参議院議員12年の経験から——」
報告者：大脇雅子（弁護士）

3 ミニシンポジウム
〈第1会場〉
テーマ：「労働関係の変容と「雇用契約」――イギリス労働法学の示唆するところ」
報告者：有田謙司（専修大学），古川陽二（大東文化大学）
コメンテーター：唐津博（南山大学）
司　会：石橋洋（熊本大学）

〈第2会場〉
テーマ：「ジェンダーと労働法」
報告者：笹沼朋子（愛媛大学），菅野淑子（北海道教育大学）
コメンテーター：中里見博（福島大学）
司　会：浅倉むつ子（早稲田大学）

〈第3会場〉
テーマ：「ホワイトカラー労働とこれからの労働時間法制」
報告者：梶川敦子（神戸学院大学），三柴丈典（近畿大学），水町勇一郎（東京大学）
司　会：盛誠吾（一橋大学）

4 総　会
1．代表理事選挙の結果について
　土田道夫監事より，2004年12月に行われた代表理事選挙の結果，道幸哲也会員が当選したことが報告された。なお，任期は2005年5月の総会より1年半である。

2．2004年度決算・2005年度予算について
　青野覚事務局長より，2004年度決算が報告された。また，2005年度予算案について，青野覚事務局長より報告がなされ，総会において承認がなされた。

3．企画委員の交替，今後の大会開催予定について
1）　山川隆一企画委員長より，以下の会員が新企画委員に選出されたことが報告された。
　　　企画委員長：中窪裕也（九州大学）
　　　企 画 委 員：村中孝史（京都大学），藤内和公（岡山大学），小宮文人（北海学園大学），米津孝司（都立大学）

2） 山川隆一企画委員長より，今後の大会予定に関し次の通り報告がなされた。

◆ 110回大会
日時　2005年10月16日（日）
会場　岡山大学
テーマ：「労働契約法の基本構造（仮）」
担当理事：野川忍（東京学芸大学）
司　会：唐津博（南山大学），浜村彰（法政大学）
報告者：鎌田耕一（東洋大学），川田知子（亜細亜大学），三井正信（広島大学），
　　　　野川忍（東京学芸大学）
コメンテーター：根本到（神戸大学）

◆ 111回大会
日時　2006年5月下旬（予定）
会場　岩手大学
(1)個別報告
 1）　水野圭子（法政大学）
　　　　「EU並びにフランスにおける経営主体の変更と労働契約の承継」
 2）　石田信平（同志社大学大学院）
　　　　「労働契約における組織性と共同性
　　　　　　　　　　　——トイプナーの法理論を踏まえて——」
(2)特別講演：未定
(3)ミニシンポジウム
 1）「労働契約法制——立法目的と実現方法——」
担当理事：盛誠吾（一橋大学）
報告者：川口美貴（関西大学），盛誠吾（一橋大学）
司　会：野田進（九州大学）
 2）「労働訴訟」
担当理事：宮里邦雄（弁護士）
（詳細は未定）
 3）「知的財産と労働法」
担当理事：土田道夫
（詳細は未定）

日本労働法学会第109回大会記事

◆ 112回大会
日時　2006年秋
会場　関東地方所在の大学
テーマ：「安全衛生と健康」（予定）
担当理事：中窪裕也（九州大学）
報告者：品田充儀（神戸市外国語大学），小畑史子（京都大学），水島郁子（大阪大学），岩出誠（弁護士）
司　会：西村健一郎（京都大学）

4．学会誌について

　盛誠吾編集委員長より，学会誌105号が順調に刊行された旨の報告がなされた。前回総会で学会誌106号の刊行が，109回大会開催日との関係上，例年より遅れることが承認された旨，報告された。
　また，新編集委員長として浜村彰理事が就任することが報告された。

5．日本学術会議報告

　浅倉むつ子会員より以下の報告がなされた。
1) 　学術会議全体の動きとしては，2005年4月2日に「日本の科学技術政策の要諦」という声明を発表した。また，学術の立場から政府と社会に向けて多様な提言活動を行う役割に関しては，2005年9月の第19期の任期終了に向けて，各種の「対外報告」を作成する努力を続けている。
2) 　2004年4月に「学術会議の新しいあり方」懇談会の中間まとめが提出された。最終報告は，7月を目途に作成される予定である。
3) 　第2部（法学政治学）としては，新しい学術会議の下で，学協会と学術会議がいかに連携していけるのか，そのあり方を模索中である。
4) 　第2部の対外報告として，「法学部をどうするか——法学教育と法学研究の将来像」をとりまとめる予定である。2005年2月に行われたシンポジウムの内容は，2005年6月号の法律時報に掲載されている。

6．国際労働法社会保障法学会

　荒木尚志会員より，以下の報告がなされた。
1) 　第8回ヨーロッパ地域会議が，2005年9月20～23日にボローニャ（イタリア）で開催される。
2) 　第8回アジア地域会議が，2005年10月31日～11月3日に台北（台湾）で開催

される。同会議において，日本労働法学会より，基調講演を菅野和夫会員（明治大学）が，第1テーマ「女性の労働市場への参加：21世紀の雇用におけるジェンダー平等を目指して」のナショナル・レポータを相澤美智子会員（一橋大学）が，第2テーマ「リストラクチャリングの進展と労働者の権利保護」のナショナル・レポータを石田眞会員（早稲田大学）が，第3テーマ「アジアにおける高齢者保障・年金制度」のジェネラル・レポータおよびナショナル・レポータを森戸英幸会員（成蹊大学）がそれぞれ担当する。

3) 第18回世界会議が2006年9月5～8日にパリ（フランス）で開催される。テーマは，「貿易自由化と労働法・社会保障」，「労働法と分散化」，「職業上のリスク：社会的保護と使用者の責任」である。以上のテーマについてナショナル・レポータを募集しており，希望者は2005年5月31日までに国際労働法社会保障法学会日本支部事務局（東京大学荒木研究室）まで問い合わせのこと。

7．入退会について

青野事務局長より退会者6名，物故者3名，および以下の16名について入会の申込みがあったことが報告され，総会にて承認された（順不同）。

秋山泰（法律文化社），花岡泰則（岡山社会保険労務士会），栄枝明典（弁護士），鈴木祐治（弁護士），梅木佳則（弁護士），平賀律男（北海道大学大学院），趙シュウ（明治大学大学院），小林美和（明治大学大学院），成田史子（東京学芸大学大学院），所浩代（北海道大学大学院），黒岩容子（弁護士），坂井岳夫（同志社大学大学院），廣田久美子（九州大学大学院），朴孝淑（東京大学大学院），候岳宏（一橋大学大学院），松井丈春（日本大学大学院）

8．その他
1) 日本労務学会における報告への参加について

青野覚事務局長より，日本労務学会からシンポジウムの共同開催の申し入れがあったが，理事会において企画段階での日本労働法学会の関与もないことなどから共同開催には問題が残るとの意見が出されたため，共同開催を見送ることとした旨報告があり，開催に関するアナウンスがあった。

◆ 日本労働法学会第110回大会案内 ◆

1 日　時：2005年10月16日（日）
2 会　場：岡山大学創立50周年記念館
　　　　　〒700-8530　岡山市津島中1丁目
　　連絡先：〒700-8530　岡山市津島中3丁目
　　　　　　　　　岡山大学法学部　藤内和公研究室　TEL 086-251-7492
3 統一テーマ：「労働契約法の基本理論と政策課題」
　　司　会：唐津博（南山大学），浜村彰（法政大学）
　　趣旨説明：浜村彰（法政大学）
　　報　告：1　鎌田耕一（東洋大学）
　　　　　　　　「労働契約法立法化の意義と適用範囲
　　　　　　　　　　　──新たな契約類型の形成に向けて──」
　　　　　　2　三井正信（広島大学）
　　　　　　　　「企業の社会的権力コントロールと労働契約法
　　　　　　　　　　　──人権・人事・解雇を対象として──」
　　　　　　3　川田知子（亜細亜大学）
　　　　　　　　「有期労働契約の新たな構想
　　　　　　　　　　　──正規・非正規の新たな公序に向けて──」
　　　　　　4　野川忍（東京学芸大学）
　　　　　　　　「労働契約内容の特定と変更の法理
　　　　　　　　　　　──就業規則による労働契約コントロールの構造──」
　　コメンテーター：根本到（神戸大学）

日本労働法学会規約

第1章 総 則

第1条　本会は日本労働法学会と称する。
第2条　本会の事務所は理事会の定める所に置く。(改正，昭和39・4・10第28回総会)

第2章 目的及び事業

第3条　本会は労働法の研究を目的とし，あわせて研究者相互の協力を促進し，内外の学会との連絡及び協力を図ることを目的とする。
第4条　本会は前条の目的を達成するため，左の事業を行なう。
　1．研究報告会の開催
　2．機関誌その他刊行物の発行
　3．内外の学会との連絡及び協力
　4．公開講演会の開催，その他本会の目的を達成するために必要な事業

第3章 会 員

第5条　労働法を研究する者は本会の会員となることができる。
　本会に名誉会員を置くことができる。名誉会員は理事会の推薦にもとづき総会で決定する。
　(改正，昭和47・10・9第44回総会)
第6条　会員になろうとする者は会員2名の紹介により理事会の承諾を得なければならない。
第7条　会員は総会の定めるところにより会費を納めなければならない。会費を滞納した者は理事会において退会したものとみなすことができる。
第8条　会員は機関誌及び刊行物の実費配布をうけることができる。(改正，昭和40・10・12第30回総会，昭和47・10・9第44回総会)

第4章 機 関

第9条　本会に左の役員を置く。
　1．選挙により選出された理事（選挙理事）20名及び理事会の推薦による理事（推薦理事）若干名

2．監事　2名

（改正，昭和30・5・3第10回総会，昭和34・10・12第19回総会，昭和47・10・9第44回総会）

第10条　選挙理事及び監事は左の方法により選任する。

1．理事及び監事の選挙を実施するために選挙管理委員会をおく。選挙管理委員会は理事会の指名する若干名の委員によって構成され，互選で委員長を選ぶ。

2．理事は任期残存の理事をのぞく本項第5号所定の資格を有する会員の中から10名を無記名5名連記の投票により選挙する。

3．監事は無記名2名連記の投票により選挙する。

4．第2号及び第3号の選挙は選挙管理委員会発行の所定の用紙により郵送の方法による。

5．選挙が実施される総会に対応する前年期までに入会し同期までの会費を既に納めている者は，第2号及び第3号の選挙につき選挙権及び被選挙権を有する。

6．選挙において同点者が生じた場合は抽せんによって当選者をきめる。

推薦理事は全理事の同意を得て理事会が推薦し総会の追認を受ける。

代表理事は理事会において互選し，その任期は1年半とする。

（改正，昭和30・5・3第10回総会，昭和34・10・12第19回総会，昭和44・10・7第38回総会，昭和47・10・9第44回総会，昭和51・10・14第52回総会）

第11条　理事及び監事の任期は3年とし，理事の半数は1年半ごとに改選する。但し再選を妨げない。

補欠の理事及び監事の任期は前任者の残存期間とする。

（改正，昭和30・5・3第10回総会）

第12条　代表理事は本会を代表する。代表理事に故障がある場合にはその指名した他の理事が職務を代行する。

第13条　理事は理事会を組織し，会務を執行する。

第14条　監事は会計及び会務執行の状況を監査する。

第15条　理事会は委員を委嘱し会務の執行を補助させることができる。

第16条　代表理事は毎年少くとも1回会員の通常総会を招集しなければならない。

代表理事は必要があると認めるときは何時でも臨時総会を招集することができる。総会員の5分の1以上の者が会議の目的たる事項を示して請求した時は，代表理事は臨時総会を招集しなければならない。

第17条　総会の議事は出席会員の過半数をもって決する。総会に出席しない会員は書面により他の出席会員にその議決権を委任することができる。

第5章　規約の変更

第18条　本規約の変更は総会員の5分の1以上又は理事の過半数の提案により総会出席会員の3分の2以上の賛成を得なければならない。

学会事務局所在地
　　　〒101-8301　東京都千代田区神田駿河台1-1明治大学研究棟1227号室
　　　　　　電話　03-3296-2333
　　　　　　e-mail　rougaku@kisc.meiji.ac.jp
　　（事務局へのご連絡は毎週金曜日午前10時より12時までの間に願います）

SUMMARY

《Symposium I》

Changing Labour Relations and 'Contract of Employment' in the UK : Purpose and Summary of the Symposium

Hiroshi ISHIBASHI

Since two white papers named 'Fairness at Work' and 'Building the Knowledge Driven Economy' under Blair Government was publicized in 1997, the dominant topic of labour law policy has become the enhancement of the competitiveness of business, which requires the flexible labour relations and flexible labour market. This goal is achieved neither deregulation nor mandatory labour standards but the development of partnership in/at workplace. What the partnership means is the creation of new institutions of workplace governance. If so, old-fashioned state intervention did not and cannot work, and it requires different techniques of legal regulation concerning labour relations and labour market. This is the agenda we try to tackle today.

SUMMARY

Changes in Labour Relations and the Development of Theories of Labour Law and Contract of Employment in the UK

Kenji ARITA

From the early 1980s onwards, changes in labour relations, especially flexibilization of work and employment has been widespread and the labour legislation has been developed in the UK. The New Labour government from 1997 has developed 'the Third Way' labour policy which position labour law as the requirement to further partnership between employers and employees for the purpose of ensuring competitiveness of businesses.

In these situations, Hugh Collins has developed a new theory of labour law and contract of employment. The essence of his new theory is a balance between a principle of the 'Labour is not a Commodity' and efficiency of market. And a remarkable feature of his new theory is to position competitiveness of businesses as one of the purposes of labour law. Partnership between employers and employees, which includes co-operation, is needed to improve long-term competitiveness of businesses. Labour law is needed to ensure considerable flexibility and co-operation from workforce, who may be unwilling to oblige without receiving in return reliable assurance of fair treatment. And he proposes that it is best that we should understand a contract of employment as a symbiotic contract, because a symbiotic employment contract model helps to further co-operation through default rules in the form of implied terms, which adjust a balance between flexibility and fairness, and so on.

Collins' new theory suggests the importance of a frame of reference of adjustment between macro-economics and partnership, co-operation and fairness. His theory deals with the problem of flexibilization of work, but

SUMMARY

does not deal with the problem of flexibilization of employment.

Mark. R. Freedland proposes a new theory of personal employment contract to deal with that problem. The concept of the personal employment contract is defined as comprising contracts of employment and semi-dependent workers' contracts to be carried out normally in person and not in the conduct of an independent business or professional practice. The personal employment contract has the two-level structure which is made up of exchange transactions and relational contracts. The personal employment contract should be seen as being underpinned by a set of guiding principles (mutuality and reciprocity, care and co-operation, trust and confidence, loyalty and freedom of economic activity, fair management and performance) in the form of implied terms. These principles should be regarded as applicable to semi-independent workers' contracts, even if in a different or less intensive form.

Freedland's new theory suggests the possibility of contractual dealing with the problem of flexibilization of employment.

SUMMARY

The Changing Contours of Labour Relations and the Labour Legislation under the New Labour Government in the UK

Yoji FURUKAWA

In 1972, Otto Kahn-Freund wrote that "the main object of labour law has always been, and I venture to say will always be, to be a countervailing force to counteract the inequality of bargaining power which is inherent and must be inherent in the employment relationship" (*Labour and the Law,* 1972, p. 6.). Now when more than 30 years have passed after his book was published, labour relations and the framework of labour law in the UK has wholly changed.

In its white paper "Fairness at Work" (1998), the new labour government advocates "to replace the notion of conflict between employers and employees with the promotion of partnership" "to build a fair and prosperous society in the UK based on a strong and competitive economy". It also insists that "efficiency and fairness are wholly compatible". However, are 'efficiency' and 'fairness' truly compatible in the Third Way Labour Law which the new labour government insists? What kind of role does 'partnership', which the new labour government regards as important play, for achieving the target of coexistence of 'efficiency' and 'fairness'?

The purpose of this paper is, through examination of the main points of argument mentioned above, to clarify the logic and technique of modern labour legislation in the UK for regulating employment relations.

Suggestion from the Recent Development of the Theory on British Labour Law : Implication of the Labour Market Approach to the Labour Law

Hiroshi KARATSU

I propose four points for the discussion at symposium concerning the labour market approach in the British Labour Law.

These are as follows:

First, how should we appreciate the relationship between labour market regulation, economic efficiency and competitiveness from the viewpoint of normative labour law approach?

Second, what is the meaning of theorizing the Labour Law on the basis of the key-concepts of New Labour, that is, the economic competitiveness, the flexibility or the efficiency of labour market?

Third, why does New Labour stress the 'consultation' with workers' representative instead of collective bargaining with trade unions?

Fourth, how should we evaluate the meaning of new theory model on the contract of employment in view of the current situation of the labour market in the United Kingdom?

SUMMARY

《Symposium II》

Gender and Labor Law: Purpose and Summary of the Symposium

Mutsuko ASAKURA

Until the 1960s, discrimination against women was justified by biological differences between men and women. In other words, even when women are subject to discrimination because of sexual differences that are socially or culturally based, it was believed that this was merely a distinction stemming from biological differences with men. To avoid the detrimental effect of getting entangled in this debate, in the 1970s women's studies produced research which used the concept of gender to approach social and cultural sexual differences, which differ from biological differences.

This symposium is the first held by the Japan Labor Law Association using the word gender in the title, and it addressed these questions: "What knowledge can the gender perspective bring to labor law?" and "What kinds of labor law and labor policy are not shackled by gender bias?"

As a general survey of labor law analysis from the gender perspective, Tomoko SASANUMA took a new look at the concepts of discrimination and self-determination. Toshiko KANNO offered critical analyses of matters including the elements of gender discrimination in policy measures pertaining to pregnancy, childbirth, and child raising, and the traditional family-centered approach. Hiroshi NAKASATOMI, who majors in constitutional law and who is well-versed in gender studies, commented on the two presentations and shed light on their significance in connection with the discrimination-banning legal principles in gender legal studies.

SASANUMA and KANNO made their presentations while assuming a

SUMMARY

posture of learning from women's experience, i. e., listening to what women have to say. Certainly it is hard to incorporate the candid opinions of women into legal theory, but that is exactly where one can find major intellectual stimulation and suggestions. I believe that these two speakers did this highly interesting job exceptionally well. This is precisely the research stance that is appropriate for gender legal studies.

SUMMARY

Reconstruction of Labor and Employment Law from the Gender Perspective: Redefinition of Discrimination and Self-determination

Tomoko SASANUMA

"Sex discrimination" is defined as "unreasonable difference between men and women" now, but many women cannot agree with this definition. Instead, it should be "violation against women on the basis of gender hierarchy", and it is clear from our case law concerning sexual harassment. In turn, the key term of the anti-discrimination law for working women should be the sexual freedom and the women's dignity. Then we should apply sexual harassment case law to many cases of sex discrimination in employment relationship. For example, much lower remuneration for part-time workers, most of whom are women, must be sex discrimination, because it impairs their ability and dignity and classifies them in lower class citizen.

Next that we have to consider is the sexual "self-determination right" for women. Women have been struggling with this notion in order to justify the abortion. Especially, Japanese women's movement has made rich philosophical fruits concerning about the notion. For example, women insist that we cannot exist independently but we are inevitably obliged to care somebody; we never make decision freely by ourselves but we are given only limited alternatives socially; then we should not be punished legally or socially for the reason of our decision (=abortion). If we refer this discussion to the theory concerning the consent in employment cases, the law must change radically. For example, discriminatory treatments against workers with family responsibility should be illegal, because it is the social power, including corporate society, that forces to particular workers, especially women, to take care their family.

SUMMARY

Measures of Increasing the Birth Rates of Japan and the Labor Law : Considering from the Reproductive Rights and the Norm of Families

Toshiko KANNO

I Introduction

When it has passed for about ten years from making the Child Care Leave Law, new three laws have been enforced to stimulate for increasing the number of children being born in Japan in near future. Their names are "Law for male and female cooperation in society", "Law for decreasing birth rate", and "Law for bringing up and supporting next generations".

The phenomenon of a declining birth rate is one of serious problems in Japan. Indeed, it begins to cause a great impact on Japanese pension systems. But we cannot tell whether these laws have some impacts on the present circumstances. So I would like to research and discuss about that, and reconsider these laws from the point of gender view in this paper.

II Decreasing birth rates and the cooperative society between men and women
  1. The Child Care Leave Law and the Law for male and female cooperation in society
  (1) From the Child Care Leave Law to the cooperative society of men and women
  (2) The reproductive rights and the cooperation between men and women —— from the point of view of each prefecture's regulations for cooperation between men and women
  2. Methods of increasing birth rates

SUMMARY

  3. The Law for decreasing birth rates and the fundamental principle of decreasing birth rates

  4. The Law for bringing up and supporting next generations and the action schemes for general employers

Ⅲ Reconsideration about these new laws from the point of gender view

  1. Gender roles ── mainly concerning about the Law for bringing up and supporting next generations

  2. The right of taking care of 'our own families' ── what is the 'family' in each law?

Ⅳ Conclusion ── the philosophy of these new laws and remained problems

SUMMARY

New Perspectives on Gender and Law : A Comment on Papers of Professors Sasanuma and Kanno

Hiroshi NAKASATOMI

The papers read by professors Sasanuma and Kanno include new perspectives which may overcome the difficulty faced by gender-based approach to legal studies in Japan. Gender and law approach has had difficulty to recognize and conceptualize as "discrimination" the situation where women are subordinated in political, social and economic contexts based on "biological sex differences." This comment points to the significance of Prof. Sasanuma's view on sex discrimination and its application in the area of reproduction where Prof. Kanno examined, but cannot properly comment on the innovative understanding of the concept of "self-determination" explored by Prof. Sasanuma.

The paper of Prof. Sasanuma presented a different concept of discrimination than commonly accepted by both mainstream legal studies and gender and law approach. It may be called "dominance [inequality] approach," since it targets subordination of women rather than irrational differentiated treatments between men and women. As long as women are subordinated because of sex, the subordination would not be justified by the biological differences between men and women.

This view of discrimination is especially significant for the gender equality of reproduction where the subordination of women is justified as strong as any other area by the biological sex differences. As Prof. Kanno pointed out, Japan has confronted the problem to make a "society where no one will be disadvantaged by having a baby," not only to realize gender equality but to recover low birthrate. By exploring and adopting the concept of discrimination discussed at this symposium, will gender and law approach struggle through the difficulties it confronts today.

SUMMARY

《Symposium III》

Working Time Regulations of White-Collar Labor in the Future : Purpose and Summary of the Symposium

Seigo MORI

As the Cabinet decision in March, 2004 that reflected the third report of the Council for Regulatory Reform in December, 2003 decided to examine the exclusion of the present working time regulations for the work with high discretion, the working time system of Japan, which has been accomplished a big transformation by several revision of Labor Standards Law since 1987, is now facing a newer phase.

This symposium, based on such a tendency, aimed to discuss on the directivity of working time regulations in the future especially concerning white-collar labor. For that purpose, three reports were prepared.

The first report by Atsuko KAJIKAWA examined the relation of white-collar labor and the exclusion of working time regulations comparing with the white-collar exemption of the United States.

The second report by Takenori MISHIBA reflected on the means of working time regulations, particularly on the relation of the direct legislative regulation and the self-regulation, and also proposed a new regulatory method.

The third report by Yuichiro MIZUMACHI examined the relation of working time policy and working time legislation, and made some suggestions for the working time regulations in the future.

SUMMARY

White-Collar Work and Exemptions from the Regulations of Working Hours: Especially Examining the White-Collar Exemptions in the United States

Atsuko KAJIKAWA

I　Introduction

II　White-Collar Exemptions under the Fair Labor Standards Act in the United States
　1　Principles and Intents of the Regulation of Working Hours under the FLSA
　2　New White-Collar Exemptions under the Department of Labor's Overtime Rule of 2004
　　(1)　Background
　　(2)　Three Tests; Salary-Level Test, Duties Test, Salary-Basis Test
　　(3)　Categories for White-Collar Exemptions
　　　(a)　Executive Employee
　　　(b)　Administrative Employee
　　　(c)　Professional Employee

III　Examination of White-Collar Exemptions
　1　Features of the System of Regulation of Working Hours for White-Collar Workers in the United States
　2　Suggestions from the United States' White-Collar Exemptions
　　(1)　Relation between the Intents of Working Hour Regulations and White-Collar Exemptions
　　(2)　Concern with the Wide Range of Exempt Employees
　　(3)　Methods of Regulation
　　(4)　Conclusion

SUMMARY

Legislative Regelung und Autonome Regelung der Arbeitszeit: aus Gesichtspunkt der Einschränkung von Qualität und Quantität von die Arbeit und der Regelung von der Arbeitsbedingungen

Takenori MISHIBA

Der Zweck dieser Abhandlung steht darin, eine neue Arbeitszeitpolitik für die zur Zeit enorm zunehmende Angestellten vorzuschlagen, bei ihnen die geltende Arbeitszeitregelungen nicht genugend funktionieren. Denn wird ihnen ein umfangleiches Ermessen bei der Arbeit eingeräumt. Ich halte einige Studien einer Wissenschaft für die Industrie-Stress für hilfsreich. Deshalb schläge ich vor, unter diesem Gesichtspunkt Qualität und Quantität der Arbeit, inklusiv der nicht anwesenden Zeiten und die Arbeitsbedingungen zu regulieren. Dabei wird das (individuelle und kollektive) autonome System der Arbeitsbeziehungen beachtet und genug verwertet. Also, der Zweck für die bisherige Arbeitszeitseinschränkungen wird in meinem Vorschlag in der anderen Weise, doch besser, verwirklicht.

I Die Einleitung: Die Notwendigkeit von Überprüfung aus dem technischen-arbeitsschutzem-Gesichtspunkt

II Die Andeutung aus deutschem Arbeitsrecht

  1 Die Annäherung aus deutschem Arbeitszeitrecht

  2 Die Annäherung aus deutschem technischen-Arbeitsschutzrecht

  3 Der kleine Schluß

III Der Versuch über japanischer Arbeitszeitrechtspolitik für die Angestellten

  1 Der Erfolg aus der Industrie-Stress-Wissenschaft: Das Mittel für die Industrie-Stress-Messung

  2 Meine persönliche Meinung

SUMMARY

※ 本独文サマリーの作成にあたり，小俣勝治青森中央学院大学教授のご助力を賜った。この場を借りて謝意を申し上げたい。

SUMMARY

La politique publique et le régime juridique sur le temps de travail

Yuichiro MIZUMACHI

I Introduction

II Pourquoi réglemente-on le temps de travail ?
　1．Histoire de la politique publique sur le temps de travail aux pays étrangers
　2．Histoire de la politique publique sur le temps de travail au Japon
　3．Réflexion

III Comment réglemente-on le temps de travail ?
　1．Trois façons juridiques
　2．Régimes juridiques sur le temps de travail aux pays étrangers
　3．Régimes juridiques sur le temps de travail au Japon

IV Conclusion
　1．Analyse réflexive sur le temps de travail au Japon
　2．Proposition de réformes

SUMMARY

《Articles》

The Legal Theory of Age Discrimination in Employment: Analysis of American Law

Takeshi YANAGISAWA

The progression of age is a universal human process. However, American Law has prohibited age discrimination in employment during the last 25 years. So, my research work starts from the Age Discrimination in Employment Act of 1967 (ADEA). My report is as follows:

I Introduction

II A Background condition to the ADEA
 1 The beginning of ageism
 2 Legislative history and structure

III Case law under the ADEA
 1 Form of discrimination
 2 Disparate Treatment —— Illegally Motivated Decision Making
 3 Disparate Impact theory

IV Contrastive Analysis: States law
 1 Overview
 2 FEHA in California
 3 New Jersey's Case Law

V Conclusion
 1 Scope of the Federal Case Law
 2 ADEA in the United States

SUMMARY

Sistema de representación de España

Gen OISHI

I   Prólogo
II Representación unitaria
　1 Estructura de la representación unitaria —— los delegados de personal y los comités de empresa
　2 Inicio del procedemiento electoral
　3 Normas sobre el procedemiento electoral
　4 Competencias de los representantes
　5 Garantías y facilidades de los representantes
III La representación sindical : secciones y delegados sindicales
IV Sincronización de los sindicales con las representaciónes unitarias
V   Nacimiento y desarrollo del concepto de la representación unitaria
VI Función del doble canal de representación : convenios colectivos
　1 Normas sobre el convenio colectivo
　2 El conflicto de los convenios colectivos
　3 Las circunstancias actuales de los relaciónes laborales
VII Epílogo

SUMMARY

Unternehmensumstrukturierung und Arbeitsrecht in Deutschland

Kibihiko HARUTA

I   Einleitung
II Der Grundriß und das Charakteristikum im deutschen Arbeitsrecht
III Erweiterung und Einschränkung des Betriebsbegriff
IV Verhältnis zwischen BGB § 613a IV 1 und § 613a IV 2
V   Schluß

SUMMARY

Arbeitnehmerdatenschutz und Arbeitsrecht in Deutschland : Zur Betrachtung der arbeitsrechtlichen Bedeutung des neuen Datenschutzgesetzs (Gesetz Nr. 57 vom 30.5.2003) in Japan

Keiko OGATA

Diese Abhandlung bezieht sich auf die arbeitsrechtliche Bedeutung des neuen japanischen Datenschutzgesetzes, das am 30.5.2003 erlassen wurde und am 1.4.2005 in Kraft getreten ist, durch die Betrachtung des Bundesdatenschutzgesetzes in Deutschland.

In Deutschland wird der Schutz der personenbezogenen Daten als eine wichtige Bedingung der individuellen Entfaltungschancen des Einzelnen begriffen. Das Bundesverfassungsgericht hat in der Volkszählungsentscheidung vom 15.12.1983 (BVerfGE 65, S. 1) das Recht auf informationelle Selbstbestimmung geprägt. Das Recht auf informationelle Selbstbestimmung gehört zu dem allgemeinen Persönlichkeitsrecht und wird aus dem Grundrecht der freien Entfaltung der Persönlichkeit (Art. 2 Abs. 1 GG) und des Schutzes der Menschenwürde (Art. 1 Abs. 1 GG) abgeleitet. Dieses Recht sichert die Befugnis des Einzelnen, grundsäztzlich selbst zu entscheiden, wann und innerhalb welcher Grenzen persönlichen Lebenssachverhalte offentlich werden sollen.

In Japan werden, obwohl das Datenschutzgesetz in Kraft getreten ist, die vom Gesetz geschützten Interessen nicht klar definiert. Das neue Datenschutzgesetz kann aber eine Gelegenheit sein, die die Autonomie und die Freiheit des Arbeitnehmers im Betrieb zu manifestieren und auszudehnen. Das Gesetz verpflichtet den Arbeitgeber zur Festlegung der Zweckbestimmung vor der Erhebung und Verarbeitung des personenbezogenen Datens. Der Arbeitnehmer bzw. Bewerber wird mit dem Recht ausgestattet, auf sein Verlangens hin, Auskunft, Berichtigung und Sper-

SUMMARY

rung seiner Daten zu erwirken. Dadurch wird der Arbeitnehmer bzw. Bewerber, der bis jetzt allein nur als "Objekt" für die Erhebung der personenbezogenen Daten im Betrieb zu verstehen ist, zum "Subjekt", die seinen Daten selbst kontrollieren kann.

In dieser Abhandlung geht es darum, die Zulässigkeit über die Erhebung, Verarbeitung und Nutzung der personenbezogenen Daten des Arbeitnehmers in Detuschland zu betrachten und dadurch die arbeitsrechtliche Bedeutung des neuen Datenschutzgesetzes in Japan zuerklären.

Gliederung:

Ⅰ Einleitung
Ⅱ Personenbezogener Datenschuz als Voraussetzung der Selbstbestimmung
　1 Das informationellen Selbstbestimmungsrecht
　2 Auswirkungen auf das Arbeitsrecht
Ⅲ Bundesdatenschutzgesetz und Arbeitsrecht
　1 Geltungsbereich
　2 Zulässigkeit der Erhebung, Verarbeitung und Nutzung der personenbezogenen Daten
Ⅳ Arbeitsrechtliche Bedeutung des neuen Datenschutzgesetzs in Japan

編 集 後 記

◇ 本誌は，日本労働法学会第109回大会におけるミニ・シンポ報告と個別報告を中心に編集されている。これまで学会誌は，次回の学会期日までに出版するという方針をとってきたが，今回の学会は開催期日が例年よりも遅かったため，学会誌106号に限ってその例外とすることが理事会で承認され，学会総会でもその旨が報告承認された。そのため，学会報告から1か月ちょっとで原稿をご執筆いただくことを執筆者の皆さんにご無理を承知で御願いした。にもかかわらず，お忙しい中，ほとんど遅れることなく締切り期日にまにあわせて原稿を書いていただいた。執筆者の皆さんには編集委員会を代表して深くお礼申し上げる次第である。

◇ また，本誌には，109回大会で大脇雅子会員にお願いした特別講演の記録「立法の現場に立って」が掲載されている。参議院議員としての「12年間にわたる国会での悪戦苦闘」の記録であると同時に，国会における立法作業，特に議員立法の作成プロセスの実像とその構造的問題を明らかにする優れたドキュメンタリーでもある。大脇先生，本当にご苦労様でした。

◇ 本号から盛誠吾会員に代わって本誌の編集委員長を拝命された。100号から105号まで本誌の編集という難事業をテキパキとこなされた前委員長に深く感謝するとともに，その難しさを初めて体験してあらためて敬意を表する次第である。また，それとともに何人かの会員が編集委員を退かれたが，これまでの尽力に感謝の意を表したい。

本誌の発刊スケジュールが非常に厳しい中，査読委員長である唐津博会員と査読をお願いした各会員には本当にご無理をお願いした。そうした事情にもかかわらず，極めて丁寧な査読をしていただき，各会員にはあらためてお礼を申し上げたい。

◇ 最後に，本号の編集に当たっては，法律文化社編集部長の秋山泰さんに大変にお世話になった。心からお礼を申し上げたい。　　　　　　　　　　　　　　　　　　　　　　　（浜村彰／記）

《学会誌編集委員会》
浜村彰（委員長），島田陽一，相澤美智子，上田達子，緒方桂子，奥野寿，橋本陽子，佐藤敬二，武井寛，中川純，原昌登，山下昇，米津孝司

　　労働関係の変容と「雇用契約」
　　ジェンダーと労働法
　　ホワイトカラー労働とこれからの労働時間法制
　　　　　　　　　　　　　　　日本労働法学会誌106号

2005年11月5日　印　刷
2005年11月15日　発　行

編　集　者
発　行　者　日本労働法学会

印刷所　株式会社　共同印刷工業　〒615-0064 京都市右京区西院久田町78
　　　　　　　　　　　　　　　　電　話　(075)313-1010

発売元　株式会社　法律文化社　〒603-8053 京都市北区上賀茂岩ヶ垣内町71
　　　　　　　　　　　　　　　電　話　(075)791-7131
　　　　　　　　　　　　　　　Ｆ　Ａ　Ｘ　(075)721-8400

2005 Ⓒ 日本労働法学会　Printed in Japan
装丁　白沢　正
ISBN4-589-02879-4